Die Rechtsnatur des Interessenausgleichs gem. § 112 I 1 BetrVG

Schriften zum
Unternehmens- und Wirtschaftsrecht

Herausgegeben von Marcus Bieder, Andreas Fuchs,
Lars Leuschner, Markus Stoffels und Dirk A. Verse

Band 29

PETER LANG

Lars Giesen

Die Rechtsnatur des Interessenausgleichs gem. § 112 I 1 BetrVG

PETER LANG

Bibliografische Information der Deutschen Nationalbibliothek
Die Deutsche Nationalbibliothek verzeichnet diese Publikation in der Deutschen Nationalbibliografie; detaillierte bibliografische Daten sind im Internet über http://dnb.d-nb.de abrufbar.

Zugl.: Osnabrück, Univ., Diss., 2019.

D 700

ISBN 978-3-631-83394-0 (Print)
E-ISBN 978-3-631-83784-9 (E-PDF)
E-ISBN 978-3-631-83785-6 (EPUB)
E-ISBN 978-3-631-83786-3 (MOBI)
DOI 10.3726/b17696

Peter Lang – Berlin · Bern · Bruxelles · New York · Oxford · Warszawa · Wien

Diese Publikation wurde begutachtet.

www.peterlang.com

Vorwort

Die vorliegende Arbeit wurde im Wintersemester 2019/2020 von der juristischen Fakultät der Universität Osnabrück als Dissertation angenommen.

Mein Dank gilt zunächst meinem Doktorvater, Herrn Prof. Dr. Marcus Bieder. Vom Anstoß für das Thema über diverse weiterführende, fachliche Diskussionen bis hin zur Veröffentlichung der Arbeit durch die Aufnahme in diese Schriftenreihe kann ich mir keine umfassendere Unterstützung bei einer solchen Aufgabe vorstellen. Zudem hat Herr Prof. Dr. Bieder mir durch die Mitarbeit an seinem Lehrstuhl eine unglaublich nette und vertrauensvolle Arbeitsatmosphäre für die Erstellung der Arbeit geboten und in seiner Person als wissenschaftliches Vorbild die Motivation für die eigene wissenschaftliche Arbeit stets gestärkt.

Herrn Prof. Dr. Reiter gilt mein Dank für die schnelle Fertigstellung des Zweitgutachtens und die schon frühe Weckung des Interesses am kollektiven Arbeitsrecht in den entsprechenden universitären Vorlesungen.

Außerdem möchte ich mich an dieser Stelle auch bei Inge Götz, Florentine Füg, Marcel Holthusen, Sarah Eversmeyer, Merle Kropik, Anissia Orto und Oliver Klepek bedanken, mit denen ich wunderbare gemeinsame Jahre am Lehrstuhl von Prof. Dr. Bieder hatte, die ich immer in schöner Erinnerung behalten werde.

Schließlich gilt der Dank meinen Eltern, auf deren Rückhalt, Unterstützung und Rat ich stets vertrauen konnte – von der körperlichen und mentalen Stärkung, z. B. beim Spargelessen bis hin zum finalen Korrekturlesen. Ihnen sei diese Arbeit in Liebe gewidmet.

Inhaltsverzeichnis

Kapitel 1 – Einleitung

Von der Neuordnung der wirtschaftlichen und gesellschaftlichen Verhältnisse in der Nachkriegs- bis zur heutigen Zeit gilt die Entwicklung der Sozialen Marktwirtschaft[1] und deren Umsetzung in Deutschland als Meilenstein der Wirtschafts- und Sozialpolitik.[2] Mittlerweile findet sich auch in der Europäischen Union in Form von Art. 3 III EUV ein Bekenntnis zur sozialen Marktwirtschaft.[3] Die Bedeutung der wirtschaftspolitischen Idee der sozialen Marktwirtschaft kann dabei auch für die Rechtswissenschaft nicht abgestritten werden.[4] Unter der sozialen Marktwirtschaft versteht man grundsätzlich und vereinfacht gesprochen die Kombination aus freiem Wettbewerb und sozialem Ausgleich.[5] Im Zusammenhang mit arbeitsrechtlichen Fragen steht Letzterer naturgemäß besonders im Fokus. Mittel für den sozialen Ausgleich ist u. a. die betriebliche Mitbestimmung der Arbeitnehmer, die im Betriebsverfassungsgesetz niedergelegt ist. Insofern soll der Ausgleich jedoch nicht durch ein Gegeneinander der Betriebsparteien, also Arbeitgeber und Betriebsrat, sondern durch das Miteinander im Interesse des Betriebes erfolgen. Beispielhaft zeigen das auch die Regelungen der §§ 2 und 74 BetrVG.[6] Die Betriebsverfassung ist in der Folge als Kooperationsmodell zu verstehen. Diese Kooperation findet sich im Konsens der Betriebsparteien bei betrieblichen Einigungen nach § 77 I BetrVG wieder und dient dabei auch der Konfliktbeseitigung. Die gesetzliche Aufforderung der Betriebsparteien zum Konsens ist auch Folge der wirtschaftspolitischen Entscheidung zur sozialen Marktwirtschaft.[7] Auch dem Interessenausgleich gem. § 112 I 1 BetrVG liegt ein Konsens der Betriebsparteien zu Grunde. Das Interessenausgleichsverfahren gehört zu der Mitbestimmung in wirtschaftlichen Angelegenheiten nach den §§ 106ff. BetrVG. Dieser Bereich ist hinsichtlich der gegenläufigen Interessenkonflikte besonders konfliktbehaftet: Der Arbeitgeber muss unternehmerische Entscheidungen nach Maßgabe der Wirtschaftlichkeit treffen, die aber für die Arbeitnehmer den Verlust des Arbeitsplatzes

---

1 Grundlegend: Erhard/Müller-Armack, Soziale Marktwirtschaft, S. 41ff.

2 Goldschmidt/Wohlgemuth, Die Zukunft der Sozialen Marktwirtschaft, Vorwort Seite V, die von einer politisch mittlerweile fast unangefochtenen Leitidee sprechen.

3 Zurückhaltend insofern Callies/Ruffert/*Ruffert*, Art. 3 EUV, Rn. 38, der darauf hinweist, dass diese Regelung zwar eine soziale Marktwirtschaft vorsehe, es sich dabei aber nicht zwingend um das deutsche Modell handeln müsse.

4 Siehe nur Nipperdey, Soziale Marktwirtschaft in der Verfassung der Bundesrepublik Deutschland, S. 3ff., der die soziale Marktwirtschaft als verfassungsrechtlich festgelegt sieht.

5 Erhard/Müller-Armack, Soziale Marktwirtschaft, S. 42f.

6 GK/*Franzen*, § 2, Rn. 15 der von einem „Partnerschaftsgedanken" spricht. Kooperation und nicht Konfrontation sei das Leitbild der Betriebspartner.

7 Ähnlich: Kaba, Probleme des Interessenausgleichs, S. 1ff.

mit den dazugehörigen materiellen und immateriellen Nachteilen bedeuten kann.[8] Bei Betriebsänderungen steht deshalb im Ergebnis das Veränderungsinteresse des Unternehmers dem Bestandsinteresse der Arbeitnehmer gegenüber.[9] Der Interessenausgleich gem. § 112 I 1 BetrVG soll dabei durch die Vereinbarung des Ob, Wann und Wie der Betriebsänderung die Entstehung von wirtschaftlichen Nachteilen für die Arbeitnehmer nach Möglichkeit verhindern.[10] Soll der Ausgleich dieser Konfliktlage durch den Interessenausgleich gelingen, muss den Betriebsparteien aber auch die Rechtswirkung der entsprechenden Vereinbarung bekannt sein. Unsicherheit über die rechtliche Verbindlichkeit kann insofern die Konfliktlösung erschweren. Mit der Rechtswirkung hängt unmittelbar aber auch die Rechtsnatur zusammen[11], so dass beide Fragen nicht getrennt voneinander behandelt werden können. Zur Rechtswirkung und zur Rechtsnatur des Interessenausgleichs fehlt es aber an einer ausdrücklichen Aussage des Gesetzgebers. Die gesetzliche Grundlage in § 112 I 1 BetrVG ist insofern nicht hilfreich.[12] Anders verhält es sich für den Sozialplan, der gem. § 112 I 2 BetrVG dem Ausgleich bzw. der Milderung wirtschaftlicher Nachteile infolge der Betriebsänderung dient. Der Sozialplan hat gem. § 112 I 3 BetrVG die Wirkung einer Betriebsvereinbarung. Die Rechtsnatur und -wirkung des Interessenausgleichs ist dagegen sehr umstritten.[13] Aufgrund der rechtspolitischen Brisanz der Mitbestimmung in wirtschaftlichen Angelegenheiten handelt es sich dabei um eine teils sehr ideologisch geführte und weniger dogmatisch geprägte Diskussion.[14] Da dieser Streit um die Rechtsnatur des Interessenausgleichs schon lange besteht[15], kann es nicht verwundern, dass die an Rechtssicherheit interessierte Praxis den Schwerpunkt ihrer Bemühungen auf den Sozialplan verlagert hat. Die Bedeutung des Interessenausgleichs verblasst daneben in der Praxis und ist den Betriebsparteien nicht so gegenwärtig wie die des Sozialplans.[16] Das mag einer der Gründe sein[17], warum es um den Interessenausgleich in der rechtswissenschaftlichen Diskussion etwas ruhiger geworden ist[18] und die Debatte um dessen Rechtsnatur nicht besonders aktuell erscheint. Daneben ist es sicherlich aber auch so, dass Betriebsänderungen zwar in der Wirtschaft

---

8 Fitting, § 111, Rn. 4.
9 Löwisch, RdA 1989, 216 (216f.).
10 ErfK/*Kania*, §§ 112, 112a, Rn. 1.
11 ErfK/*Kania*, §§ 112, 112a, Rn. 9.
12 Fitting, §§ 112, 112a, Rn. 43; Richardi/*Annuß*, § 112, Rn. 41.
13 Siehe zum ausführlichen Meinungsbild unten S. 35ff.
14 Ähnlich auch Schwegler, Interessenausgleich, S. 18.
15 Siehe dazu ausführlich unten S. 85ff.
16 Schwegler, Interessenausgleich, S. 15.
17 Hinzu kommt der Umstand, dass auch die rechtswissenschaftlichen Debatten im Arbeitsrecht gewissen Zyklen folgen und die vorliegende Frage derzeit nicht aktuell erscheint.
18 Schwegler, Interessenausgleich, S. 16 der von einer „stiefmütterlichen" Behandlung durch die Lehre spricht.

zum „Alltagsgeschäft" gehören, aber in wirtschaftlichen Krisenzeiten noch mehr an Bedeutung gewinnen[19] und dementsprechend in wirtschaftlich guten Konjunkturphasen das Interesse an den betriebsverfassungsrechtlichen Regelungen diesbezüglich geringer ausfällt. Erfahrungsgemäß endet jedoch jede, positive Konjunkturphase irgendwann einmal, so dass diese Thematik in der nächsten Rezession wieder mehr Beachtung finden könnte. Zudem können Betriebsänderungen auch im Hinblick auf die zu erwartenden, dramatischen Umwälzungen im Zusammenhang mit der Digitalisierung, Stichwort „Arbeit 4.0"[20], noch mehr in den Fokus von Rechtswissenschaft und wirtschaftlicher Praxis rücken.[21] Die Aufgabe des Interessenausgleichs besteht in diesem Zusammenhang auch darin, die Aufgaben der Umwälzungen durch den Wandel der Arbeit interessengerecht im Sinne der sozialen Marktwirtschaft zu ermöglichen. Im Hinblick auf die vorliegende Debatte um die Rechtsnatur des Interessenausgleichs gilt es zu beachten, dass derjenige, der den politischen Kompromisscharakter eines Gesetzes zum Auslegungsgesichtspunkt erhebt, auf eigenständige dogmatische Überlegungen verzichtet.[22] Demensprechend soll, nach der Strukturierung des Meinungsbildes, das Hauptaugenmerk auf einer dogmatischen Einordnung des Interessenausgleichs in die Betriebsverfassung liegen, um die Frage von Rechtsnatur und -wirkung des Interessenausgleichs zu beantworten. Insofern ist auch zu untersuchen, ob der Interessenausgleich die Möglichkeit bietet, betriebliche Konflikte im Zusammenhang mit betrieblichen Änderungen durch einen Konsens der Betriebsparteien im Sinne des sozialen Ausgleichs der sozialen Marktwirtschaft beizulegen.

---

19 Fauser/Nacken, NZA 2006, 1136 (1136); Völksen, RdA 2010, 354 (354). Lobinger, ZfA 2004, 101 (103) spricht von konjunkturellen „Schlechtwetterperioden".

20 Siehe nur das Weißbuch Arbeit 4.0 des BMAS.

21 Klebe, NZA 2017, 226 (226f.).

22 Reichold, Betriebsverfassung als Sozialprivatrecht, S. 532.

Kapitel 2 – Grundlagen für das Interessenausgleichsverfahren

A. Rechtlicher Rahmen

Die Regelung des Interessenausgleichs in § 112 I 1 BetrVG befindet sich im sechsten Abschnitt des Betriebsverfassungsgesetz. Dieser Abschnitt handelt von der Beteiligung des Betriebsrats in wirtschaftlichen Angelegenheiten. Dort werden in den §§ 106–113 BetrVG zum einen der Wirtschaftsausschuss (§§ 106–110 BetrVG) und zum anderen die Rechte des Betriebsrats bei Betriebsänderungen (§§ 111–113 BetrVG) statuiert. Dabei wird von dem sonstigen Konzept der Betriebsverfassung abgewichen, wonach die Mitbestimmung bei dem jeweiligen Entscheidungsträger auf betrieblicher Ebene ansetzt, da Adressat der vorliegenden Regelungen nicht der „Arbeitgeber“ ist, sondern der „Unternehmer“.[23] Letztlich ergibt sich hieraus aber kein Unterschied und Arbeitgeber und Unternehmer sind in der Regel identisch.[24] Für die vorliegend maßgeblichen Mitbestimmungsrechte des Betriebsrats bei Betriebsänderungen, ist § 111 BetrVG die Grundnorm[25] denn der Weg zum Interessenausgleich ist nur eröffnet, sofern eine Betriebsänderung im Sinne des § 111 BetrVG vorliegt. Ist Letzteres jedoch der Fall, so ist gem. § 111 S. 1 BetrVG der Betriebsrat über eine geplante Betriebsänderung zu unterrichten und in eine Beratung einzubeziehen. Des Weiteren sollen im Verlauf der Beratungen der Interessenausgleich (§ 112 I 1 BetrVG) und ggfs. auch der Sozialplan (§ 112 I 2 BetrVG) beschlossen werden. Beide sind schriftlich niederzulegen. Für beide Rechtsinstitute ist nach § 112 II 1 BetrVG auch ein Vermittlungsverfahren mithilfe der Bundesagentur für Arbeit möglich. Der Sozialplan ist gem. § 112 IV BetrVG zudem grundsätzlich über ein Einigungsstellenverfahren erzwingbar, sofern nicht ein Ausnahmetatbestand des § 112a BetrVG eingreift. Das Einigungsstellenverfahren für den Interessenausgleich ist dagegen nicht zwingend ausgestaltet. Der Spruch der Einigungsstelle ersetzt hier nicht die Einigung der Betriebsparteien.[26] Allerdings stellt die Anrufung der Einigungsstelle für den Unternehmer eine Obliegenheit dar, weil er ohne Einigungsstellenverfahren keinen ausreichenden Versuch des Interessenausgleichs unternommen hat.[27] Unter Umständen kann er dann zu einem Nachteilsausgleich gem. § 113 BetrVG gegenüber den Arbeitnehmern gezwungen sein.[28] Der Nachteilsausgleich gem. § 113 I BetrVG normiert die

---

23 GK/*Oetker*, vor § 106, Rn. 1, zu den Unterschieden von Arbeitgeber und Unternehmer und dem Grund für die Differenzierung, siehe Rn. 10f.

24 Richardi/*Annuß*, Vor § 106, Rn. 12.

25 ErfK/*Kania*, § 111 BetrVG, Rn. 1; GK/*Oetker*, § 111, Rn. 1.

26 GK/*Oetker*, §§ 112, 112a, Rn. 42f.

27 BAG 20.11.2001 AP BetrVG 1972 § 113 Nr. 39

28 BAG 20.11.2001 AP BetrVG 1972 § 113 Nr. 39; BAG 18.12.1984 AP BetrVG 1972 § 113 Nr. 11.

individualrechtlichen Rechtsfolgen einer Abweichung des Unternehmers vom vereinbarten Interessenausgleich ohne zwingenden Grund durch einen Anspruch des entlassenen Arbeitnehmers auf eine Abfindung.[29] Gem. § 113 II BetrVG können auch andere wirtschaftliche Nachteile des Arbeitnehmers die Ausgleichspflicht des Unternehmers begründen. Nicht zuletzt gelten diese Regelungen gem. § 113 III BetrVG auch dann, wenn der Unternehmer eine Betriebsänderung durchführt, ohne die Vereinbarung eines Interessenausgleichs mit dem Betriebsrat versucht zu haben.

B. Fallbeispiele

I. Grundriss und Bedeutung des Interessenausgleichs

Die Einordnung von Rechtsnatur und Bindungswirkung des Interessenausgleichs haben unmittelbare, praktische Auswirkungen auf die Zusammenarbeit der Betriebspartner in der Betriebsverfassung. Eine abstrakte Betrachtung und Bewertung der vorliegenden Frage erscheint damit wenig überzeugend. In der Folge sollen deshalb zunächst einige relevante Fallgestaltungen skizziert werden, um die später folgenden Argumente und Ansichten besser zu illustrieren. Der Schwerpunkt liegt dabei auf Maßnahmen der Reformierung und Modernisierung des Unternehmens, um die Chancen des Interessenausgleichs als Instrument der betrieblichen Verständigung aufzuzeigen.[30]

1. Ausgangssituation

Damit der Anwendungsbereich der Beteiligungsrechte der §§ 111f. BetrVG überhaupt eröffnet ist, bedarf es gem. § 111 S. 1 BetrVG eines Unternehmens, welches regelmäßig mehr als 20 betriebsverfassungsrechtlich wahlberechtigte Arbeitnehmer beschäftigt und in dem zu dem Zeitpunkt der Entscheidung des Unternehmers eine Betriebsänderung durchführen zu wollen ein Betriebsrat besteht.[31]

a) Wirtschaftliche Krise

Die Motivation des Unternehmers bzgl. der Betriebsänderung spielt für das Beteiligungsrecht des Betriebsrats grundsätzlich keine Rolle. Eine wirtschaftliche Notlage oder gar die Insolvenz eines Unternehmens als Auslöser für die Betriebsänderung schließen die Beteiligung des Betriebsrats nicht aus.[32] Damit

---

29 Fitting, § 113, Rn. 1.

30 Zu weiteren, sehr konkreten Fallgestaltungen siehe auch: W/H/S/S/*Schweibert*, Kap. C, Rn. 194ff.

31 BAG 20.4.1982 AP BetrVG 1972 § 112 Nr. 15; BAG 28.10.1992 AP BetrVG 1972 § 112 Nr. 63. Details dazu sind aber durchaus umstritten, siehe Richardi/*Annuß*, § 111, Rn. 27.

32 Richardi/*Annuß*, § 111, Rn. 33ff.

einhergehende, krisenbedingte Reformmaßnahmen sind gleichwohl der „Klassiker“ der Betriebsänderungsszenarien.[33] Der Auslöser ist dabei in der Regel eine wirtschaftliche Schieflage des Unternehmens infolge von Auftragsrückgängen o. ä. aufgrund einer allgemeinen negativen wirtschaftlichen Entwicklung in konjunktureller Sicht. Beispielhaft sei die Finanz- und Schuldenkrise in 2008 und den Folgejahren genannt. Aber auch eine branchen- bzw. unternehmensspezifische Krise, wie z. B. in der Automobilbranche im Zusammenhang mit der Ölkrise in den 1970er Jahren[34] oder aktuell die Restrukturierungspläne in der Kraftwerkssparte von Siemens[35] kommen hier in Betracht. Hinzu kommen die medial häufig intensiv verfolgten Fälle, in denen Unternehmen Betriebe oder Betriebsteile ins Ausland verlagern, weil sie sich davon aufgrund des niedrigeren Lohn- und Kostenniveaus wirtschaftlichen Gewinn erhoffen.[36] In der Vergangenheit war dieses z. B. bei Nokia in Bochum[37] oder ZF Friedrichhafen in Gelsenkirchen zu beobachten.[38] In der Folge dieser unternehmerischen Krisen werden neben ganzen Betriebsschließungen oder –verlagerungen regelmäßig auch Reform- und Sparmaßnahmen notwendig. Letztere führen häufig zu Personalabbauplänen, da das Personal regelmäßig einen starken Kostenfaktor mit dementsprechend hohem Einsparungspotenzial darstellt. Somit berührt die wirtschaftliche Krise des Unternehmens auch die jeweiligen Arbeitnehmer erheblich, da diese möglicherweise ihren gewohnten Arbeitsplatz verlieren und sich umorientieren müssen.

b) Digitalisierung und Arbeit 4.0

Eine zweite, interessante unternehmerische Situation auf die hier im Zusammenhang mit dem Interessenausgleichsverfahren aufmerksam gemacht werden soll, sind Fallgestaltungen in Verbindung mit dem Schlagwort der „Industrie 4.0“. Darunter versteht man eine vierte industrielle Revolution, ausgelöst durch die Digitalisierung weiter Bereiche des Wirtschaftslebens.[39] Die Digitalisierung umfasst

---

33 Zur wirtschaftlichen Ausgangslage siehe auch Säcker, Unternehmenskonzentration, S. 127ff.

34 Ein Beispiel, welches auch die Arbeitsgerichte beschäftigt hat ist BAG 6.6.1978 AP BetrVG 1972 § 111 Nr. 2.

35 http://www.sueddeutsche.de/wirtschaft/energiewende-was-hinter-dem-stellenabbau-bei-siemens-steckt-1.3752315 und http://www.faz.net/aktuell/wirtschaft/siemens-scheut-keine-tabus-bei-entlassungen-in-der-kraftwerksparte-15278629.html. Jeweils zuletzt abgerufen am: 30.10.2018.

36 Auf die Bedeutung im Zusammenhang mit der Globalisierung weist auch Fitting, §§ 112, 112a, Rn. 14 hin.

37 http://www.faz.net/aktuell/wirtschaft/unternehmen/werksschliessung-in-bochum-nokia-will-nicht-diskutieren-1512715.html. Zuletzt abgerufen am 30.10.2018.

38 https://www.sueddeutsche.de/news/wirtschaft/maschinenbau---friedrichshafen-nrw-regierung-zf-werksschliessung-soll-geprueft-werden-dpa.urn-newsml-dpa-com-20090101-180605-99-591012. Zuletztabgerufen am 30.10.2018.

39 Günther/Böglmüller, NZA 2015, 1025 (1025); Maschmann, NZA Beil. 03/2017, 73.

dabei zum einen die vertikale Vernetzung aller Unternehmensteile und zum anderen die horizontale Vernetzung mit Zulieferern und Kunden zur Optimierung und Modernisierung des (Gesamt-)Unternehmens.[40] Diese Vernetzung erfolgt dadurch, dass Produktions- und Informationstechnologien z. B. über das Internet verbunden werden und so die Maschinen direkt miteinander „kommunizieren".[41] Beispiel hierfür ist die Zusammenarbeit von Mensch und Roboter bei herkömmlichen Industrierobotern, aber auch durch sog. „Exoskelette"[42] oder „smarte" Handschuhe.[43] Des weiteren können Produktionsprozesse über große Entfernungen in Echtzeit gesteuert, koordiniert[44] und, falls notwendig, optimiert bzw. gewartet werden. Auch die Umstellung in der Automobilindustrie, schwerpunktmäßig nicht mehr Diesel-Motoren, sondern E-Mobilität anzubieten, wird als Teilaspekt angesehen.[45] Genauer betrachtet handelt es sich hierbei allerdings um einen regelmäßig stattfindenden Technologiewandel. So handelt es sich z. B. auch bei der Umstellung der ersten Generation von Mobiltelefonen auf „Smartphones" nicht um eine industrielle Revolution. Vielmehr geht es hier um wirtschaftliche und gesellschaftspolitische Rahmenbedingungen, die sich neben der Digitalisierung abspielen und deshalb mit dieser in Zusammenhang gebracht werden.[46] Zusammenfassend ist der Begriff „Industrie 4.0" ein Sammelbecken für verschiedenste Themen und Entwicklungen. Auch die Umwälzungen des wirtschaftlichen und gesellschaftlichen Zusammenlebens durch den Erfolg der Plattformökonomie oder die Globalisierung zählen hierzu.[47] Zudem sind längst nicht nur die klassischen Industriezweige der Wirtschaft betroffen, sondern auch der Bereich der Dienstleistungen hiervon erfasst.[48]

Im Zusammenhang mit diesen wirtschaftlichen Umwälzungen sind auch Veränderungen bzgl. der zukünftigen Arbeit zu erwarten.[49] Infolgedessen ist auch in der rechtswissenschaftlichen Diskussion das Thema aktuell sehr präsent.[50] Berührungspunkte zum Arbeitsrecht bestehen dabei bzgl. des Arbeitsinhalts, der Arbeitsmittel und auch der Arbeitsorganisation.[51] Ausgesuchte Themenbereiche sind hierbei das Arbeitszeitrecht, u. a. mit der Frage nach der arbeitszeitrechtlichen

---

40 Günther/Böglmüller, NZA 2015, 1025 (1025f.); Klebe, NZA 2017, 226.
41 Klebe, NZA Beil. 2017, 77 (77).
42 Martini/Botta, NZA 2018, 625 (625ff.).
43 Klebe, NZA Beil. 2017, 77 (77).
44 Günther/Böglmüller, NZA 2015, 1025 (1025).
45 Röder/Gebert, NZA 2017, 1289 (1289).
46 Klebe, NZA Beil. 2017, 77 (77).
47 Klebe, NZA Beil. 2017, 77 (78f.).
48 Krause, NZA-Beilage 2017, 53 (54).
49 Siehe nur: Weißbuch Arbeiten 4.0 des BMAS.
50 Siehe z. B. Krause, NZA-Beilage 2017, 53 (53) der von einem „Megathema" spricht; Günther/Böglmüller, NZA 2015, 1025.
51 Krause, NZA-Beilage 2017, 53 (54).

Beurteilung von ständiger Erreichbarkeit[52], aber auch der Beschäftigtendatenschutz, der durch neue technische Möglichkeiten im Rahmen der Digitalisierung, wie z. B. die Kontrolle der Arbeitnehmer durch sog. „Wearables“ u. ä. oder auch die Nutzung von „Big Data“ im Bewerbungsverfahren, gefährdet scheint.[53] Zudem droht ein Vordringen von atypischen Beschäftigungsformen, wie z. B. dem Crowd-Working, Fragen statt Frage, ob und inwiefern hierbei die „Beschäftigen“ arbeitsrechtlich zu schützen sind.[54] Neben diesen individualrechtlichen Fragen steht aber auch die betriebliche Mitbestimmung im Fokus der Debatte. Die Grundidee der kollektiven Interessenvertretung im Betrieb wird zwar nicht in Frage gestellt, gleichwohl aber die Notwendigkeit von Veränderungen betont.[55] Ein relevanter Bereich der betrieblichen Mitbestimmung stellt gerade auch im Zusammenhang mit den bereits genannten arbeitsrechtlichen Herausforderungen sicherlich die Mitbestimmung in sozialen Angelegenheiten über § 87 I BetrVG dar. So sind Überschneidungen zwischen den dort statuierten Mitbestimmungstatbeständen und aktuellen Themen wie der ständigen Erreichbarkeit und der Arbeitszeit[56], vermehrter Stress durch Technologieeinsatz und betrieblicher Gesundheitsschutz[57], sowie der Datenschutz[58] zu beachten. Voraussetzung für die Mitbestimmung ist aber zunächst die Berücksichtigung des Wandels der klassischen betrieblichen und unternehmerischen Organisationsmodelle hin zu sog. Matrixstrukturen und der Dezentralisierung der unternehmerischen Leitungen, die die Arbeit der Betriebsparteien erschweren kann.[59] Im Zusammenhang mit der Digitalisierung wird zudem ein hoher Weiterbildungs- und Qualifizierungsbedarf für die Arbeitnehmer gesehen, damit diese den neuen Anforderungen und Technologien gewachsen sind und entsprechend gewandelte Aufgaben und Arbeitsplätze übernehmen können.[60] Hierbei sind dann wiederum die Mitbestimmungsrechte des Betriebsrats aus den §§ 96ff. BetrVG zu beachten.[61] Zudem besteht die Möglichkeit, dass die Digitalisierung die Unternehmer zu Umwandlungen im Unternehmen veranlasst, die sich als Betriebsänderungen darstellen und somit eine Beteiligung des Betriebsrats über die §§ 111f. BetrVG auslösen.[62] Die Berührungspunkte zwischen diesen, durch die Umwälzungen der Digitalisierung ausgelösten, Betriebsänderungen und dem Interessenausgleichsverfahren werden in der Folge noch konkreter herausgearbeitet.

---

52 Günther/Böglmüller, NZA 2015, 1025 (1028f.); Krause, NZA-Beilage 2017, 53 (55ff.).
53 Krause, NZA-Beilage 2017, 53 (58).
54 Günther/Böglmüller, NZA 2015, 1025 (1029f.).
55 Günther/Böglmüller, NZA 2015, 1025 (1026).
56 Klebe, NZA Beil. 2017, 77 (81).
57 Klebe, NZA Beil. 2017, 77 (82).
58 Günther/Böglmüller, NZA 2015, 1025 (1027ff.); Klebe, NZA Beil. 2017, 77 (82f.).
59 Günther/Böglmüller, NZA 2015, 1025 (1026f.).
60 Günther/Böglmüller, NZA 2015, 1025 (1026); Röder/Gebert, NZA 2017, 1289 (1289f.).
61 Günther/Böglmüller, NZA 2015, 1025 (1031); Klebe, NZA Beil. 2017, 77 (80f.); Röder/Gebert, NZA 2017, 1289 (1293).
62 Klebe, NZA Beil. 2017, 77 (80f.); Röder/Gebert, NZA 2017, 1289 (1289f.).

2. *Betriebsänderung im Sinne von § 111 BetrVG*

Es wurde bereits gesagt, dass die Voraussetzung für die Beteiligung des Betriebsrats über das Interessenausgleichsverfahren ist, dass eine Betriebsänderung im Sinne von § 111 S. 1 BetrVG vorliegt. § 111 S. 3 BetrVG enthält insofern einen Katalog mit Maßnahmen, die als eine solche einzustufen sind. Sofern ein solcher Katalogtatbestand des § 111 S. 3 BetrVG einschlägig ist, sind die „wesentlichen Nachteile für die Belegschaft", als weitere tatbestandliche Voraussetzung für das Eingreifen des Beteiligungsrechts aus § 111 S. 1 BetrVG, nicht weiter zu prüfen.[63]

a) Personalabbau, § 111 S. 3 Nr. 1 BetrVG

§ 111 S. 3 Nr. 1 BetrVG nennt zunächst die Einschränkung und Stilllegung eines ganzen Betriebs oder eines wesentlichen Betriebsteils. Hierbei war nach der Einführung des Betriebsverfassungsgesetzes in seiner jetzigen Fassung im Jahr 1972 einige Zeit umstritten, inwiefern auch ein reiner Personalabbau eine Einschränkung von wesentlichen Betriebsteilen im Sinne der Norm darstellen könnte.[64] War auch das Bundesarbeitsgericht zunächst noch unschlüssig bzgl. dieser Frage[65], hat es dann entschieden, dass auch ein reiner Personalabbau unter diesen Tatbestand fallen kann.[66] Mittlerweile ergibt sich das allerdings auch schon aus einem Umkehrschluss zu dem später eingefügten § 112a BetrVG, der eigens für diesen Fall eine Sonderregelung enthält und damit klarstellt, dass der reine Personalabbau grundsätzlich unter die §§ 111f. BetrVG fällt.[67] Voraussetzung ist aber immer, dass auch ein erheblicher Teil der Belegschaft von dem Personalabbau betroffen ist. Zur Beurteilung der Erheblichkeit des Personalabbaus greift das Bundesarbeitsgericht regelmäßig auf die Schwellenwerte des § 17 I KSchG zurück[68], wobei allerdings mindestens fünf Prozent der Gesamtbelegschaft betroffen sein müssen.[69] Dies ist die richterrechtlich entwickelte Regel, von der mangels gesetzlicher Vorgaben im Einzelfall aber auch Ausnahmen gemacht werden.[70]

Eine für die Diskussion um die Rechtsnatur des Interessenausgleichs interessante Konstellation ist dabei gegeben, wenn durch die unternehmerische Maßnahme ein erheblicher Personalabbau droht, der nach seiner Größenordnung zwar die Schwelle zur Betriebsänderung erreicht, aber nicht die Schwellenwerte des

63 Richardi/*Annuß*, § 111, Rn. 45f. m. w. N.
64 Siehe u. a.: Bulla, RdA 1976, 233, (233ff.); GK/*Oetker*, § 111, Rn. 90ff.
65 BAG 6.6.1978 AP BetrVG 1972 § 111 Nr. 2.
66 BAG 22.5.1979 AP BetrVG 1972 § 111 Nr. 4.
67 Siehe dazu auch: GK/*Oetker*, § 111, Rn. 91.
68 BAG 22.5.1979 AP BetrVG 1972 § 111 Nr. 4; BAG 27.6.2002 BeckRS 2002, 41333 unter II. 3. a. der Entscheidungsgründe.
69 BAG 2.8.1983 AP BetrVG 1972 § 111 Nr. 12; BAG 6.12.1988 AP BetrVG 1972 § 111 Nr. 26.
70 BAG 7.8.1990 AP BetrVG 1972 § 111 Nr. 34 unter III. der Gründe.

§ 112a BetrVG erfüllt. Hier besteht dann keine Sozialplanpflicht zur Ausgleichung der wirtschaftlichen Nachteile, obwohl letztere vorliegen können.[71] Mangels der Pflicht einen Sozialplan zu schließen, könnte in diesem Fall der Interessenausgleich und seine Rechtswirkung besonders in den Fokus rücken, um die Arbeitnehmer vor wirtschaftlichen Nachteilen zu schützen. Dabei stellt der Personalabbau eine typische Maßnahme zur Kostenersparnis des Unternehmens dar. Sei es um eine wirtschaftliche Krise des Unternehmens zu überwinden oder sei es um im Rahmen der Digitalisierung durch den fortschreitenden Technikeinsatz weitere Arbeitsplätze einzusparen.

b) Stilllegung oder Verlegung wesentlicher Betriebsteile, § 111 S. 3 Nr. 1 und 2 BetrVG

Auch die Stilllegung oder Verlegung von Betrieben und Betriebsteilen stellt nach § 111 S. 3 Nr. 1 und 2 BetrVG eine grundsätzlich beteiligungspflichtige Betriebsänderung dar. Gerade die Verlegung im Sinne einer Veränderung der örtlichen Lage wesentlicher Betriebsteile ist eine oft umstrittene Maßnahme des Unternehmers. Sie ist ein weiteres Musterbeispiel für Maßnahmen des Unternehmers, die aus einer wirtschaftlichen Bedrängnis zur Kostenersparnis erfolgen, um in einer globalisierten Weltwirtschaft konkurrenzfähig zu bleiben. „Wesentlich" ist der Betriebsteil auch hier wiederum, wenn er einen erheblichen Teil der Belegschaft im Sinne des § 17 I KSchG darstellt.[72] Umstritten ist, ob der erhebliche Teil und die Schwellenwerte des § 17 I KSchG für den Betriebsteil, so das Bundesarbeitsgericht und die herrschende Literaturmeinung[73], oder für den Gesamtbetrieb vorliegen muss.[74] Weitere Voraussetzungen werden noch an die Veränderung der örtlichen Lage gestellt: Auch diese muss immerhin so wesentlich sein, dass ein tatsächlicher Eintritt von Nachteilen gegeben ist.[75] Allzu streng ist die Rechtsprechung an diesem Punkt dann aber nicht, denn dieses kann bereits bei einer Verlagerung vom Stadtkern in den Außenbezirk einer Großstadt denkbar sein.[76] Bei einer nicht unerheblichen räumlichen Verlegung kann im Zweifel auch eine Stilllegung mit damit verbundener Neugründung vorliegen.[77] Für praxisnahe Fallgestaltungen heißt das wohl, dass, sofern der Betrieb nicht schon ursprünglich an der Grenze lag, bei einer Verlagerung ins Ausland wohl eher eine Betriebsstilllegung als eine

---

71 Diese Möglichkeit wird gesehen von Richardi/*Annuß*, § 111, Rn. 80.

72 GK/*Oetker*, § 111, Rn. 119.

73 BAG 21.10.1980, AP BetrVG 1972 § 111 Nr. 8; BAG 19.1.1999, AP BetrVG 1972 § 113 Nr. 37 unter III. 2. c. der Gründe. Für die Literatur statt vieler GK/*Oetker*, § 111, Rn. 119 m. w. N.

74 So Richardi/*Annuß*, § 111, Rn. 85.

75 GK/*Oetker*, § 111, Rn. 131ff.

76 Es ging um eine tatsächliche Entfernung von 4,3 km: BAG 17.8.1982 AP BetrVG 1972 § 111 Nr. 11.

77 ErfK/*Kania*, § 111, Rn. 14; Richardi/*Annuß*, § 111, Rn. 91.

-verlegung in Betracht kommt. Bei letzterem ist auch umstritten, ob eine solche Verlegung ins Ausland überhaupt eine Betriebsänderung im Sinne der Norm darstellt. *Annuß* verneint diese unter Hinweis auf das Territorialitätsprinzip, nach dem das Betriebsverfassungsgesetz grundsätzlich nur auf Inlandssachverhalte und nicht im Ausland anwendbar sei.[78] Dem wird u. a. entgegengehalten, dass die maßgebliche unternehmerische Entscheidung, die das Beteiligungsrecht auslöse, sich auf einen Inlandsbetrieb beziehe und der, in der Folge der Entscheidung eintretende, Auslandsbezug der Eröffnung des Beteiligungsrechts nicht entgegenstehe.[79] Unabhängig von der konkreten Bewertung dieser Frage, liegt aber im Zweifel eine Betriebsstillegung im Inland vor, weshalb eine Beteiligung des Betriebsrats in jedem Fall zu erfolgen hat und der Streit letztendlich rein theoretischer Natur ist.[80]

c) Grundlegende Änderung der Betriebsanlagen oder der Betriebsorganisation, § 111 S. 3 Nr. 4 BetrVG oder Einführung grundlegend neuer Arbeitsmethoden, § 111 S. 3 Nr. 5 BetrVG

Die letzten beiden Katalogtatbestände von § 111 S. 3 Nr. 4 und 5 BetrVG sind insbesondere im Zusammenhang mit den oben genannten Ausgangsfällen der Digitalisierung relevant.[81] Die Umstellung von Arbeitsprozessen in Folge der Digitalisierung kann regelmäßig eine grundlegende Änderung der Betriebsorganisation und -anlagen beinhalten.[82] Denn unter den Begriff der Betriebsorganisation von § 111 S. 3 Nr. 4 BetrVG können auch Maßnahmen zur Dezentralisierung von Entscheidungen im Betrieb im Sinne der Einführung von sog. „flachen Hierarchien" subsumiert werden.[83] Gleiches gilt wohl auch für die Einführung von Vertrauensarbeitszeit[84] oder „Home Office". Unter Betriebsanlagen im Sinne der Norm versteht man alle Betriebsmittel im weiteren Sinn und nicht nur Produktionsanlagen.[85] Mithin kann hierunter auch die Einführung grundlegend neuer Computersoftware fallen.[86] Insofern ergeben sich auch Überschneidungen mit § 111 S. 3 Nr. 5 BetrVG[87], weil die Einführung neuer Arbeitsmethoden die grundsätzliche Art und Weise des Einsatzes der menschlichen Arbeit meint.[88] Hierzu kann z. B. der

---

78 Richardi/*Annuß*, § 111, Rn. 95.
79 BeckOKArbR/*Besgen*, § 111 BetrVG, Rn. 17.
80 Diese Einschätzung wird von Vertretern beider Ansichten geteilt, siehe Richardi/*Annuß*, § 111, Rn. 95 und BeckOKArbR/*Besgen*, § 111 BetrVG, Rn. 17. Zudem: D/K/K/W/*Däubler*, § 111, Rn. 76.
81 Röder/Gebert, NZA 2017, 1289 (1291).
82 Röder/Gebert, NZA 2017, 1289 (1291).
83 ErfK/*Kania*, § 111, Rn. 17.
84 GK/*Oetker*, § 111, Rn. 156.
85 ErfK/*Kania*, § 111, Rn. 19.
86 D/K/K/W/*Däubler*, § 111, Rn. 107.
87 D/K/K/W/*Däubler*, § 111, Rn. 112.
88 Richardi/*Annuß*, § 111, Rn. 120.

Einsatz von neuen Datensichtgeräten oder die Einführung von sog. „Desk-Sharing“-Arbeitsplätzen gezählt werden.[89] Allerdings stellt nicht jede Optimierung der Arbeitsprozesse durch laufende Verbesserungen eine Betriebsänderung dar.[90] Es muss sich vielmehr tatsächlich um einen „Sprung“ in der technischen Entwicklung handeln, der umfassende Veränderungen notwendig macht.[91] Hierbei besteht aber die Gefahr, dass zeitlich versetzte Maßnahmen zur Optimierung des Betriebs die Wahrnehmung der Rechte durch den Betriebsrat vereiteln. Sei es indem die Arbeitsgerichtsbarkeit aufgrund der Betrachtung der einzelnen Maßnahmen, trotz in der Summe gravierender Veränderungen, schon keine Betriebsänderung annimmt oder sei es, weil der Betriebsrat die Folgen aufgrund eines Auseinanderfallens von Ursache und Wirkung falsch einschätzt.[92]

3. Inhaltliche Regelungen im Interessenausgleich

Inhaltlich geht es im Interessenausgleich maßgeblich um die Planung der Betriebsänderung.[93] Im Interessenausgleich werden das Ob, Wie und Wann der vom Unternehmer geplanten Betriebsänderung geregelt.[94] Dabei soll das Interesse des Unternehmers an der Durchführung der Betriebsänderung mit den (Bestands-) Interessen der Arbeitnehmer zu einem Ausgleich gebracht werden.[95] Im Hinblick auf Letzteres besteht der Zweck maßgeblich darin, die Entstehung von wirtschaftlichen Nachteilen für die Arbeitnehmer zu verhindern.[96] Im Sozialplan dagegen sollen nicht zu verhindernde, wirtschaftliche Nachteile schließlich ausgeglichen werden.[97] Aus dieser Aufgabenverteilung folgt ein Ausschließlichkeitsverhältnis, so dass Regelungsgegenstände des Sozialplans nicht Inhalt eines Interessenausgleichs sein können und umgekehrt.[98] Da die Betriebsänderung sich noch im Planungsstadium befinden muss, damit ein Interessenausgleich versucht werden kann[99], kann im Rahmen der Verhandlungen auch die Beeinflussung der unternehmerischen Entscheidung zur Betriebsänderung an sich erfolgen. Folglich kann in einem Interessenausgleich auch geregelt werden, dass die Betriebsänderung unterbleibt[100] oder die ursprüngliche Planung in qualitativer oder quantitativer Hinsicht

---

89 GK/*Oetker*, § 111, Rn. 156.
90 BAG NZA 2016, 894 bzgl. der Einführung eines Systems zum „lean management“.
91 Röder/Gebert, NZA 2017, 1289 (1291).
92 Klebe, NZA 2017, 226 (226).
93 BeckOK-ArbR/*Besgen*, § 112, Rn. 2; Richardi/*Annuß*, § 112, Rn. 16.
94 BAG 27.10.1987 AP BetrVG 1972 § 112 Nr. 41; BAG 17.9.1991 AP BetrVG 1972 § 112 Nr. 59.
95 Löwisch, RdA 1989, 216 (216); Richardi/*Annuß*, § 112, Rn. 18.
96 BeckOK-ArbR/*Besgen*, § 112, Rn. 2; ErfK/*Kania*, § 112, Rn. 1.
97 Fitting, §§ 112, 112a, Rn. 2; Richardi/*Annuß*, § 112, Rn. 14.
98 ErfK/*Kania*, § 112, Rn. 1; GK/*Oetker*, §§ 112, 112a, Rn. 5.
99 Richardi/*Annuß*, § 112, Rn. 16.
100 Fitting, §§ 112, 112a, Rn. 17; GK/*Oetker*, §§ 112, 112a, Rn. 10; Richardi/*Annuß*, § 112, Rn. 20.

wesentlich abgeändert wird.[101] Andere Beispiele für mögliche Regelungen im Interessenausgleich sind Termine für Entlassungen, Regelungen zur Einführung von Kurzarbeit oder die Vereinbarung von Auswahlrichtlinien für Versetzungen und Kündigungen.[102] Kategorisch lassen sich dabei die Regelungen im Interessenausgleich in zwei Gruppen aufteilen: Zum einen die Organisationsregelungen, die die organisatorischen Maßnahmen behandeln, welche im Zusammenhang mit der Betriebsänderung anstehen und zum anderen die Folgeregelungen, die der Vermeidung von Nachteilen für die Belegschaft dienen.

a) Durchführung der Betriebsänderung

Gerade im Zusammenhang mit einer wirtschaftlichen Krise des Unternehmens wird das Ob und Wie der Betriebsänderung bei den Interessenausgleichsverhandlungen eine wesentliche Rolle spielen. Der Betriebsrat kann versuchen, den Unternehmer davon zu überzeugen, dass die Betriebsänderung nicht notwendig ist oder zumindest in ihrem Umfang reduziert oder in ihrem zeitlichen Ablauf hinausgezögert werden sollte, um die Konsequenzen für die Arbeitnehmer zu mildern. Letzteres entspricht wiederum regelmäßig nicht dem Interesse der Unternehmer, die aufgrund der wirtschaftlichen Krise potentiell unter Handlungsdruck stehen. Hierbei gilt es vor allem zu untersuchen, inwiefern das Interessenausgleichsverfahren und die Rechtsnatur des Interessenausgleichs dem Interesse des Unternehmers auf eine zügige Umsetzung seiner Pläne entgegenstehen und somit die unternehmerischen Freiheiten beschränken. Zudem könnte bei diesen Organisationsregelungen die Frage problematisch werden, ob eine Vereinbarung, nach der die Betriebsänderung grundsätzlich unterbleiben soll, ausreichenden Schutz vor wirtschaftlichen Nachteilen für die Arbeitnehmer gewährt. In diesem Fall ist nämlich mangels Betriebsänderung keine Möglichkeit für einen Sozialplan gegeben. Nimmt der Unternehmer die Betriebsänderung dann entgegen der Vereinbarung im Interessenausgleich gleichwohl vor, droht ihm lediglich der Nachteilsausgleich nach § 113 BetrVG.[103] Damit droht eine Umgehung des Schutzgedankens, der hinter dem erzwingbaren Sozialplan steckt.

b) Qualifizierung der Belegschaft

Insbesondere bei Betriebsänderungen im Zusammenhang mit der Digitalisierung könnte die Vereinbarung von Qualifizierungsmaßnahmen als Folgeregelungen im Interessenausgleich einen Schwerpunkt bilden.[104] Dabei soll für die Arbeitnehmer durch die Qualifizierungsmaßnahmen die Beschäftigung im Unternehmen gesichert werden, indem sie für andere oder neue Arbeitsplätze um- oder

---

101 Fitting, §§ 112, 112a, Rn. 19.
102 ErfK/*Kania*, § 112, Rn. 1.
103 Fitting, §§ 112, 112a, Rn. 17; Richardi/*Annuß*, § 112, Rn. 20.
104 Röder/Gebert, NZA 2017, 1289 (1289ff.).

weiterqualifiziert werden. Für den Unternehmer haben solche Regelungen den Anreiz, dass durch die Weiterbeschäftigung der Arbeitnehmer Einsparungen bei den Sozialplanleistungen möglich werden, da kein auszugleichender wirtschaftlicher Nachteil entsteht.[105] Konkret könnten solche Regelungen festlegen, ob für die Qualifizierung interne oder externe Programme angeboten werden, ob ein „training on the job" während der Arbeitszeit erfolgt oder nur eine finanzielle Unterstützung für das außerhalb der Arbeitszeit zu absolvierende Programm gewährt wird und ob die Teilnahme verbindlich ist oder nicht.[106] Vereinzelt werden solche Regelungen zum Gegenstand und Inhalt von Qualifizierungsmaßnahmen nur als Teil eines Sozialplans anerkannt, was im Umkehrschluss eine Regelung im Interessenausgleich ausschließt.[107] Zur Begründung wird dabei angeführt, dass, sofern der bisherige Arbeitsplatz des Arbeitnehmers durch die Betriebsänderung entfällt, hierdurch schon ein wirtschaftlicher Nachteil vorliege, der die Sozialplanpflicht begründe. Qualifizierungsmaßnahmen zur Abmilderung dieses Nachteils würden daher in den Sozialplan gehören.[108] Dem ist aber mit der Rechtsprechung des Bundesarbeitsgerichts[109] und der herrschenden Ansicht in der Literatur[110] zu widersprechen: Solche Qualifizierungsregelungen gehören in den Interessenausgleich, weil sie nicht einen wirtschaftlichen Nachteil kompensieren, sondern schon dessen Entstehung verhindern sollen.[111] Anzuerkennen ist gleichwohl trotzdem, dass es problematisch sein kann, wenn der Unternehmer sich an seine Zusage bzgl. der Qualifizierungsmaßnahmen nicht hält. Der dann u. U. eingreifende Nachteilsausgleich nach § 113 BetrVG mag zwar wirtschaftliche Nachteile der betroffenen Arbeitnehmer auffangen, aber die Regelung in einem normativ wirkenden Sozialplan bliebe für die Arbeitnehmerseite vorteilhafter. Deren Arbeitsplätze und damit die soziale und finanzielle Daseinsgrundlage wären gesichert und hingen auch nicht von der individuellen, gerichtlichen Durchsetzung eines tatbestandlich erst noch darzulegenden Anspruchs aus § 113 BetrVG ab. Gleiches gilt im Übrigen auch für den Fall, dass ohne Qualifizierungsmaßnahme eine Weiterbeschäftigung von Arbeitnehmern, deren Arbeitsplatz infolge der Betriebsänderung wegfällt, im Unternehmen geregelt werden soll. Im Zusammenhang mit solchen Qualifizierungsmaßnahmen spielen zudem die echten Mitbestimmungsrechte aus den §§ 96ff. BetrVG eine wichtige Rolle, wenn auch theoretisch zwischen dem Interessenausgleich und einem Mitbestimmungstatbestand nach den §§ 96ff. BetrVG eine „juristische Sekunde" liegt.[112] Fraglich ist insoweit, wie ein

---

105 Fitting, §§ 112, 112a, Rn. 15; Röder/Gebert, NZA 2017, 1289 (1294ff.).
106 Siehe die Beispiele bei Röder/Gebert, NZA 2017, 1289 (1295).
107 ErfK/*Kania*, §§ 112, 112a BetrVG, Rn. 1.
108 ErfK/*Kania*, §§ 112, 112a BetrVG, Rn. 1.
109 BAG 17.9.1991 AP BetrVG 1972 § 112 Nr. 59.
110 Fitting, §§ 112, 112a, Rn. 19; Richardi/*Annuß*, §§ 112, 112a, Rn. 21; Ausführlich auch Röder/Gebert, NZA 2017, 1289 (1292).
111 So auch GK/*Oetker*, §§ 112, 112a, Rn. 6, 11; Richardi/*Annuß*, §§ 112, 112a, Rn. 21.
112 Röder/Gebert, NZA 2017, 1289 (1293f.).

Nebeneinander[113] der Mitbestimmung nach den §§ 96ff. BetrVG und der Beteiligung nach § 112 BetrVG sich auf den Inhalt des Interessenausgleichs auswirkt.[114] Grundsätzlich kann die Einigung über die Betriebsänderung im Interessenausgleich nämlich auch die Ausübung anderer Beteiligungsrechte enthalten, sofern sich hierfür klare Anhaltspunkte finden lassen.[115]

c) *Regelung eines sozialverträglichen Personalabbaus*

Besteht die Betriebsänderung in einem erheblichen Personalabbau oder geht dieser zumindest mit der Betriebsänderung einher, können im Interessenausgleich Vereinbarungen getroffen werden, um den Personalabbau möglichst sozialverträglich zu gestalten. Denkbar wären insoweit wiederum Umschulungsangebote und Zusagen zur Unterstützung bei der Suche nach einem neuen Arbeitsplatz für die betroffenen Arbeitnehmer. Dies kann auch durch die bevorzugte Vergabe neuer Arbeitsplätze im Unternehmen an betroffene Arbeitnehmer erfolgen. Werden Betriebsteile stillgelegt und die Arbeitnehmer in anderen Bereichen weiterbeschäftigt, sind auch Regelungen zu eventuellen Aufstiegs- und Karrierechancen zu bedenken. Beachtenswert sind hier auch Vereinbarungen, die ein Entgegenkommen des Betriebsrats bei der kündigungsrechtlichen Abwicklung von unvermeidlichen Entlassungen in Folge der Betriebsänderung im Austausch gegen Zusagen des Unternehmers, wie z. B. eine (Rest-)Standortgarantie, vorsehen. Hierbei handelt es sich in aller Regel um sog. Folgeregelungen. Problematisch ist insofern, dass der Unternehmer zwar gegen den Interessenausgleich verstößt, aber mangels konkreter Nachteile bei den einzelnen, gekündigten Arbeitnehmern die Sanktion des Nachteilsausgleichs gem. § 113 BetrVG nicht eingreift.

d) *Freiwillige Betriebsvereinbarungen*

Im Hinblick auf Folgeregelungen, wie z. B. die Zusage von Qualifizierungsmaßnahmen oder auch Kündigungsverbote im Rahmen einer Standortgarantie, die von ihrem Sinn und Zweck her den Arbeitnehmern Rechte oder Ansprüche gewähren sollen, wird auch die Möglichkeit bejaht, den Interessenausgleich (teilweise) als freiwillige Betriebsvereinbarung abzuschließen.[116] Die Regelungen des Interessenausgleichs würden dann normativ wirken. Damit hätte der betroffene Arbeitnehmer unmittelbar aus dem Interessenausgleich und den dort getroffenen

---

113 Das Interessenausgleichsverfahren verdrängt andere Beteiligungsrechte nicht, GK/*Oetker*, § 111, Rn. 2.

114 Siehe hierzu auch die Ausführungen zu der Möglichkeit einer freiwilligen Betriebsvereinbarung über den Interessenausgleich, unten S. 175ff.

115 GK/*Oetker*, § 111, Rn. 2.

116 ErfK/*Kania*, §§ 112, 112a BetrVG, Rn. 9; Fitting, §§ 112, 112a, Rn. 47 („qualifizierter Interessenausgleich"); GK/*Oetker*, §§ 112, 112a, Rn. 75; Richardi/*Annuß*, §§ 112, 112a, Rn. 46; a. A. Löwisch, DB 2005, 554 (554).

Vereinbarungen einen Anspruch gegen den Unternehmer und könnte diesen geltend machen. Ein Anspruch auf Durchführung des Interessenausgleichs für den Betriebsrat ist damit per se jedoch nicht verbunden.[117] In diese Richtung geht auch der im Zusammenhang mit den Herausforderungen der Digitalisierung genannte „Qualifizierungssozialplan". Dabei wird zusammen mit dem Sozialplan ein Interessenausgleich über Qualifizierungsmaßnahmen geschlossen und die Regelungen haben daher die Wirkung einer freiwilligen Betriebsvereinbarung.[118]

4. *Zusammenfassung*

Für die folgende Untersuchung der Rechtsnatur des Interessenausgleichs sind im Hinblick auf die dargestellten Fallgestaltungen insbesondere folgende Probleme zu beachten: Zunächst sind die Fälle interessant, in denen es aufgrund der Schwellenwerte des § 112a BetrVG oder der Einigung im Interessenausgleich, dass keine Betriebsänderung mehr vorgenommen wird, an einem Sozialplan zur Sicherung der Interessen der Arbeitnehmer fehlt. Sind diese Interessen durch die Regelung des § 113 BetrVG ausreichend geschützt oder fehlt es an einem effektiven Schutz der Arbeitnehmerrechte, wenn der Interessenausgleich nicht verbindlich ist? Auch gilt es zu beobachten, ob und wie Schutzlücken drohen, weil ein Verstoß gegen den Interessenausgleich zu keinem Nachteil unmittelbar betroffener Arbeitnehmer im Sinne des § 113 BetrVG führt und somit keine Sanktion des Bruchs der Vereinbarung durch den Unternehmer erfolgen kann. Weiterhin ist zu untersuchen, inwiefern die Vereinbarungsmöglichkeiten im Interessenausgleich den Anforderungen an die Fallgestaltungen im Zusammenhang mit der Digitalisierung gerecht werden und den Betriebspartnern eine effektive Regelung, z. B. von notwendigen Qualifizierungsmaßnahmen ermöglichen. Dabei spielt auch die unterschiedliche Bewertung von Organisations- und Folgeregelungen im Interessenausgleich und die Einbeziehung von weiteren, echten Mitbestimmungsrechten in die Verhandlungen eine Rolle.

117 Richardi/*Annuß*, §§ 112, 112a, Rn. 46.
118 So Röder/Gebert, NZA 2017, 1289 (1292).

Kapitel 3 – Bestandsaufnahme der Diskussion

Gerade mangels einer klaren, gesetzlichen Aussage zur Rechtsnatur des Interessenausgleichs hat sich mit der Zeit ein breites Meinungsspektrum zur Frage von Rechtsnatur und –wirkung des Interessenausgleichs gebildet.

I. Vertrag im Sinne der §§ 145ff. BGB

Mit dem Begriff des Vertrags verbindet der Rechtswissenschaftler im Zivilrecht zunächst den allgemeinen, abstrakten Vertragsbegriff, der dem Bürgerlichen Gesetzbuch in den §§ 145ff. BGB zu Grunde liegt. Darunter versteht man ein Rechtsgeschäft, dessen Inhalt aus der Erklärung der Willensübereinstimmung mindestens zweier Personen über die Herbeiführung eines rechtlichen Erfolges besteht.[119] Aufbauend auf dieser einfachen, allgemeinen Definition und der Privatautonomie an sich ergeben sich eine Vielzahl von Vertragsarten und dementsprechend auch verschiedenste Möglichkeiten der Ausgestaltung von Verträgen. So zeigt sich bzgl. des Interessenausgleichs im Folgenden, dass verschiedenste Ansichten auf dem soeben beschriebenen allgemeinen Vertragsbegriff aufbauen.

1. „Kollektivvereinbarung besonderer Art"

In der einschlägigen Rechtsprechung zum Interessenausgleich finden sich vornehmlich Aussagen zu dessen Bindungswirkung. Ausdrückliche Rechtsprechung zur Frage der Rechtsnatur des Interessenausgleichs ist dagegen weitaus seltener anzutreffen. Unter der Berücksichtigung der Entscheidungserheblichkeit der Rechtswirkung einer Vereinbarung ist dieses sicherlich verständlich. Gleichsam ist es wegen der unmittelbar miteinander zusammenhängenden Fragen von Rechtsnatur und Rechtswirkung aber auch etwas verwunderlich. Auf höchstrichterlicher Ebene gehen allerdings der zehnte Senat des Bundesarbeitsgerichts[120] und der XII. Zivilsenat des Bundesgerichtshofs[121] von einer sog. Kollektivvereinbarung besonderer Art bzw. besonderen Vereinbarung kollektiver Art aus. Dem hat sich beispielsweise das Landesarbeitsgericht Berlin-Brandenburg ausdrücklich angeschlossen.[122] Diese Ansicht wird zudem von einem erheblichen Teil in der Literatur

---

119 Statt vieler Palandt/*Ellenberger*, Einf. vor § 145, Rn. 1.
120 BAG 20.4.1994 AP BetrVG 1972 § 113 Nr. 27, unter II. 2. b) der Gründe.
121 BGH 15.11.2000 AP BetrVG 1972 § 112 Nr. 140, unter 3. A. a) der Gründe.
122 LAG Berlin-Brandenburg 04.06.2010 – 13 Sa 832/10 (juris), unter II. 1. a) der Gründe, Rn. 61.

unterstützt.[123] Der Begriff der „Kollektivvereinbarung besonderer Art“, der sich im Gesetzestext und den Kommentierungen zum Betriebsverfassungsgesetz sonst nicht findet, geht wohl auf *Nikisch* zurück, der diesen als Erster im Zusammenhang mit der Vorgängerregelung, den §§ 72ff. BetrVG 1952, verwendete.[124] Die Wahl dieser Begrifflichkeit wurde jedoch von ihrem Begründer und ebenso von den nachfolgenden Befürwortern dieser Bezeichnung nicht näher erläutert. Allgemein ist der Begriff der „Kollektivvereinbarung“ als Sammelbecken für alle erdenklichen Formen von Abreden zwischen Arbeitgebern bzw. Arbeitgebervertretern und Arbeitnehmervertretern zu verstehen.[125] Mit der Bezeichnung des Interessenausgleichs als Kollektivvereinbarung besonderer Art soll wohl in erster Linie eine Subsumtion des Interessenausgleichs unter die einschlägigen betriebsverfassungsrechtlichen Regelungsinstrumente, insbesondere Betriebsvereinbarung und Regelungsabrede, ausgeschlossen werden. Nur so wäre zu erklären, weshalb es noch eine weitere, „besondere“ Regelungsform für betriebliche Kollektivvereinbarungen geben muss. Mangels weitergehender Erläuterungen und der fehlenden Anknüpfung an bekannte Einigungsformen der Betriebsverfassung hat diese Bezeichnung für sich genommen jedoch wenig Aussagekraft. In der Folge herrschen auch unter den Verwendern dieses Begriffs sehr divergierende Meinungen darüber, welche Rechtswirkungen sich aus einer Kollektivvereinbarung besonderer Art ergeben.

a) Naturalobligation

Der überwiegende Teil der Rechtsprechung, insbesondere mehrere Landesarbeitsgerichte[126] und der siebte Senat des Bundesarbeitsgerichts[127], sowie ein großer Teil der Literatur[128] sprechen dem Interessenausgleich dabei eine vertragliche Bindungswirkung grundsätzlich ab und verweisen darauf, dass es sich um eine Naturalobligation, ähnlich den im Bürgerlichen Gesetzbuch geregelten Fällen, z. B. § 656 BGB (Ehemakler) und § 762 BGB (Wette), handle. Im Kern basiert diese

---

123 Bauer, DB 1994, 217 (223); Düwell/*Steffan*, §§ 112, 112a, Rn. 13; ErfK/*Kania*, §§ 112, 112a, Rn. 9; Fitting, §§ 112, 112a, Rn. 44 wobei auch von einem „kollektiven Schuldverhältnis“ die Rede ist; Grünewald, Interessenausgleich und Sozialplan, S. 98ff.; H/S/W/G/N/*Hess*, § 112, Rn. 15; Krol, Bindungswirkung des Interessenausgleichs, S. 96; Maschmann/Sieg, Unternehmensumstrukturierung, Rn. 507; Röder/Baeck, S. 22; Schaub, FS Däubler, S. 348; Schaub, § 244, Rn. 31; Willemsen/Hohenstatt, NZA 1997, 345 (345); W/P/K/*Preis/Bender*, §§ 112, 112a, Rn. 16.

124 Nikisch, Band III, S. 531.

125 Siehe z. B. A/P/S/*Steffan*, § 613a, Rn. 123ff.

126 LAG Düsseldorf LAGE Nr. 41 zu § 112 BetrVG 1972 unter 3. der Gründe; LAG Düsseldorf NZA-RR 1997, 297 (298); LAG Hamm, NZA-RR 1997, 393 (393f).

127 BAG 28.8.1991 AP ArbGG 1979 § 85 Nr. 2, unter II. 3. der Gründe.

128 Bauer, DB 1994, 217 (223); ErfK/*Kania*, §§ 112, 112a, Rn. 9; Grünewald, Interessenausgleich und Sozialplan, S. 98ff.; H/S/W/G/N/*Hess*, § 112, Rn. 16; Schaub, FS Däubler, S. 348; W/P/K/*Preis/Bender*, §§ 112, 112a, Rn. 16.

Einschätzung auf zwei Argumenten: Zum einen habe der Gesetzgeber die Rechtsfolgen und damit auch die möglichen Sanktionen eines Verstoßes oder des fehlenden Versuchs eines Interessenausgleichs in § 113 BetrVG abschließend geregelt.[129] Diese Regelung sehe aber gerade nur einen individualrechtlichen Anspruch des jeweils nachteilig betroffenen Arbeitnehmers vor und keinen eigenen Anspruch des Betriebsrats gegen den Unternehmer. Zum anderen würde die Annahme einer Bindungswirkung der Vereinbarung zwischen Unternehmer und Betriebsrat, den Unternehmer in einem nicht mehr zu rechtfertigenden Umfang in der freien Ausübung seiner unternehmerischen Tätigkeit beschränken und somit würde ein Verstoß gegen die grundrechtlich gewährleistete Unternehmerfreiheit[130] vorliegen.[131] Die Beachtung der Unternehmerfreiheit zeige sich auch in der Systematik der Beteiligungsrechte in wirtschaftlichen Angelegenheiten im Betriebsverfassungsgesetz, weil es sich bei den dort zusammengefassten Regelungen gerade nicht um Fälle der „echten“ Mitbestimmung im Sinne eines Vetorechts handele.[132] Auch hieraus lasse sich die Relevanz der Gewährleistung der Unternehmerfreiheit erkennen. Im Ergebnis handelt es sich hierbei um die herrschende Ansicht zur Frage von Rechtsnatur und Rechtswirkung des Interessenausgleichs.

b) Bindungswirkung

Ein Teil derjenigen Stimmen in der Literatur, die den Interessenausgleich als Kollektivvereinbarung besonderer Art bezeichnen, nehmen dagegen eine vertragliche Bindungswirkung an.[133] Oder sie halten diese zumindest im Einzelfall für möglich und schließen sie nicht pauschal aufgrund der Rechtsnatur des Interessenausgleichs aus.[134] Vor allem die Gleichsetzung des Interessenausgleichs mit einer Naturalobligation wird abgelehnt, da es an einer Vergleichbarkeit zu den von der Gegenansicht explizit genannten Fällen im Bürgerlichen Gesetzbuch fehle.[135] Darüber hinaus seien keine Gründe ersichtlich, warum für den Interessenausgleich, als zivilrechtlichem Vertrag mit einem Gegenseitigkeitsverhältnis, nicht auch der allgemeine schuldrechtliche Grundsatz des „pacta sunt servanda“ gelten solle.[136] Dieser Grundsatz beschreibt die allgemeine Regel, dass eine einmal

---

129 BAG 28.8.1991 AP ArbGG 1979 § 85 Nr. 2, unter II. 3. der Gründe; LAG Hamm, NZA-RR 1997, 393 (394); ErfK/*Kania*, §§ 112, 112a, Rn. 9.

130 Zur Unternehmerfreiheit und diesbezüglichen begrifflichen Schwierigkeiten siehe unten S. 100ff.

131 Grünewald, Interessenausgleich und Sozialplan, S. 101ff.; Schaub, FS Däubler, S. 348.

132 Grünewald, Interessenausgleich und Sozialplan, S. 85f.; Willemsen/Hohenstatt, NZA 1997, 345 (349); W/P/K/*Preis/Bender*, §§ 112, 112a, Rn. 16.

133 Fitting, §§ 112, 112a, Rn. 45; H/W/K/*Hohenstatt/Willemsen*, § 112 BetrVG, Rn. 26; Krol, Bindungswirkung des Interessenausgleichs, S. 68.

134 Düwell/*Steffan*, §§ 112, 112a, Rn. 13; Schaub, § 244, Rn. 31f.

135 Krol, Bindungswirkung des Interessenausgleichs, S. 79f.

136 Krol, Bindungswirkung des Interessenausgleichs, S. 65, 80f., 91.

eingegangene Verpflichtung nicht ohne weiteres einseitig wieder gelöst werden kann. Die Verbindlichkeit einer vertraglichen Vereinbarung sei die Regel in der Zivilrechtsordnung und die fehlende Bindungswirkung eine explizit zu begründende und zu rechtfertigende Ausnahme. Eine solche Ausnahme, z. B. in der Form einer abschließenden Regelung der Sanktion in § 113 BetrVG, hätte nach dieser Ansicht einer eindeutigeren Wortwahl des Gesetzgebers bedurft. Die fehlende eindeutige Wortwahl betrifft die abschließende Funktion des § 113 BetrVG[137] und auch die Einstufung des Interessenausgleichs als Naturalobligation[138] gleichermaßen. Dagegen zeige gerade die Regelung des § 113 BetrVG, dass auch unter Berücksichtigung der unternehmerischen Freiheiten grundsätzlich Sanktionen an die Nichtbeachtung des Interessenausgleichs geknüpft werden könnten.[139] Kernargument bleibt aber das Abstellen auf allgemeine vertragliche Grundsätze: Der Versuch und auch der Abschluss eines Interessenausgleichs könnten mangels entsprechender Ausgestaltung der Beteiligungsrechte bei der Betriebsänderung in den §§ 111ff. BetrVG nicht erzwungen werden. Lässt der Unternehmer sich daher auf Verhandlungen und auch den Abschluss eines Interessenausgleichs ein, geschehe dieses entsprechend freiwillig. Es sei dann aber wiederum nicht ersichtlich, warum ein freiwillig geschlossener Vertrag nicht binden solle, wenn es keine gesetzliche Ausnahme gebe und aufgrund der Freiwilligkeit auch keine Einschränkung der Unternehmerfreiheit vorliege, weil diese bei freiwilligem Handeln schon nicht tangiert sei.[140] Noch nicht geklärt ist damit, inwiefern die nach dieser Ansicht bestehenden Ansprüche des Betriebsrats durch Erfüllungs- und /oder Unterlassungsansprüche gegen den Unternehmer durchgesetzt werden können. Dieses wird auch wiederum unterschiedlich beurteilt.[141]

2. Vertrag eigener Art

Gamillscheg verzichtet darauf, die Bezeichnung der herrschenden Ansicht zu übernehmen und geht von einem „Vertrag eigener Art“ zwischen Unternehmer und Betriebsrat aus.[142] Auch er baut somit auf dem allgemeinen Vertragsbegriff des Bürgerlichen Gesetzbuchs auf. Die begriffliche Spezifikation „eigener Art“ leitet sich daraus ab, dass der Interessenausgleich nach *Gamillscheg* einerseits mehr als eine Naturalobligation sei, weil er den Arbeitgeber durchaus binde und dieser ihn grundsätzlich durchzuführen hat. Andererseits habe die Nichteinhaltung seitens des Arbeitgebers aber lediglich die Sanktion des Nachteilsausgleichs zur Folge und

137 Düwell/*Steffan*, §§ 112, 112a, Rn. 13.

138 Krol, Bindungswirkung des Interessenausgleichs, S. 82ff.

139 H/W/K/*Hohenstatt/Willemsen*, § 112 BetrVG, Rn. 26.

140 Düwell/*Steffan*, §§ 112, 112a, Rn. 13; Krol, Bindungswirkung des Interessenausgleichs, S. 82f.

141 Siehe hierzu unten Seite 171ff.

142 Gamillscheg, S. 1121f.

es bestehe keine eigenständige Möglichkeit für den Betriebsrat, eine Erfüllung des Vertrags durchzusetzen.[143] Damit ginge auch einher, dass dem Betriebsrat kein Unterlassungsanspruch gegen Maßnahmen zustehe, die gegen den Interessenausgleich verstoßen.[144] Weitere Begründungsansätze für die vorgenommene begriffliche Differenzierung und Abgrenzung zu den anderen Ansichten finden sich bei *Gamillscheg* nicht. Es bleibt festzuhalten, dass nach dieser Ansicht zwar eine Verbindlichkeit besteht, diese aber von dem Betriebsrat nicht gegen den Unternehmer durchsetzbar ist. Die Verbindlichkeit des Interessenausgleichs zeigt sich nach dieser Ansicht damit für den Unternehmer nur in der Form, dass er sich bei einer Abweichung von der Vereinbarung nachteilsausgleichspflichtig nach § 113 BetrVG macht. Der Betriebsrat ist aber grundsätzlich an den Interessenausgleich gebunden.

3. Bürgerlich-rechtlicher Schuldvertrag

In der Literatur finden sich auch Meinungen, die eine Einordnung des Interessenausgleichs als schuldrechtlichen Vertrag im Sinne des Bürgerlichen Rechts[145] oder auch als rechtsgeschäftliche Einigung mit entsprechender Bindungswirkung vornehmen.[146] Aus der Rechtsprechung hat sich nur das Landesarbeitsgericht München vereinzelt dieser Ansicht angeschlossen.[147] Zur Begründung wird auf den Kern der schuldrechtlichen Verpflichtung abgestellt, nämlich dem Vorliegen eines entsprechenden Rechtsbindungswillens, der die schuldrechtliche Bindung begründe bzw. legitimiere. Da die Einigung über den Interessenausgleich einen gemeinsamen Gestaltungsakt durch gegenseitiges Nachgeben darstelle, könne regelmäßig auch das Vorliegen eines entsprechenden Verpflichtungswillen der Beteiligten bejaht werden.[148] Zudem wird vor allem auch auf den Zweck des Interessenausgleichs abgestellt, der eine verbindliche Einigung impliziere. Ansonsten könne der Interessenausgleich nicht als Grundlage für den Sozialplan dienen, denn dafür bedürfte es eines gewissen Gewährleistungsgehalts, damit das Zusammenwirken von Sozialplan und Interessenausgleich nicht gefährdet sei.[149] Auch fordere jeder wirkliche „Interessenausgleich" im Wortsinn eine immanente Ausgleichsfunktion. Dieses erinnere stark an den schuldrechtlichen Grundsatz des „do ut des" (Gegenseitigkeitsverhältnis). Im Zusammenhang mit der Interessenlage von Unternehmer und Betriebsrat sei wichtig, eine Sicherheit bietende und damit verbindliche Regelung im gemeinsamen Interesse zu finden und lasse daher den Rückschluss auf einen

---

143 Gamillscheg, S. 1121f.

144 Gamillscheg, S. 1125.

145 D/K/K/W/*Däubler*, §§ 112, 122a, Rn. 23ff.; Matthes, FS Wlotzke, S. 396; Molkenbur/Schulte, DB 1995, 269 (271); Siemes, ZfA 1998, 183 (191).

146 Schwegler, Interessenausgleich, S. 80, 82.

147 LAG München AuR 1998, 89 (89f.), unter II. 3. (3) der Gründe.

148 Siemes, ZfA 1998, 183 (191f.).

149 Schwegler, Interessenausgleich, S. 64f.

Rechtsbindungswillen zu.[150] Weiterer Anhaltspunkt für das Vorliegen des Rechtsbindungswillens der Parteien sei zudem das formalisierte Verfahren des Interessenausgleichs.[151] Da folglich in der Regel von einem Rechtsbindungswillen beider Parteien auszugehen sei, müsse der Interessenausgleich wiederum in Anlehnung an den Grundsatz „pacta sunt servanda“ mangels gesetzlicher Ausnahmeregelung auch eine schuldrechtliche Bindungswirkung besitzen.[152] Eine solche Ausnahme ergebe sich auch nicht aus § 113 BetrVG. Dieser sei vom Gesetzgeber nicht als abschließende Sanktionsnorm konzipiert, weil § 113 BetrVG einer entsprechend klaren, abschließenden Formulierung entbehre.[153] Auch knüpfe die Sanktion des § 113 BetrVG an einen Vertragsbruch des Unternehmers an, so dass die Voraussetzung für das Eingreifen des Tatbestands des § 113 BetrVG eine vorherige verbindliche Vertragswirkung sei.[154] Dementsprechend wird auch die Annahme einer Naturalobligation abgelehnt. Es fehle an der Vergleichbarkeit zu den anerkannten gesetzlichen Fällen und auch an einer entsprechender gesetzlichen Anordnung. Die Naturalobligation als Ausnahme von der in der Regel bestehenden Bindungswirkung bei einer vertraglichen Verpflichtung bedürfe aber einer eindeutigen gesetzlichen Grundlage.[155] Letztendlich liege auch kein Systemverstoß gegenüber der betrieblichen Mitbestimmungsordnung im Allgemeinen vor, weil aus der fehlenden Konstitution des Interessenausgleichs als „echter“ Mitbestimmungstatbestand nicht zugleich die fehlende Bindungswirkung eines jeden freiwilligen Vertrags geschlossen werden könne.[156] Zuletzt könne auch die Unternehmerfreiheit schon gar nicht tangiert sein, weil mit der Möglichkeit der freiwilligen Verpflichtung ein „Mehr“ an Gestaltungsspielraum einher ginge und somit gerade eine Ausübung von freiem unternehmerischem Handeln vorliege.[157]

4. Regelungsabrede

Es wird auch vertreten, dass es sich bei dem Interessenausgleich um eine Regelungsabrede im Sinne einer kollektiven, betrieblichen Vereinbarung handele, die

---

150 Siemes, ZfA 1998, 183 (195f.).

151 Molkenbur/Schulte, DB 1995, 269 (270); Schwegler, Interessenausgleich, S. 60f., 63; Siemes, ZfA 1998, 183 (192ff.).

152 LAG München AuR 1998, 89 (89), unter II. 3. (3) der Gründe; Schwegler, Interessenausgleich, S. 68ff.

153 D/K/K/W/*Däubler*, §§ 112, 112a, Rn. 23; Molkenbur/Schulte, DB 1995, 269 (270); Siemes, ZfA 1998, 183 (201).

154 Siemes, ZfA 1998, 183 (197f.).

155 Schwegler, Interessenausgleich, S. 58f.

156 Siemes, ZfA 1998, 183 (201).

157 LAG München AuR 1998, 89 (90), unter II. 3. (3) der Gründe; Schwegler, Interessenausgleich, S. 60; Siemes, ZfA 1998, 183 (194).

keine Betriebsvereinbarung ist.[158] Ausgehend vom allgemeinen Verständnis der Regelungsabrede[159] gehen die Vertreter schließlich auch von einem Vertrag im Sinne der §§ 145ff. BGB aus.[160]

Zur Begründung verweist *Kaba* vor allem auf die bereits bekannten Argumente. So wird ein drohendes Missverhältnis zwischen Verfahrensanforderungen und Bedeutungsgehalt des Interessenausgleichs gesehen und der fehlende abschließende Charakter des § 113 BetrVG, sowie die fehlende Vergleichbarkeit mit den anerkannten Fällen von Naturalobligationen angeführt.[161] Zudem wird auch darauf hingewiesen, dass die Unternehmerfreiheit durch die Freiwilligkeit des Interessenausgleichs ausreichend geschützt sei. Ebenso wenig wie die Vertragsfreiheit vor der Bindung durch den Grundsatz „pacta sunt servanda" schütze, könne die Unternehmerfreiheit vor einer prozessualen Haftung des Unternehmers aus dem Interessenausgleich schützen. Zur Veranschaulichung wird ein Vergleich zum Liefervertrag gezogen. Auch dort führe die Ausübung der Unternehmerfreiheit dazu, dass eine Verbindlichkeit mit Pflichten für den Unternehmer entstehe.[162] Um den Interessenausgleich dann konkret einzuordnen, verweist *Kaba* auf die Regelungsabrede und den § 77 I 1 BetrVG. Hier sei der Grundsatz der Vertragswirkung im Betriebsverfassungsrecht, parallel zu der Regelung in den §§ 241, 305 BGB im Bürgerlichen Recht, statuiert. Entsprechend solle der Grundsatz der Vertragswirkung auch in der Betriebsverfassung gelten. Eine weitere, ausdrückliche Bestimmung der Bindungswirkung sei gar nicht notwendig und es fehle auch an einer Ausnahmeregelung zu diesem Grundsatz aus § 77 I BetrVG.[163] Freilich könnten hiervon gesetzliche Ausnahmen geschaffen werden. Dies sei bisher aber nicht getan worden. Eine solche Ausnahme sei zudem zwar grundsätzlich auch durch Richterrecht möglich, aber die Ausführungen des Bundesarbeitsgerichts hierzu seien zu unbegründet.[164]

Kielkowski hingegen folgert aus der Einordnung des Interessenausgleichs als Regelungsabrede zwar eine gewisse Verbindlichkeit der Vereinbarung[165], nicht aber eine schuldrechtliche Wirkung. Er sieht den Interessenausgleich als Regelungsabrede ohne schuldrechtliche Wirkung, der lediglich eine Ausübungsform

158 Kaba, Probleme des Interessenausgleichs, S. 75; Kielkowski, Betriebliche Einigungen, S. 201: Interessenausgleich sei besondere Unterform der Regelungsabrede, die keine schuldrechtliche Wirkung entfalte.
159 Fitting, § 77, Rn. 217f.; Richardi/*Richardi*, § 77, Rn. 240.
160 Kaba, Probleme des Interessenausgleichs, S. 68; Kielkowski, Betriebliche Einigungen, S. 201.
161 Kaba, Probleme des Interessenausgleichs, S. 69ff.
162 Kaba, Probleme des Interessenausgleichs, S. 74f.
163 Kaba, Probleme des Interessenausgleichs, S. 69f., 73.
164 Kaba, Probleme des Interessenausgleichs, S. 69ff.
165 Gegen die Einordnung als Naturalobligation: Kielkowski, Betriebliche Einigung, S. 198f.

der Mitbestimmung sei.[166] Die Verbindlichkeit des Interessenausgleichs ergebe sich nicht aus einem schuldrechtlichen Teil des Vertrags, sondern aus der reinen Willensübereinstimmung als tatbestandliche Voraussetzung, an die die Betriebsverfassung gewisse Rechtsfolgen knüpfe.[167] Ein Durchführungsanspruch als Folge einer schuldrechtlichen Einordnung widerspräche der Systematik der Mitbestimmungsrechte und ließe das vom Gesetzgeber geschaffene, differenzierte Modell der Rechtsfolgen, die an den Interessenausgleich bzw. dessen Nichteinhaltung geknüpft sind, leer laufen.[168]

Gemein ist beiden Ansichten damit nur, dass sie in dem Interessenausgleich keinen besonderen Regelungsakt der Betriebsverfassung sehen, sondern eine Subsumtion unter die Definition der Regelungsabrede im Sinne des § 77 BetrVG für möglich halten. Die Rückschlüsse auf die Rechtswirkung des Interessenausgleichs aus der Einordnung als Regelungsabrede fallen dagegen sehr unterschiedlich aus.

5. Betriebsvereinbarung

Zu den betrieblichen Vereinbarungen aus § 77 I BetrVG gehören grundsätzlich die Betriebsvereinbarung und die Regelungsabrede. Während die Regelungsabrede in § 77 BetrVG nicht ausdrücklich genannt ist, finden sich dort zur Betriebsvereinbarung wesentliche Angaben. Sie ist die wichtigste Form der betrieblichen Einigungen.[169] Die Betriebsvereinbarung besteht in der Regel aus einem normativen Teil, der unmittelbar und zwingend wirkt und einem schuldrechtlichen Teil, der in der Rechtswirkung mit einem bürgerlich-rechtlichen Schuldvertrag gleichzusetzen ist.[170]

a) Normativ wirkende Betriebsvereinbarung

Als *Matthes*[171], unter Bezugnahme auf *Ohl*[172], in den 90er Jahren als amtierender Richter des Bundesarbeitsgerichts in der Literatur die Ansicht vertrat, beim Interessenausgleich handele es sich um eine normativ wirkende Betriebsvereinbarung, sorgte dieses für Aufsehen in der wissenschaftlichen Diskussion und belebte das Thema erheblich.[173] Dabei gingen *Matthes* und *Ohl* davon aus, dass der Interessenausgleich zwar ein Vertrag im Sinne der §§ 145ff. BGB sei, aber ebenso wie der

---

166 Kielkowski, Betriebliche Einigung, S. 201. Zu diesem Verständnis der Regelungsabrede ausführlich, S. 144.
167 Kielkowski, Betriebliche Einigung, S. 201.
168 Kielkowski, Betriebliche Einigung, S. 198.
169 Statt vieler: Fitting, § 77, Rn. 11.
170 Richardi/*Richardi*, § 77, Rn. 63ff. m. w. N.
171 Matthes, FS Wlotzke, S. 397.
172 Ohl, Sozialplan, S. 67f.
173 Siehe nur Willemsen/Hohenstatt, NZA 1997, 345 (345), die einen Rechtsprechungswandel befürchteten.

Sozialplan, die Rechtsnatur und -wirkung einer Betriebsvereinbarung habe.[174] Zur Begründung wurde, aufbauend auf der Freiwilligkeit des Interessenausgleichsverfahrens, ein Vergleich des Interessenausgleichs zu der freiwilligen Betriebsvereinbarung nach § 88 BetrVG gezogen. Mangels signifikanter Unterschiede entfalte auch der Interessenausgleich, wie die freiwillige Betriebsvereinbarung, normative Wirkung. Ein anderes Verständnis widerspräche auch der von Teilen der Literatur angenommenen Möglichkeit, den Interessenausgleich von vorneherein als freiwillige Betriebsvereinbarung zu gestalten.[175] *Ohl* hatte zuvor bereits gemeint, dass es ohne normativen Charakter des Interessenausgleichs nicht nachvollziehbar sei, dass Dritte, hier in Form der betroffenen Arbeitnehmer, von der Sanktion des § 113 BetrVG begünstigt werden könnten.[176] Fehlende sprachliche Klarstellungen des Gesetzgebers zur normativen Wirkung des Interessenausgleichs seien im Rahmen von § 112 BetrVG auf eine bloße Unsicherheit des Gesetzgebers zurückzuführen und ständen einer ansonsten erfolgreichen Subsumtion unter den Begriff der Betriebsvereinbarung nicht im Wege.[177]

b) Lediglich schuldrechtliche wirkende Betriebsvereinbarung

Heinze nimmt Bezug auf Ausführungen von *Dietz*[178] zur Vorgängerregelung und verneint das Vorliegen einer Betriebsvereinbarung mit normativer Wirkung, geht aber dafür von einer Betriebsvereinbarung mit lediglich schuldrechtlicher Wirkung aus.[179] Wiederum ausgehend von Betriebsvereinbarung und Regelungsabrede als den beiden Möglichkeiten für betriebliche Vereinbarungen, müsse die Lösung in der Differenzierung zwischen Regelungsabrede und schuldrechtlich wirkender Betriebsvereinbarung gesucht werden. Beide hätten ähnliche, gerade nicht normative Wirkungen und auch ihr Anwendungsbereich decke sich weitestgehend. Die Unterscheidung erfolge also nicht anhand unterschiedlicher Wirkungen oder Anwendungsbereiche, wohl aber anhand unterschiedlicher Anforderungen an die Vereinbarungen. Anders als die formlose Regelungsabrede sei bei der schuldrechtlich wirkenden Betriebsvereinbarung die Schriftform zwingend notwendig, siehe § 77 II 1 BetrVG. Durch die Anordnung der Schriftform für den Interessenausgleich gem. § 112 I 1 BetrVG scheide daher eine formlose Regelungsabrede aus und es handele sich bei dem Interessenausgleich deshalb, mangels Alternativen, um eine schuldrechtlich wirkende Betriebsvereinbarung.[180]

---

174 Matthes, FS Wlotzke, S. 397; MüHbArbR/*Matthes*, § 269, Rn. 36; Ohl, Sozialplan, S. 68.
175 Matthes, FS Wlotzke, S. 397.
176 Ohl, Sozialplan, S. 67f.
177 Ohl, Sozialplan, S. 65f. bzgl. des Sozialplans.
178 Dietz, BetrVG, 4. Aufl. (1967), § 73 Rn. 5a.
179 Heinze, NZA 1994, 580 (584).
180 Heinze, NZA 1994, 580 (583).

II. Differenzierung im Einzelfall anhand des Rechtsbindungswillens

Im Bürgerlichen Recht bedarf es für die privatautonome Begründung einer Verpflichtung des Vorliegens eines Rechtsbindungswillen im jeweiligen Einzelfall. Dementsprechend überzeugt es grundsätzlich, nicht auf pauschale Annahmen abzustellen, sondern im Einzelfall im Hinblick auf den Rechtsbindungswillen zu differenzieren. In diesem Sinne äußern sich *Oetker* und *Annuß* zu der Frage der Rechtsnatur des Interessenausgleichs.[181] Beide wollen jeweils im Einzelfall entscheiden, ob ein Rechtsbindungswille der Parteien hinsichtlich der Bindung vorliegt. Die Frage des Bestehens einer Bindung durch den Interessenausgleich und deren Reichweite seien durch die jeweilige Vereinbarung zu bestimmen.[182] Die Übereinstimmung beider Autoren endet aber bei der Frage, ob sich eine Tendenz erkennen lasse, inwiefern dieser Rechtsbindungswillen regelmäßig gegeben sei oder nicht. Dabei geht *Oetker* davon aus, dass der Rechtsbindungswille aufgrund des Zwecks des Interessenausgleichs regelmäßig gegeben sei. Er macht aber auch deutlich, dass diese grundsätzliche Vermutung nicht von einer Prüfung im Einzelfall befreie. Der Rechtsbindungswille müsse im Einzelfall jedes Mal tatsächlich vorliegen und eine pauschale Lösung sei deshalb nicht denkbar. In der Folge lehnt er auch die generelle Einstufung als Vertrag ab und verwendet lieber den allgemeiner belegten Begriff der „Vereinbarung".[183] Gegen die Annahme einer Naturalobligation führt er wieder den widersprechenden Zweck des Interessenausgleichs an. Dieser solle die Berücksichtigung der Interessen der Arbeitnehmer bei der Betriebsänderung gewährleisten. Geschehe letzteres durch die Vereinbarung eines Interessenausgleichs, würde es dem Zweck widersprechen, wenn der Unternehmer nicht gebunden sei.[184] Nur mit einer Bindungswirkung sei zudem auch die Regelung des § 113 BetrVG verständlich, weil die Sanktion einer Abweichung gezwungenermaßen auch eine gewisse vorherige Bindung voraussetze.[185] Daher bezeichnet *Oetker* den Interessenausgleich auch als kollektivrechtliches Schuldverhältnis.[186] Zusammenfassend lässt sich danach feststellen, dass *Oetker* davon ausgeht, dass der Interessenausgleich in der Regel einen kollektiven, schuldrechtlichen Verpflichtungstatbestand darstellt, der als Sonderform der betrieblichen Regelungsinstrumente neben Betriebsvereinbarung und Regelungsabrede tritt. Dieses gilt jedoch nur solange, wie ausreichend Anhaltspunkte für die Annahme eines Rechtsbindungswillen vorliegen.

181 GK/*Oetker*, §§ 112, 112a, Rn. 73; Richardi/*Annuß*, § 112, Rn. 45.
182 GK/*Oetker*, §§ 112, 112a, Rn. 73; Richardi/*Annuß*, § 112, Rn. 45.
183 GK/*Oetker*, §§ 112, 112a, Rn. 73.
184 GK/*Oetker*, §§ 112, 112a, Rn. 73, 79.
185 GK/*Oetker*, §§ 112, 112a, Rn. 79.
186 GK/*Oetker*, §§ 112, 112a, Rn. 73.

Dagegen will *Annuß* zwar ebenso einzelfallbezogen nach allgemeinen Grundsätzen den Rechtsbindungswillen feststellen lassen, geht aber dabei davon aus, dass dieser in der Regel gerade nicht vorliege und demnach auch eine Bindung der Betriebsparteien ausscheide.[187] Anderes könne nur gelten, wenn ausnahmsweise besondere Anhaltspunkte für einen Rechtsbindungswillen gegeben sein sollten. Das Verständnis von *Annuß* ist damit gerade umgekehrt zu dem von *Oetker*. Sollte der Wille zur rechtlichen Bindung im Ausnahmefall doch erkennbar sein, handele es sich um eine freiwillige Betriebsvereinbarung im Sinne des § 88 BetrVG, welche aber nicht die Gewährung eines kollektiven Anspruchs für den Betriebsrat umfasse. Offen bleibt die Frage, welche Rechtsnatur dem Interessenausgleich in dem anderen Fall zukommen soll. Betrachtet man hierzu die von *Annuß* vorgebrachte Argumentation kann man wohl von seiner Zustimmung zur herrschenden Ansicht ausgehen, wenn auch eine klare Positionierung fehlt.[188] Zudem grenzt *Annuß* ein, dass eine rechtliche Bindung für Organisationsregelungen aufgrund der fehlenden Handlungsfähigkeit des Betriebsrats und des notwendigen Schutzes der Unternehmerfreiheit schon grundsätzlich ausgeschlossen sei, weil es hier immer um das „Ob" der Betriebsänderung gehe.[189]

III. Tatsächliche Beschreibung

Den bisher dargestellten Ansichten war gemein, dass sie den Interessenausgleich grundsätzlich als einen Vertrag i. S. d. §§ 145ff. BGB gesehen haben. Allerdings handelt es sich hierbei nicht um eine widerspruchslose, allgemeine Meinung, sondern es finden sich auch vereinzelt Stimmen in der Literatur, die dem widersprechen.[190] Vor allem *Ehmann* verneint den Vertragscharakter des Interessenausgleichs und sieht in diesem vielmehr eine tatsächliche Beschreibung der geplanten Betriebsänderung ohne rechtsgeschäftlichen Charakter.[191] Es liege schon keine Willenserklärung des Unternehmers vor, denn dieser wolle hier nur erklären, was er im Zusammenhang mit der Betriebsänderung geplant habe und durchführen wolle. Es handele sich daher bei dem Interessenausgleich vielmehr nur um eine „urkundliche Festschreibung".[192] Diese stelle eine „tatsächliche Beschreibung von Art und Umfang der geplanten Betriebsänderung, über die der Betriebsrat zu unterrichten und über die mit ihm ein Interessenausgleich zu beraten und zu versuchen ist", dar".[193] Rechtliche Verpflichtungen sollen daraus aber eindeutig nicht resultieren. Der Interessenausgleich hätte damit zwar eine nur beschränkte Verbindlichkeit, er

187 Richardi/*Annuß*, § 112, Rn. 45.
188 Richardi/*Annuß*, § 112, Rn. 35ff.
189 Richardi/*Annuß*, § 112, Rn. 45,46.
190 Ehmann, FS Kissel, S. 178f.; Schmitt-Rolfes, FS BAG, S. 1091f.
191 Ehmann, FS Kissel, S. 178f.
192 Ehmann, FS Kissel, S. 178f.; Schmitt-Rolfes, FS BAG, S. 1091f.
193 Ehmann, FS Kissel, S. 178f.

sei aber weder Naturalobligation noch ein Vertrag, sondern nichts weiter als eine urkundliche Festschreibung der vom Unternehmer geplanten Betriebsänderungen. Eine (Selbst-)Bindung des Unternehmers erfolge lediglich über den Nachteilsausgleich gem. § 113 BetrVG.[194] Letztlich muss es sich nach dieser Vorstellung um einen Realakt handeln, dem keine rechtsgeschäftlichen Wirkungen innewohnen. Zur Begründung wird angeführt, dass die Rechtsordnung selbst freiwilligen Vereinbarungen in einem Interessenausgleich eine schuldrechtliche Wirkung versage, weil sonst die Unternehmerfreiheit zu sehr eingeschränkt werden würde.[195] Die vermeintlich für ein Rechtsgeschäft sprechende Einigung der Parteien stelle lediglich eine unternehmerische Planung dar, ohne weitere Rechtsbeziehungen regeln zu wollen.[196] Demzufolge könne auch nicht von einem Rechtsfolgewillen der Parteien ausgegangen werden, weil sich der Unternehmer nicht rechtlich binden, sondern bloß eine tatsächliche Beschreibung über die Ausführung der Betriebsänderung erklären wolle. Hierin sei aber gerade keine „Garantieerklärung" zu sehen.[197] Letztlich scheitere der Vertragsgedanke auch an dem Umstand, dass der Betriebsrat mangels Privatautonomie keine Allzuständigkeit besäße. Somit könne auch nicht angenommen werden, der Betriebsrat könne unabhängig und eigenständig bürgerlich rechtliche Verträge abschließen.[198] Die von der herrschenden Meinung gewählte Einordnung als Kollektivvereinbarung eigener oder besonderer Art mit der Wirkung einer Naturalobligation wird dagegen abgelehnt, weil diese wenig aussagekräftig, missverständlich und auch nur mangels anderer begrifflicher Ideen erfolgt sei.[199]

IV. Zusammenfassung des Meinungsbildes

Im breiten Meinungsspektrum finden sich von der Einordnung des Interessenausgleichs als lediglich tatsächliche Beschreibung, über eine rechtsgeschäftliche Vereinbarung, bis zur (normativen) Betriebsvereinbarung, nahezu alle vorstellbaren Auffassungen zur Frage der Rechtsnatur des Interessenausgleichs. Auffällig ist dabei, dass die Frage der Rechtsnatur häufig nur als Deckmantel für die Frage der Rechtswirkung behandelt wird. Vielleicht fehlt es auch deshalb teilweise an klaren, dogmatisch fundierten Begründungen der Positionen. Die Argumentationen beruhen vielmehr in der Regel auf pauschalen Verweisen auf die, je nach Sichtweise, unverhältnismäßige oder verhältnismäßige Beschränkung der Unternehmerfreiheit, der Systematik der §§ 111ff. BetrVGsowie dem Zweck der betrieblichen Mitbestimmung im Zusammenhang mit Betriebsänderungen. Das legt den Verdacht

194 Schmitt-Rolfes, FS BAG, S. 1091f.
195 Ehmann, FS Kissel, S. 178.
196 Schmitt-Rolfes, FS BAG, S. 1092.
197 Ehmann, FS Kissel, S. 179.
198 Ehmann, FS Kissel, S. 182.
199 Ehmann, FS Kissel, S. 175f.

nahe, dass die dogmatische Begründung dem gewünschten, rechtspolitischen Ergebnis untergeordnet wird.[200] In der Folge gilt es deshalb, die genannten Argumente und Standpunkte daraufhin zu überprüfen, ob sie einer kritischen Betrachtung standhalten und welche weiteren Gesichtspunkte sich aus der Auslegung der §§ 111ff. BetrVG zu der Frage der Rechtsnatur des Interessenausgleichs ergeben.

200 Mit dem Hinweis auf die ideologische Prägung der Debatte auch Schwegler, Interessenausgleich, S. 18.

Kapitel 4 – Das Meinungsspektrum im Spiegel der Auslegung der §§ 111ff. BetrVG

Entsprechend dem juristischen Auslegungskanon sind zur Lösung einer gesetzesinterpretatorischen Frage zunächst der Aussagegehalt des Wortlauts, die Systematik, die Historie und die teleologische Bedeutung der zugrundeliegenden Norm(en) zu betrachten.[201] Daneben gilt es aber auch, die Einheit der Rechtsordnung zu wahren und der Blick muss somit auch auf die die Rechtsordnung tragenden Verfassungsnormen und Rechtsprinzipien geleitet werden.[202]

A. Der Aussagegehalt des Wortlauts

Der Beginn und zugleich auch eine wichtige Grenze jedes Auslegungsversuches einer Gesetzesnorm ist zunächst der Wortlaut.[203] Interpretationen, die eindeutig nicht mehr unter den Sinngehalt des Wortlauts gefasst werden können, dürfen zumindest durch die Auslegung der Norm auch nicht in diese hineingedeutet werden. Schon im Rahmen der Problembeschreibung wurde festgestellt, dass eine eindeutige, ausdrückliche Aussage zur Rechtsnatur im Wortlaut des § 112 I BetrVG nicht zu finden ist.[204] Trotzdem gilt es, den Wortlaut der Norm auf mittelbare Aussagen zu untersuchen. Durch die Wortwahl und die fach- oder umgangssprachliche Bedeutung der gewählten Begrifflichkeiten könnte eine Grenze bzgl. gewisser Deutungsmöglichkeiten zur Rechtsnatur des Interessenausgleichs gesetzt worden sein. Möglich ist dabei auch, dass ein besonderer Argumentationsaufwand notwendig wird, weil bei der Auslegung vom Wortlaut abgewichen werden soll.[205]

I. Die Wortwahl des Gesetzgebers in § 112 I 1 BetrVG

Trotz fehlender ausdrücklicher Aussagen des Gesetzgebers soll nun die Wortwahl im Zusammenhang mit der gesetzlichen Regelung des Interessenausgleichs im Detail betrachtet werden. Der Gesetzgeber wählte bei der Formulierung des § 112

---

201 Larenz. Methodenlehre, S. 319.
202 Raisch, Juristische Methoden, S. 138f.
203 Larenz, Methodenlehre, S. 321f.
204 ErfK/*Kania*, §§ 112, 112a, Rn. 9; Fitting, §§ 112, 112a, Rn. 43; Richardi/*Annuß*, § 112, Rn. 41; W/P/K/*Preis/Bender*, §§ 112, 112a, Rn. 16.
205 Siehe eingehend zur Bedeutung der Umgangssprache für die Auslegung, insbesondere zur Wortlautgrenze: Wank, Begriffsbildung, S. 19ff.

I 1 BetrVG die Begriffe „Zustandekommen“ und schließlich den „[Interessen]Ausgleich“ selbst.

1. Das „Zustandekommen“ des Interessenausgleichs

Das allgemeine Wortverständnis meint beim „Zustandekommen“ das „Entstehen, das Sichergeben“, z. B. auch das Zustandekommen eines Vertrages.[206] Der Gesetzgeber verwendet diese Wortwahl im Betriebsverfassungsrecht ansonsten noch im Rahmen von § 87 II 1 BetrVG im Zusammenhang mit der Einigung über die Mitbestimmungstatbestände des § 87 I BetrVG. Dabei muss es sich bei dieser Einigung nicht zwingend um eine Betriebsvereinbarung handeln. Es ist auch eine formlose Betriebsabsprache oder Regelungsabrede grundsätzlich denkbar.[207] Auch diese weiteren Formen der betrieblichen Einigungen werden als zivilrechtliche Verträge eingeordnet.[208] Abstrakt betrachtet wird der Begriff des Zustandekommens in der Fachsprache dazu verwendet, zumindest den Abschluss einer Einigung oder Vereinbarung zu beschreiben. Im Bürgerlichen Recht würde man wohl regelmäßig von einem Vertrag im Sinne der §§ 145ff. BGB ausgehen. Allerdings knüpft sich dadurch noch keine zwingende Interpretation an die Art der Vereinbarung oder des Vertrages. Auch in der Fachsprache sagt sie lediglich aus, dass eine Vereinbarung vorliegt, nicht aber welche Rechtsnatur diese zwingend hat. Das zeigt auch das Beispiel des § 87 II 1 BetrVG: Es geht um das Zustandekommen der „Einigung“ zwischen Betriebsrat und Arbeitgeber. Welche Rechtsnatur der Einigung zukommt wird erst aus dem Zusammenhang und den beabsichtigten Rechtsfolgen der Parteien klar. So kann z. B. regelmäßig eine Betriebsvereinbarung angenommen werden, wenn eine dauerhafte unmittelbar wirkende Regelung über einen der Mitbestimmung unterliegenden Sachverhalt beabsichtigt ist.[209] Abgesehen von einem Hinweis auf eine vertragliche Einigung der Betriebspartner ist der Wortwahl des Gesetzgebers bzgl. des „Zustandekommens“ folglich kein weiterer Aussagegehalt zu entnehmen.

2. Der „Interessenausgleich“

Der Begriff „Interessenausgleich“ meint in der allgemeinen Wortbedeutung den „Ausgleich zwischen unterschiedlichen Interessen“ oder „die unterschiedlichen Interessen berücksichtigenden, ausgleichenden Maßnahmen“.[210] Der Gesetzgeber benutzt diesen Begriff im Betriebsverfassungsgesetz nicht auch an anderer Stelle,

---

206 http://www.duden.de/rechtschreibung/Zustandekommen; Zuletzt abgerufen am 30.10.2018.

207 GK/*Wiese*, § 87, Rn. 88.

208 Richardi/*Richardi*, § 77, Rn. 243.

209 GK/*Wiese*, § 87, Rn. 89.

210 http://www.duden.de/suchen/dudenonline/Interessenausgleich; Zuletzt abgerufen am: 30.10.2018.

sondern wählt ihn nur im Rahmen des § 112 I 1 BetrVG. Trotzdem ist der Begriff im deutschen Recht zumindest in abstrakter Form allgegenwärtig und meint wohl zumeist einen Kompromiss zur Lösung einer Konfliktlage, die durch gegensätzliche Interessen entsteht. Zuzustimmen ist insofern der Aussage von *Studt*: „Jede einvernehmliche Entscheidung [...] setzt einen Interessenausgleich voraus, nämlich einen Ausgleich der Interessen der Abschließenden."[211] Damit ist allerdings wiederum noch keine Aussage zur Rechtsnatur dieses Ausgleichs getroffen. Diese hängt jeweils wieder vom Regelungszusammenhang und dem Willen der Verhandlungsparteien ab. Nach dem der Sprachwissenschaft entliehenen sog. Drei-Bereiche-Modell[212] kann man im Rahmen der Wortlautauslegung fragen, ob verschiedene Auslegungsoptionen auf die fragliche Wortwahl anwendbar sind oder nicht. Im Ergebnis unterteilt man hierbei in positive, negative und neutrale Kandidaten. Stellt man auf den Begriff des Interessenausgleichs und die Suche nach dessen Rechtsnatur ab, stellt sich damit die folgende Frage: „Kann man den Interessenausgleich als tatsächliche Beschreibung (Realakt) / als Schuldvertrag / als Kollektivvereinbarung / als Regelungsabrede verstehen?" Die letzteren drei bezeichnen jeweils eine Vereinbarung im weiteren Sinne oder einen Vertrag und können auch alle dem Ausgleich verschiedener Interessen dienen. Dabei liegt die Besonderheit von Kollektivvereinbarung und deren Unterfall, der Regelungsabrede, in einem kollektiven Element. Dieses kollektive Element ist auch Tatbestand des zwischen den Betriebsparteien als Kollektivpartner ausgehandelten Interessenausgleichs. Freilich schließt diese Übereinstimmung nicht den Vertrag im allgemeinen Sinne aus. Auch dieser kann unter Umständen ein kollektives Element aufweisen, siehe nur Tarifvertrag und Betriebsvereinbarung, welche überwiegend als allgemeine Verträge im Sinne der §§ 145ff. BGB verstanden werden.[213] Kehrt man zurück zur Überprüfung anhand des Drei-Bereiche-Modells, erscheint die Antwort auf die gestellte Frage daher immer positiv oder zumindest neutral. Folglich ist keine dieser drei Möglichkeiten vom Sprachverständnis des Wortlauts ausgeschlossen. Fraglich erscheint danach allein, ob sich die Annahme eines Realaktes im Sinne einer lediglich tatsächlichen Beschreibung der geplanten Betriebsänderung mit diesem Begriffsverständnis verträgt. Insofern liegt es nach den bisherigen Ausführungen nahe, dass bei einer Vereinbarung von Unternehmen und Betriebsrat über den Ausgleich von Interessen im Rahmen einer Betriebsänderung, diese Vereinbarung in Form eines Vertrags geschlossen wird. Letztendlich lässt sich die Annahme eines Realakts dadurch aber noch nicht endgültig widerlegen. Festzuhalten bleibt deshalb zunächst nur, dass der Interessenausgleich nach seinem Wortverständnis

---

211 Studt, Interessenausgleich nach § 323 II UmwG, S. 22.

212 Ausführlich: Kramer, Methodenlehre, S. 58ff.

213 Unbestritten zutreffend für den Tarifvertrag, siehe z. B. ErfK/*Franzen*, § 1 TVG, Rn. 20., nicht so eindeutig bei der Betriebsvereinbarung, siehe nur Richardi/*Richardi*, § 77, Rn. 24. Hier wird zwischen der Einordnung als Vertrag und der als Vereinbarung gestritten.

eine Vereinbarung im weitesten Sinne meinen muss, der Begriff der „Vereinbarung“ aber keine eigenständige rechtliche Bedeutung hat.[214] Das klassische Instrument für Vereinbarungen ist in der Zivilrechtsordnung aber der Vertrag im Sinne der §§ 145ff. BGB.[215]

3. Keine Verwendung des Begriffs der „Einigung“

Vergleicht man des Weiteren die Wortwahl des § 112 BetrVG bzgl. Interessenausgleich und Sozialplan, so fällt auf, dass bei letzterem die Rede von einer „Einigung“ ist, während diese Begrifflichkeit bzgl. des Interessenausgleichs nicht verwendet wird. Der Begriff der Einigung findet im Gegensatz zu dem des Interessenausgleichs häufig im Betriebsverfassungsgesetz Verwendung.[216] Der Sprachgebrauch des Gesetzgebers kann dabei dahingehend verstanden werden, dass dabei eine gewisse Verbindlichkeit vorausgesetzt wird. Dieses gilt z. B. für die Ausübung der einzelnen Mitbestimmungsrechte über die nach § 87 II 1 BetrVG eine Einigung erzielt werden soll. Daneben wird der Begriff der Einigung aber auch ganz allgemein verwendet. So dient er z. B. im Rahmen von § 74 I 2 BetrVG als generelle Aufforderung an die Betriebsparteien, strittige Fragen im Wege einer Einigung zu lösen. Aber auch hier wird wieder eine gewisse Verbindlichkeit vorausgesetzt, weil eine Befriedigung und Streitlösung sonst kaum möglich erscheint. Die Art und Weise der Verwendung des Begriffs im Betriebsverfassungsgesetz könnte man daher als Indiz werten, dass der Gesetzgeber an Stellen, an denen er eine verbindliche Vereinbarung der Betriebsparteien vorgesehen hat, dieses durch den Begriff der Einigung deutlich gemacht hat. Aufgrund der fehlenden, entsprechenden Wortwahl bzgl. des Interessensausgleichs in § 112 I 1 BetrVG könnte man hieraus in der Folge den Umkehrschluss ziehen, dass eine solche verbindliche Vereinbarung gerade nicht vorliegen solle. Vereinzelt wird in der Literatur tatsächlich auf diese enge terminologische Unterscheidung verwiesen und davon ausgegangen, dass der Begriff der Einigung verbindlich zu verstehen sei und das „Zustandekommen“ des Interessenausgleichs unverbindlich gemeint sei.[217] Anderenorts wird aber auch aufgezeigt, dass die Einigung in vielen Tatbeständen der Betriebsverfassung den Arbeitgeber nicht verpflichte, sondern nur zur Legitimation einer Maßnahme diene. Damit hätte sie eine eigenständige Funktion in Teilen der Betriebsverfassung, die es so im Zivilrecht sonst nicht gäbe.[218] Die Verwendung des Begriffs der Einigung ist daher nicht so eindeutig wie der genannte Umkehrschluss es erscheinen lässt und soll sicherlich nicht abschließend die Vereinbarungen im Betriebsverfassungsgesetz mit Verbindlichkeit kennzeichnen. Entsprechend lesen sich auch die Gesetzesmaterialien

---

214 GK/*Kreutz*, § 77, Rn. 6.
215 Bamberger/Roth/*Eckert*, § 145 BGB, Rn. 1f.; MüKoBGB/*Busche*, Vor § 145, Rn. 1.
216 Siehe z. B. §§ 18a I 2 und 3, 37 VI 6, 74 I 2, 76 II 1 und 2, 85 II 2, 87 II 1, 112 I 2 BetrVG.
217 Grünewald, Interessenausgleich und Sozialplan, S. 100.
218 Birk, ZfA 1986, 73 (80f.).

zu dieser Frage. Dort ist, anders als im letztendlichen, ausformulierten Gesetz, auch im Zusammenhang mit dem Interessenausgleich von einer „Einigung“ die Rede: „Diese (gütliche) Einigung über die Betriebsänderung selbst bezeichnet die Vorlage als Interessenausgleich“.[219] Hier liegt daher ersichtlich keine bewusste Differenzierung des Gesetzgebers bzgl. der Wortwahl im Hinblick auf die „Einigung“ zwischen Sozialplan und Interessenausgleich vor. Dementsprechend geht auch die Rechtsprechung, trotz fehlender Verankerung im Wortlaut, auch bzgl. des Interessenausgleichs in der Regel von einer Einigung aus.[220] Im Ergebnis ist das Fehlen des Begriffs der Einigung im Wortlaut des § 112 I 1 BetrVG also ohne Aussagekraft für die Frage der Rechtsnatur des Interessenausgleichs.

4. Vergleich mit der sonstigen Wortwahl für Absprachen im Betriebsverfassungsgesetz

Ist mithin die Betrachtung des Wortlauts von § 112 I 1 BetrVG nur mit beschränktem Erkenntnisgewinn verbunden, kann noch untersucht werden, ob sich aus der sonstigen sprachlichen Regelung des Betriebsverfassungsgesetzes Aussagen zur Rechtsnatur des Interessenausgleichs finden lassen. Die klassische und wichtigste Form der Vereinbarung im Betriebsverfassungsrecht ist die Betriebsvereinbarung gem. § 77 II 1 BetrVG. Hierunter ist der Interessenausgleich mangels normativer Wirkung nicht zu subsumieren. In § 77 BetrVG befindet sich in Absatz 1, Satz 1 zudem noch der Begriff der „Vereinbarungen“ im Allgemeinen, der hier als Sammelbegriff verwendet wird und alle betrieblichen Einigungen umfasst.[221] Die „Vereinbarung“ findet sich auch in § 80 III BetrVG wieder. Sie ist hier im Sinne einer Absprache bzgl. einer zusätzlichen Inanspruchnahme von Sachverständigen durch den Betriebsrat zu verstehen. An anderer Stelle ist von einem „Einvernehmen“ (§ 44 II 2 BetrVG) die Rede, welches als Rechtsgrund für die Zahlung des Arbeitsentgelt trotz Nichtarbeit beim Abhalten einer Betriebsversammlung gilt.[222] Die Rechtsnatur dieser Vereinbarung kann dabei nicht immer einem gleichen, eindeutigem Typus zugeordnet werden, sondern kann als Betriebsvereinbarung, aber auch in einer anderen Form erfolgen.[223] Wieder eine andere Begrifflichkeit wurde im Rahmen von § 76 II 1, 2 BetrVG bzgl. der Besetzung der Einigungsstelle gewählt. Hier ist von einem „Einverständnis“ die Rede. Dabei kann, muss aber auch dieses Einverständnis nicht zwingend in einer Betriebsvereinbarung erfolgen.[224] Diese Beispiele zeigen, dass von einer einheitlichen Regelung bzw. eindeutigen, dogmatisch

---

219 BT-Drucksache zu VI/2729, S. 8.

220 BAG 20.4.1994 AP BetrVG 1972 § 113 Nr. 27, unter II. 2. b) der Gründe; BGH 15.11.2000 AP BetrVG 1972 § 112 Nr. 140, unter 3. A. a) der Gründe.

221 GK/*Kreutz*, § 77, Rn. 6.

222 Richardi/*Annuß*, § 44, Rn. 46.

223 Fitting, § 44, Rn. 20; Richardi/*Annuß*, § 44, Rn. 17.

224 GK/*Jacobs*, § 76, Rn. 33f.

durchdachten Verwendung der Begrifflichkeiten in der Betriebsverfassung nicht gesprochen werden kann. Insbesondere fehlt es auch an einer Vergleichbarkeit zu den Begrifflichkeiten in § 112 I 1 BetrVG. Es gibt zwar, insbesondere in der Interpretation des § 77 I 1 BetrVG, Grundaussagen zu den Vereinbarungen der Betriebsparteien. Aber hieraus lässt sich keine entsprechende, in sich stimmige Verwendung im Verlauf des gesamten Gesetzes erkennen, die eine endgültige Festsetzung nahelegt, welche Rechtsnatur diese Vereinbarungen jeweils haben. Es handelt sich insofern um einen offenen Begriff, der entsprechend dem Zweck der jeweiligen Vereinbarung und dem Willen der Parteien der Vereinbarung unterschiedlich ausgestaltet sein kann.

5. Zwischenergebnis

Die Wortwahl von § 112 I 1 BetrVG hat mangels klarer und eindeutiger Begriffswahl nur eine bedingte Aussagekraft bei der Frage nach der Rechtsnatur des Interessenausgleichs. Das überrascht im Hinblick auf die verwendeten Begrifflichkeiten im sonstigen Betriebsverfassungsrecht nicht, weil es hier an einer eindeutigen, dogmatisch fundierten Verwendung von bestimmten Begrifflichkeiten fehlt. Auch wurde in § 77 I 1 BetrVG auf die Klarstellung bzgl. der verschiedenen Vereinbarungen zwischen den Betriebsparteien verzichtet. Der Ausgleichsgedanke, der mit dem originären Begriff des Interessenausgleichs verbunden wird und die Wortwahl, nach der der Interessenausgleich „zustande kommt“ sprechen jedoch dafür, dass der Interessenausgleich ein Vertrag im Sinne der §§ 145ff. BGB darstellt.

II. Das Schriftformerfordernis in § 112 I 1 BetrVG

Ein weiterer Anhaltspunkt zur vorliegenden Auslegungsfrage könnte sich in der gem. § 112 I 1 BetrVG für den Interessenausgleich angeordneten Schriftform finden lassen. Teilweise wird hierzu angeführt, dass die Anordnung der Schriftform und die insgesamt als aufwendig bewertete Ausgestaltung des Verfahrens zeigen würden, dass der Gesetzgeber den Interessenausgleich mit einer gewissen Verbindlichkeit statuieren wollte.[225] Dagegen kann man freilich zu Recht einwenden, dass einerseits verbindliche Verträge auch mündlich, also gerade ohne besondere Form- oder Verfahrenserfordernisse, geschlossen werden können und andererseits auch einseitige Erklärungen teilweise der Schriftform bedürfen.[226] Die Schriftform dient in der Rechtsordnung zudem auch als bloßer Nachweis für bestehende tatsächliche oder rechtliche Zustände.[227] Trotzdem wird andererseits im Hinblick auf das Schriftformerfordernis der Rechtsbindungswillen der Parteien vermutet, da diesen

225 Molkenbur/Schulte, DB 1995, 269 (270); Zwanziger, BB 1998, 477 (478).
226 Grünewald, Interessenausgleich und Sozialplan, S. 82; Schmitt-Rolfes, FS BAG, S. 1092.
227 Richardi/*Annuß*, § 112, Rn. 41.

die rechtliche Erheblichkeit und damit auch die Verbindlichkeit ihrer Erklärungen aufgrund des Formerfordernisses bewusst seien.[228] Das ist letztlich aber keine Frage der Auslegung des § 112 I 1 BetrVG, sondern eine Frage nach den Anhaltspunkten für einen Rechtsbindungswillen.[229] Letztendlich muss die gesetzliche Anordnung der Schriftform selbst ausgelegt werden um zu bestimmen worauf sie sich detailliert bezieht, welchen Zweck sie hat und welche Rechtsfolgen sich aus einem potentiellen Verstoß gegen sie ergeben. In den Fällen, in denen der Zweck des Formerfordernisses gerade in dem Schutz der freien Willensentschließung besteht[230], kann man im Umkehrschluss noch am ehesten eine gewisse Verbindlichkeit der trotz dieser Schutzmaßnahme schriftlich getroffenen Abrede zusprechen. Der Zweck der Schriftform ist beim Interessenausgleich aber vor allem im Kontext des § 113 BetrVG zu sehen: Die schriftliche Vereinbarung soll eine klare Tatsachengrundlage für die Nachteilsausgleichsansprüche des Arbeitnehmers schaffen, indem der Inhalt des Interessenausgleichs von dem der Unternehmer nicht abweichen soll, fixiert ist. Sie hat damit vor allem eine Klarstellungs- und Beweisfunktion.[231] So hat auch das Bundesarbeitsgericht bereits festgestellt, dass das Schriftformerfordernis für die Vereinbarung konstitutiv sei und seinen Grund vor allem in der Bedeutung für die Arbeitnehmer habe, die wissen müssten, ob und wie die geplante Betriebsänderung durchgeführt wird und ob der Unternehmer sich an die Vereinbarung hält.[232] Der Zweck solle die hinreichende Information über die Voraussetzungen der Betriebsänderung, über zu erwartende Nachteile, über das Zustandekommen eines Interessenausgleichs, sowie über einen möglichen Verstoß gegen diesen gewährleisten und die Beurteilung möglicher Ansprüche aus § 113 I, III BetrVG ermöglichen und damit der Rechtssicherheit dienen.[233] Eine Aussage des Gesetzgebers zur Rechtsnatur der schriftlich abgeschlossenen Vereinbarung oder deren Bindungswirkung ist damit jedoch nicht verbunden. Mithin wird offensichtlich, dass aus dem Schriftformerfordernis in Anbetracht seiner Ausgestaltung, seines Zwecks und den allgemeinen vertragsrechtlichen Grundsätzen keine eindeutigen Hinweise auf die Rechtsnatur des Interessenausgleichs zu entnehmen sind.

---

228 Schwegler, Interessenausgleich, S. 60f.; Siemes, ZfA 1998, 183 (192ff.).

229 Siehe dazu unten S. 157ff.

230 Dazu Lorenz, Schutz vor dem unerwünschten Vertrag, S. 106ff.

231 Herrschende Ansicht: Fitting, §§ 112, 112a, Rn. 24; Richardi/*Annuß*, § 112, Rn. 43; Wiesner, Schriftform, S. 95, 93f.; a. A. Gamillscheg, S. 1121, der den Zweck lediglich darin sieht Verhandlung und Vereinbarung voneinander abzugrenzen, wobei damit vermutlich auch eine gewisse Klarstellung einher geht.

232 BAG 26.10.2004 AP BetrVG 1972 § 113 Nr. 49 unter A. II. 1. a. der Gründe; BAG 14.11.2006 AP BetrVG 1972 § 112 Nr. 181; BAG 12.5.2010 AP KSchG 1969 § 1 Namensliste Nr. 20.

233 BAG 9.7.1985 AP BetrVG 1972 § 113 Nr. 13, unter I. 3. der Gründe m. w. N.

III. Wortlaut und Tatbestand des Nachteilsausgleichs gem. § 113 BetrVG

Die Regelung des § 113 BetrVG sanktioniert die Abweichung vom Interessenausgleich ohne wichtigen Grund durch den Unternehmer durch die Verpflichtung zur Leistung eines sog. Nachteilsausgleichs an den betroffenen Arbeitnehmer. Die Leistung besteht in der Regel in der Form einer finanziellen Entschädigung oder Abfindung. Die Norm des § 113 BetrVG stellt dabei eine der raren, ausdrücklichen Aussagen des Gesetzgebers zum Interessenausgleich dar.[234] Dem entsprechend berufen sich alle Meinungsströmungen auf diese Regelung für ihre Argumentation und der Aussagegehalt der Norm ist folglich sehr umstritten.

1. Verbindliche Vereinbarung als Voraussetzung für die Sanktion

Siemes vertritt die Meinung, dass die Anspruchsvoraussetzung des § 113 I 1 BetrVG der Abweichung „ohne zwingenden Grund" gerade einen verpflichtenden Vertrag voraussetze, weil die Sanktion einen Vertragsbruch benötige und dieser nur bei einer vertraglichen Bindungswirkung denkbar sei.[235] Ähnlich sieht es auch *Oetker*, der den § 113 BetrVG nur dann für verständlich hält, wenn die Vereinbarung im Interessenausgleich grundsätzlich bindend ist, weil die Sanktion einer Abweichung vom Interessenausgleich immer auch dessen grundsätzliche Verbindlichkeit voraussetze.[236] Beide stimmen somit überein, dass die Sanktion einer Abweichung vom Interessenausgleich, zunächst eine gewisse Verbindlichkeit der Vereinbarung voraussetzt. Dem ist insoweit zuzustimmen, als dass die Norm des § 113 I 1 BetrVG nach dessen Wortlaut eindeutig eine Abweichung von dem Interessenausgleich vorsieht. Erst die Abweichung ermöglicht als tatbestandliche Voraussetzung die Sanktion durch den Nachteilsausgleich. Allerdings kann auch von einer rein tatsächlichen Vereinbarung abgewichen werden und damit der Tatbestand des Nachteilsausgleichs erfüllt werden. Auch in diesem Fall könnte daher die Sanktionsnorm eingreifen. Jede Vereinbarung, gleich welcher Rechtsnatur, kann gebrochen werden und damit die Sanktionsnorm in Gang setzen. Damit wird klar, dass aus dem Erfordernis der Abweichung und der Rechtsfolge der Sanktion noch keine Aussage über die Art der Vereinbarung des Interessensausgleichs getroffen werden kann.

2. Keine Anzeichen für eine abschließende Regelung

Vielfach wird die Sanktionsregelung des § 113 BetrVG als abschließende Regelung der Rechtsfolgen einer Abweichung vom Interessenausgleich durch den Unternehmer gesehen und deshalb als ein gewichtiges Argument für die fehlende

---

234 ErfK/*Kania*, §§ 112, 112a, Rn. 9; GK/*Oetker*, §§ 112, 112a, Rn. 73.
235 Siemes, ZfA 1998, 183 (197f.).
236 GK/*Oetker*, §§ 112, 112a, Rn. 79.

Bindungswirkung des Interessenausgleichs angeführt.[237] Neben dem drohenden Nachteilsausgleich nach § 113 BetrVG solle der Unternehmer keine weiteren, für ihn nachteiligen Rechtsfolgen bei einer Abweichung zu befürchten haben. Ein Durchführungsanspruch des Betriebsrats gegen den Unternehmer aus der Vereinbarung wird mit dem Hinweis auf die dadurch zu sehr eingeschränkte Unternehmerautonomie verneint.[238] Eine solche abschließende Rechtsfolgenregelung durch § 113 BetrVG lässt sich aber zumindest dem Wortlaut nicht entnehmen. Dieser trifft keine eindeutige, ausdrückliche Regelung darüber, ob die Norm abschließend ist.[239] Darüber hinaus kann auf die obige Argumentation bzgl. der Naturalobligation verwiesen werden: Es fehlt offenkundig an ausreichenden Indizien für die Annahme einer solchen abschließenden Regelung.

Im Ergebnis führt die Betrachtung des § 113 BetrVG zu keinem eindeutigen Ergebnis. Weder kann hier eine abschließende Sanktionsfunktion eindeutig nachgewiesen werden noch eine notwendige Bindungswirkung eindeutig dargelegt werden. Der Wortlaut des § 113 BetrVG allein hilft also bei der hier untersuchten Frage nicht weiter.

IV. Zwischenergebnis: Nur Bedingte Aussagekraft des Wortlauts

Nach eingehender Betrachtung des Wortlauts von § 112 BetrVG und auch des § 113 BetrVG lassen sich hieraus nur beschränkte Erkenntnisse zur Rechtsnatur des Interessenausgleichs gewinnen. Der Wortlaut deutet jedoch auf eine vertragliche Lösung der Frage hin.

B. Systematische Betrachtung

I. Systematische Probleme im Betriebsverfassungsgesetz

Bei der systematischen Auslegung einer Norm gilt es zunächst einmal festzustellen, ob und inwiefern der gesetzlichen Regelung ein System zu Grunde liegt, in das sich das Auslegungsergebnis bzgl. der fraglichen Norm einfügen muss.[240] Diesbezüglich wird im arbeitsrechtlichen Schrifttum auf das Problem hingewiesen, dass es dem Betriebsverfassungsgesetz insgesamt an einem einheitlichen,

---

237 BAG 28.8.1991 AP ArbGG 1979 § 85 Nr. 2, unter II. 3. der Gründe; LAG Hamm, NZA-RR 1997, 393 (394); ErfK/*Kania*, §§ 112, 112a, Rn. 9.

238 Grünewald, Interessenausgleich und Sozialplan, S. 101ff.; Schaub, FS Däubler, S. 348.

239 Krol, Bindungswirkung des Interessenausgleichs, S. 82f.; LAG München AuR 1998, 89 (90), unter II. 3. (3) der Gründe; Römer, Interessenausgleich bei Outsourcing, S. 191; Schwegler, Interessenausgleich, S. 70.

240 Larenz, Methodenlehre, S. 324ff. spricht vom Bedeutungszusammenhang; Raisch, Methodenlehre, S. 148ff.;

durchgängigen System, welches die Einordnung eines rechtlichen Problems vereinfache, mangele.[241] Diese Feststellung spiegelt sich auch in der Ansicht *Birks* wieder, dass es kein überzeugendes System der Verwendung der Betriebsvereinbarung als Kooperationsinstrument der Betriebspartner gäbe und das Betriebsverfassungsrecht verschiedene Möglichkeiten der Verständigung, auch solche mit nur betriebspolitischer und nicht rechtsgeschäftlicher Bindung, kenne.[242] Es fehle somit an einem einheitlichen System der Verständigungsmöglichkeiten. Das liege auch daran, dass das Betriebsverfassungsgesetz nicht ausschließlich rechtliche Beziehungen im Auge habe.[243] Deshalb dürfe man auch nicht den Fehler begehen, dass man überall dort, wo das Betriebsverfassungsgesetz von einer Einigung oder Verständigung spreche, sofort ein verbindliches Rechtsgeschäft annimmt.[244] Aufbauend auf der Verortung des Betriebsverfassungsrechts als Privatrecht plädiert *Lobinger* trotzdem zu Recht dafür, die Lösung auftretender Probleme in der Auslegung betriebsverfassungsrechtlicher Normen anhand des allgemeinen Systembaus des Zivilrechts anzugehen.[245] Auf diesen Gedanken aufbauend, soll nun die systematische Einordnung des Interessenausgleichs versucht werden.

II. Keine normative Wirkung

Eine mittelbare Aussage zur Rechtsnatur des Interessenausgleichs trifft der Gesetzgeber in § 112 I 3 BetrVG bzgl. des Sozialplans anhand einer ausdrücklichen Anordnung der Rechtswirkung des Sozialplans. Gem. § 112 I 3 BetrVG hat der Sozialplan die Wirkung einer Betriebsvereinbarung. Der Sozialplan wirkt mithin normativ, d. h. unmittelbar und zwingend.[246] Die überwiegende Meinung hält den Sozialplan deswegen für eine Betriebsvereinbarung, wenn auch Einzelheiten dabei sehr umstritten sind.[247] Denn die Betriebsvereinbarung stellt das einzige Regelungsinstrument im Betriebsverfassungsrecht mit normativer Wirkung dar. Dagegen fehlt es an einer solchen Anordnung im Rahmen des § 112 I 1 BetrVG bzgl. des Interessensausgleichs. Die nahezu allgemeine Meinung in der Rechtswissenschaft geht daher davon aus, dass der Interessenausgleich keine normative

241 Dütz/Schulin, ZfA 1975, 103 (107) weist in diesem Zusammenhang auch auf das Versagen des modernen Gesetzgebers hin; v. Hoyningen-Huene, § 4, Rn. 1; mit Zweifeln auch Lobinger, RdA 2011, 76(76).

242 Birk, ZfA 1986, 73(79).

243 Birk, ZfA 1986, 73(77).

244 Nikisch, Band III, S. 313f.

245 Lobinger, RdA 2011, 76 (77ff.), der insofern auch auf die notwendige Kompatibilität von allgemeiner zivilrechtlicher und betriebsverfassungsrechtlicher Dogmatik hinweist.

246 GK/*Kreutz*, § 77, Rn. 237ff.

247 Statt vieler jeweils GK/*Oetker*, §§ 112, 112a, Rn. 157ff. m. w. N. für „Betriebsvereinbarung besonderer Art“ und Richardi/*Annuß*, § 112, Rn. 171f. m. w. N. für Betriebsvereinbarung i. S. d. § 77 BetrVG.

Wirkung entfaltet, weil der Gesetzgeber ansonsten eine ausdrückliche Anordnung entsprechend § 112 I 3 BetrVG für den Sozialplan hätte treffen müssen. Im Umkehrschluss fehlt es dem Interessenausgleich an einer normativen Wirkung und dieser kann deshalb keine normativ wirkende Betriebsvereinbarung sein.[248] Anders sehen dieses wohl nur *Matthes* und *Ohl*, die im Interessenausgleich gleichwohl, wie oben bereits dargelegt[249], eine unmittelbar und zwingend wirkende Betriebsvereinbarung sehen. Dabei hinkt aber der Vergleich von *Matthes* zur freiwilligen Betriebsvereinbarung gem. § 88 BetrVG an dem maßgeblichen Punkt, dass der Interessenausgleich gerade keine normative Wirkung entfaltet. Dies zeigt gerade der genannte Umkehrschluss. Auch bei der freiwilligen Betriebsvereinbarung ist das entscheidende Abgrenzungsmerkmal zu anderen kollektiven Vereinbarungen die normative Wirkung. Hätte der Gesetzgeber aber eine solche für den Interessenausgleich vorgesehen, so hätte er sie wie beim Sozialplan in § 112 I 3 BetrVG ausdrücklich angeordnet. Nimmt man mit Teilen der Literatur die Möglichkeit an, den Interessenausgleich als freiwillige Betriebsvereinbarung zu regeln[250], resultiert hieraus noch kein Widerspruch. Das gesetzliche Leitbild des Interessenausgleichs zum einen und darüber hinausgehende Möglichkeiten der Parteien zum anderen dürfen sich durchaus unterscheiden. Aus der Möglichkeit, den Interessenausgleich oder Teile desselben kraft Parteivereinbarung in den Stand einer Betriebsvereinbarung zu heben, resultiert noch nicht der grundsätzliche Charakter des Interessenausgleichs als Betriebsvereinbarung. Aus dieser Möglichkeit auf die Rechtsnatur des Interessenausgleichs zu schließen, ähnelt daher einem Zirkelschluss. Auch die Argumentation von *Ohl* kann nicht überzeugen. Anders als möglicherweise beim Sozialplan scheidet eine Subsumtion des Interessenausgleichs unter die Regelung der Betriebsvereinbarung in § 77 II-IV BetrVG eindeutig aus. Unabhängig von der genauen Definition der Betriebsvereinbarung legt das Gesetz in § 77 IV 1 BetrVG deren normative Wirkung fest. Diese Wirkung besitzt der Interessenausgleich, ausweislich des Umkehrschlusses aus § 112 I 3 BetrVG, gerade nicht. Der Interessenausgleich ist trotz seines Formzwangs nicht unter die Definition der Betriebsvereinbarung subsumierbar. Auch das Argument, ohne eine normative wirkende Betriebsvereinbarung sei eine Begünstigung der Arbeitnehmer über den Nachteilsausgleich in § 113 BetrVG nicht nachvollziehbar, geht fehl. Als Grundlage für diese „Begünstigung" des Arbeitnehmers als nicht unmittelbar an der Vereinbarung beteiligter Dritter genügt schon die gesetzliche Regelung. Der Anspruch zugunsten eines Dritten ergibt sich hier gerade aus der Regelung in § 113 BetrVG und bedarf keiner unmittelbaren Herleitung aus der Vereinbarung zwischen dem

---

248 BAG 23.09.2003 AP Nr. 43 zu § 113 BetrVG 1972, unter II. 2. b) der Gründe; BAG 14.11.2006 AP Nr. 181 zu § 112 BetrVG 1972, Rn. 16; Fitting, §§ 112, 112a, Rn. 46; GK/*Oetker*, §§ 112, 112a, Rn. 74.

249 Siehe dazu oben S. 42.

250 So z. B. Fitting, §§ 112, 112a, Rn. 47 (zumindest bzgl. Folgenregelungen); Molkenbur/Schulte, DB 1995, 269 (271).

Unternehmer und dem Betriebsrat. Liegt eine solche gesetzliche Grundlage vor, bedarf es keiner normativ wirkenden Betriebsvereinbarung. Selbst wenn man dem widersprechen sollte, bleibt noch anzumerken, dass es im Vertragsrecht andere Möglichkeiten gibt, einem Dritten eine Begünstigung zukommen zu lassen, so z. B. den Vertrag zugunsten Dritter. Festzuhalten ist damit, dass der allgemeinen Meinung in der Ablehnung der normativen Wirkung zu folgen ist und der Interessenausgleich in seinem gesetzlichen Regelfall keine normativ wirkende Betriebsvereinbarung darstellt.

III. Keine Anhaltspunkte in den §§ 112f. BetrVG für eine unvollkommene Verbindlichkeit

1. Der Interessenausgleich als Naturalobligation

Die herrschende Meinung reduziert die Rechtswirkung des Interessenausgleichs auf die unvollkommene Bindungswirkung einer Naturalobligation. Die Vertreter dieser Ansicht bestreiten, dass die Annahme einer Naturalobligation eine ausdrückliche gesetzliche Regelung verlange und meinen, dass sich der entsprechende Wille des Gesetzgebers aus dem Zusammenhang des Interessenausgleichsverfahrens ergebe.[251] Dieser gesetzgeberische Wille zeige sich zudem auch in einem Umkehrschluss zu § 112 I 3 BetrVG, da es gerade an einer vergleichbaren, eindeutigen Aussage zur Bindungswirkung des Interessenausgleichs fehle.[252] Zusätzlich werden zur argumentativen Unterstützung Vorschriften genannt, bei denen auf der Rechtsfolgenseite unvollkommene Verbindlichkeiten vorliegen und sich diese eingeschränkte Rechtswirkung genauso nur aus dem Sinnzusammenhang der Normen ergebe.[253] Beispielhaft werden hierfür die §§ 254 II, 301 II InsO und § 375 HGB angeführt.[254] Eine weitere Argumentationslinie basiert auf der Sanktion durch den Nachteilsausgleich in § 113 BetrVG: Durch die Regelung der Sanktion in § 113 BetrVG läge ein indirekter Hinweis des Gesetzgebers auf die begrenzte Verbindlichkeit des Interessensausgleichs vor. Lediglich die Sanktion des § 113 BetrVG sei für den Interessenausgleich durch den Gesetzgeber gewollt.[255] Dem Nachteilsausgleich wird insofern ein abschließender Charakter zugesprochen.[256] Ungeachtet dieser Argumentationsbemühungen zur Begründung einer Naturalobligation

---

251 ErfK/*Kania*, §§ 112, 112a BetrVG, Rn. 9 mit Bezugnahme auf § 113 BetrVG; Foldenauer, Interessenausgleich, S. 201; Grünewald, Interessenausgleich und Sozialplan, S. 84f.

252 Willemsen/Hohenstatt, NZA 1997, 345 (347).

253 Foldenauer, Interessenausgleich, S. 201f.

254 Foldenauer, Interessenausgleich, S. 201f.

255 ErfK/*Kania*, §§ 112, 112a, Rn. 9; Grünewald, Interessenausgleich und Sozialplan, S. 84f.; Löwisch, RdA 1989, 216 (217); Willemsen/Hohenstatt, NZA 1997, 345 (347ff.).

256 W/P/K/*Preis/Bender*, §§ 112, 112a, Rn. 16; Willemsen/Hohenstatt, NZA 1997, 345 (347ff.).

lehnt ein Teil der Literatur und der Rechtsprechung diese ab, weil es hier keine, sonst für Naturalobligationen übliche und notwendige, ausdrückliche Regelung im Gesetz gäbe. Sofern die Gegenseite sich auf einen Sinnzusammenhang mit der Sanktionsregelung des § 113 BetrVG berufe, werde letztere Regelung überinterpretiert.[257]

2. Kein einheitlicher „Regelungstyp" der Naturalobligationen

Bei der Auseinandersetzung mit diesen beiden gegensätzlichen Positionen zur Frage der Rechtswirkung des Interessenausgleichs stößt man auf ein rechtsdogmatisches Problem. Die Einordnung des Interessenausgleichs als Naturalobligation durch die herrschende Meinung setzt zunächst einen festen Regelungstyp der Naturalobligation voraus, so dass der Interessenausgleich unter eine entsprechende Definition subsumiert werden könnte. Sofern sich bei dem Verweis auf die Naturalobligation auf eine konkrete, gesetzliche Regelungen berufen wird, scheinen dieses vor allem die §§ 656 und 762 BGB zu sein.[258] Das dogmatische Konstrukt hinter dem Begriff der Naturalobligationen bzw. der unvollkommenen Verbindlichkeit ist im Einzelnen allerdings unübersichtlich.[259] Es handelt sich hierbei vielmehr um die Beurteilung von Einzelfällen, als um eine abgeschlossene Dogmatik oder Systematik. Es sind daher keine allgemeinen Regeln vorhanden, auf die ein Rückgriff ohne weiteres möglich wäre.[260]

Das wird schon daran deutlich, dass es bereits Streit um die zu verwendenden Begrifflichkeiten gibt.[261] Zwar werden die Begriffe Naturalobligation und unvollkommene Verbindlichkeiten heute häufig synonym verwendet[262], doch trotzdem sind die beiden größeren Auseinandersetzungen mit diesem Thema in der neueren Literatur von *Fuchs*[263] und *Schulze*[264] sich hier keinesfalls

257 Insbesondere: Kaba, Probleme des Interessenausgleichs, S. 69; LAG München AuR 1998, 89 (89), unter II. 3. (3) der Gründe; Schwegler, Interessenausgleich, S. 68f.; Siemes, ZfA 1998, 183 (198).

258 So zu mindestens: Foldenauer, Interessenausgleich, S. 202. Daneben findet sich nur der unpräzise Hinweis von *Kania*, dass die unvollkommene Verbindlichkeit der Privatrechtsordnung „nicht fremd" sei, ErfK/*Kania*, §§ 112, 112a, Rn. 9.

259 Fuchs, FS Medicus, S. 123, der auch auf die begriffliche Uneinigkeit hinweist, wobei die Begriffe Naturalobligation und unvollkommene Verbindlichkeit weitestgehend synonym benutzt würden, S. 135; Reuss, AcP 154, 481 (521).

260 HKK/*Dorn*, §§ 762–764, 656, 814 2. Fall, Rn. 1.; Fuchs, FS Medicus, S. 135: „Von einer einheitlichen Auffassung hinsichtlich des Begriffsinhalts sowie des Verständnisses der im BGB anzutreffenden Vorschriften ist man jedoch heute genauso weit entfernt wie zur Zeit der Verabschiedung des BGB."; Palandt/*Grüneberg*, Einl. v. § 241, Rn. 12.

261 HKK/*Dorn*, §§ 762–764, 656, 814 2. Fall, Rn. 1.

262 Fuchs, FS Medicus, S. 135; Beispielhaft: Palandt/*Grüneberg*, Einl. v. § 241, Rn. 12.

263 Fuchs, FS Medicus, S. 123ff.

264 Schulze, Naturalobligation.

einig.[265] *Fuchs* geht hier von zwei grundsätzlich unterschiedlichen Regelungstypen aus. Der Gesetzgeber habe zwei rechtliche Problemfelder gesehen und deshalb auch zwei voneinander zu differenzierende Lösungen vorgesehen: Im Falle der sog. unvollkommenen Verbindlichkeiten der §§ 656, 762 und 764 BGB lägen wirksame Forderungen und damit Schuldverhältnisse vor. Deren vertragsrechtlich grundsätzlich bestehende Durchsetzbarkeit sei aber ausnahmsweise nicht gegeben, weil sie rechtspolitisch nicht unterstützt werden solle[266] und die Forderung daher nur einen Behaltensgrund darstelle.[267] Da hier grundsätzlich ein wirksames Schuldverhältnis nach den allgemeinen Regeln des Vertragsrechts vorliege, sei die Bezeichnung als unvollkommene Verbindlichkeit zutreffend.[268] Dagegen liege der Naturalobligation, z. B. im Rahmen von § 812 I BGB, kein Rechtsgrund zugrunde, sondern lediglich eine sittliche Pflicht. Die Leistung erfolge aus rechtlicher Sicht auf eine Nichtschuld. Die, mangels Rechtsgrund, gegebene Rückforderungsmöglichkeit habe der Gesetzgeber ausgeschlossen, weil er die außerrechtlichen Motive des Rechtsgeschäfts als schützenswert ansieht.[269] *Schulze* geht hingegen davon aus, dass die Naturalobligation ein schuldrechtliches Leistungspflichtverhältnis sei, welches aber mit rechtlichen Zwangsmitteln nicht einseitig durchsetzbar ist. Es handele sich systematisch um eine Forderung bzw. ein Schuldverhältnis im engeren Sinne und nur die fehlenden Zwangsbefugnisse wichen von einer „klassischen" Forderung ab.[270] Für dieses Schuldverhältnis gebe es verschiedene Entstehungsgründe u. a. den Vertrag, das Gesetz (institutionelle Naturalobligation) und auch die richterliche Feststellung.[271] Folgt man *Schulzes* Unterteilung in gesetzlich verankerte „institutionelle Naturalobligationen" und richterlich „feststellungsbedürftige Naturalobligationen", können Erstere für den Fall eines vertraglichen Entstehungsgrunds kraft gesetzlicher Anordnung oder kraft rechtsgeschäftlicher Vereinbarung begründet werden.[272] Der Begriff der unvollkommenen Verbindlichkeit wird von *Schulze* grundsätzlich abgelehnt.[273] *Dorn* wiederum meint, dass die Bezeichnung als Naturalobligation deren Herkunft aus dem Naturrecht ausdrücken solle. Die Benennung als unvollkommene Verbindlichkeit enthalte währenddessen einen Hinweis auf die mangelnde Erzwingbarkeit der Verbindlichkeit.[274] Wollte der Gesetzgeber des Bürgerlichen Gesetzbuchs sich ursprünglich bzgl. dieser

---

265 Beide Positionen werden zusammengefasst und kritisch bewertet bei HKK/*Dorn*, §§ 762–764, 656, 814 2. Fall, Rn. 20, Fn. 126–128.
266 Fuchs, FS Medicus, S. 141.
267 Fuchs, FS Medicus, S. 135, 139.
268 Fuchs, FS Medicus, S. 140f.
269 Fuchs, FS Medicus, S. 135, 138ff.
270 Schulze, Naturalobligation, S. 33, 239f.
271 Schulze, Naturalobligation, S. 34.
272 Schulze, Naturalobligation, S. 252f.
273 Schulze, Naturalobligation, S. 267ff. mit ausführlicher Begründung.
274 HKK/*Dorn*, §§ 762–764, 656, 814 2. Fall, Rn. 1.

Rechtsfigur nicht festlegen und daher die begriffliche Verwendung insgesamt vermeiden[275], so findet sich mittlerweile im Bürgerlichen Gesetzbuch zumindest die Bezeichnung „Unvollkommene Verbindlichkeiten“ in der amtlichen Überschrift zu den §§ 762–764 BGB. Im Ergebnis ist aber nicht die Wahl der Bezeichnung maßgeblich, sondern welche Rechtsfigur man hierunter versteht.[276] Denn das eigentliche Problem, nämlich die fehlenden allgemeinen Regelungen, auf die zurückgegriffen werden könnte, bleibt davon unberührt bestehen.

3. Der gemeinsame Nenner der unvollkommenen Verbindlichkeiten

Unvollkommene Verbindlichkeiten sind allgemein Rechtsbeziehungen, aus denen sich für die Parteien keine erzwingbaren Pflichten ergeben, also nicht erzwingbare Rechtspositionen, bei denen aber durchaus obligatorische Wirkungen vorhanden sind.[277] Historisch sind sie dem römischen Recht entwachsen, wo jede Obligation grundsätzlich ein naturales und ein ziviles Element besaß.[278] Die „obligatio narturalis“ war entgegen der „obligation civilis“ nicht einklagbar, da Träger der „obligatio naturalis“ nur nicht rechtsfähige Personen, wie z. B. Sklaven, Mündel usw. waren.[279] Die Träger einer „obligatio naturalis“ waren nicht als Träger von Rechten und Pflichten anerkannt, sollten aber durch die, wegen der einseitigen Durchsetzungsmacht geschwächten, Forderung am Rechts- und Geschäftsverkehr teilnehmen können.[280]

Heute wird der Zweck dieser Rechtsfigur vornehmlich in dem Ausschluss der Kondiktion des Geleisteten durch Schaffung eines Rechtsgrundes für das Behaltendürfen der Leistung.[281] Motiv hierfür ist häufig die grundsätzliche Missbilligung des Rechtsgeschäfts, welche aber nicht vollkommen zu einer rechtlosen Stellung führen soll.[282] Im Gegensatz zu den meisten anerkannten Fällen der unvollkommenen Verbindlichkeiten ist der Interessenausgleich aber nicht grundsätzlich durch den Gesetzgeber missbilligt. Ansonsten hätte dieser das Interessenausgleichsverfahren nicht als zusätzliches Beteiligungsinstrument bei Betriebsänderungen statuiert. Ein Beteiligungsrecht zu schaffen, welches eine Vereinbarung der Betriebspartner

---

275 Fuchs, FS Medicus, S. 130 mit dem Hinweis, dass dieses die Diskussion nur verschärfte.

276 So letztendlich auch Schulze, Naturalobligation, S. 262. Zur Vereinfachung wird aber der Begriffswahl des Gesetzgebers gefolgt.

277 HKK/*Dorn*, §§ 762–764, 656, 814 2. Fall, Rn. 1.

278 Schulze, Naturalobligation, S. 87f.

279 Schulze, JuS 2011, 193 (194f.).

280 Schulze, JuS 2011, 193 (194f.).

281 Lorenz, Schutz vor dem unerwünschten Vertrag, S. 81f.; Palandt/*Grüneberg*, Einl. v. § 241, Rn. 12: „Gemeinsames Merkmal der unvollkommenen Verbindlichkeiten ist, dass sie einen Erwerbsgrund darstellen, so dass das freiwillig Geleistete nicht gem. § 812 zurückgefordert werden kann.“; Schulze, Naturalobligation, S. 447.

282 Lorenz, Schutz vor dem unerwünschten Vertrag, S. 81f.; Reuss, AcP 154, 485 (503).

als Ziel vorsieht, um dann die Rechtswirkung dieser Einigung mithilfe der Ausnahmeregelung der unvollkommenen Verbindlichkeit zu beschränken, weil die Einigung aufgrund der unternehmerischen Freiheiten missbilligt wird, erscheint durchaus widersprüchlich.

4. Fehlen einer entsprechenden gesetzlichen Anordnung für den Interessenausgleich

Unabhängig davon ergibt sich noch ein weiteres Problem bei der Einordnung des Interessenausgleichs als unvollkommene Verbindlichkeit. Geht man von der Rechtsfigur der unvollkommenen Verbindlichkeit im Sinne der §§ 656 und 762 BGB aus, so handelt es sich zunächst um rechtsgeschäftlich zustande gekommene, wirksame Verträge. Entgegen dem Grundsatz, dass solche Verträge grundsätzlich einzuhalten sind, sieht in diesen Fällen der Gesetzgeber eine Ausnahme von der Bindungswirkung aus rechtspolitischen Gründen für geboten an.[283] Dabei handelt es sich letztlich um einen erheblichen Eingriff in die Privatautonomie der Vertragsparteien und entsprechende Regelungen haben im Bürgerlichen Recht folgerichtig einen Ausnahmecharakter. Deswegen finden sich für diese Ausnahmefälle grundsätzlich ausdrückliche Anordnungen des Gesetzgebers, wenn auch in unterschiedlicher Intensität.[284] Als Beispiele hierfür können die §§ 656 I, 762 I BGB[285] und § 1297 I BGB[286] sowie die immer noch eindeutige Wortwahl in den §§ 254 III, 301 III InsO[287] dienen. Zudem finden sich zu diesen Beispielen auch jeweils entsprechende ausdrückliche Aussagen in der Gesetzesbegründung.[288] Bereits *Schwegler* hat umfassend dargelegt, dass es beim Interessenausgleichsverfahren an einem solchem, ausdrücklichen Ausschluss der Bindung fehlt.[289] Das gilt nicht nur für § 112 BetrVG, sondern auch für § 113 BetrVG.[290] Beiden Normen kommt, eine den anerkannten Fällen aus dem Bürgerlichen Gesetzbuch vergleichbare, ausdrückliche Wortwahl des Gesetzgebers abhanden.[291] Ist somit geklärt, dass keine gesetzliche Anordnung der unvollkommenen Verbindlichkeit für den Interessenausgleich

283 Beispielhaft: MüKoBGB/*Roth*, § 656, Rn. 2.

284 Goebel, Durchführungsanspruch, S. 226; Reuss, AcP 154, 485 (501).

285 §§ 656 I, 762 I BGB: „Durch Spiel oder durch Wette wird eine Verbindlichkeit nicht begründet. Das auf Grund des Spiels oder der Wette Geleistete kann nicht deshalb zurückgefordert werden, weil eine Verbindlichkeit nicht bestanden hat."

286 § 1297 I BGB: „Aus einem Verlöbnis kann nicht auf Eingehung der Ehe geklagt werden."

287 §§ 254 III, 301 III InsO: „...so begründet dies keine Pflicht zur Rückgewähr des Erlangten."

288 Z. B. BT-Drs. 12/2443, S. 194, Zu § 250.

289 Schwegler, Interessenausgleich, S. 68f.

290 A. A. GK/*Kreutz*, § 77, Rn. 15; Goebel, Durchführungsanspruch, S. 226f.

291 So auch Schwegler, Interessenausgleich, S. 69 „keine vergleichbare eindeutige Formulierung".

vorliegt, bleibt die Frage, ob im Interessenausgleichsverfahren die Anordnung einer unvollkommenen Verbindlichkeit aus dem Sinnzusammenhang erkennbar ist. Die Befürworter der Einordnung als unvollkommene Verbindlichkeit nennen in diesem Zusammenhang, neben dem Verweis auf die grundsätzliche Berücksichtigung der Unternehmerfreiheit bei der Ausgestaltung der Mitbestimmung in wirtschaftlichen Angelegenheiten, die Regelung des § 112 I 3 BetrVG und die vermeintlich abschließende Funktion des Nachteilsausgleichs aus § 113 BetrVG.[292] Letzterer ist ein Instrument des individuellen Ausgleichs für den einzelnen Arbeitnehmer. Dafür, dass durch diese Regelung auch alle kollektiven Rechte des Betriebsrats aus dem Interessenausgleich ausgeschlossen sein sollen, fehlt es an einer ausdrücklichen, entsprechenden Regelung durch den Gesetzgeber. Auch der angesprochene Umkehrschluss aus § 112 I 3 BetrVG hat nicht die Qualität der oben zitierten Beispiele für unvollkommen Verbindlichkeiten. Er zeigt lediglich, dass der Interessenausgleich keine normative Wirkung haben soll. Er geht aber nicht so weit, dass auch andere betriebsverfassungsrechtlich anerkannte Wirkungen, wie z. B. die einer Regelungsabrede, ausgeschlossen werden.[293] Auch aus der Gestaltung als nicht erzwingbares Mitbestimmungsrecht erschließt sich noch nicht die Verweigerung eines Forderungsrechts des Betriebsrats, weil die Einschränkung der Mitbestimmung bzw. einer Forderung nicht dessen Nichtexistenz bedeutet.[294] Die genannten Argumente sind somit in keinem Fall derart schwerwiegend und eindeutig, dass sie eine gesetzgeberische Ausnahmeregelung kraft Sinnzusammenhang rechtfertigen. Der Interessenausgleich stellt daher im Ergebnis keinen Vertrag mit unvollkommener Verbindlichkeit kraft gesetzlicher Anordnung dar. Im Ergebnis kann aus der fehlenden gesetzlichen Anordnung einer Naturalobligation im Wortlaut des § 112 BetrVG noch kein letztlich gültiger Schluss gezogen werden. Zwar scheidet somit eine Naturalobligation kraft gesetzlicher Anordnung, wie in den Fällen der §§ 656 I, 762 I BGB aus, es könnte sich aber dennoch um eine Naturalobligation kraft Vereinbarung handeln, deren Einordnung im Einzelfall erfolgen muss und eine Frage des Rechtsbindungswillen ist.

IV. Zugrundeliegende Wertentscheidungen

1. Die Beteiligung in wirtschaftlichen Angelegenheiten, §§ 106ff. BetrVG

In den §§ 106ff. BetrVG wird die Beteiligung des Betriebsrats in wirtschaftlichen Angelegenheiten geregelt. Grob unterteilt handelt es sich dabei zum einen um

292 Siehe oben S. 35ff.

293 So schon Schwegler, Interessenausgleich, S. 70, der zudem noch davon ausgeht, das die Pflicht zur Durchführung der Betriebsänderung nicht Inhalt eines Interessenausgleichs sei und deshalb diesen auch nicht durch § 112 I 3 BetrVG ausgeschlossen sein könne.

294 Wiederum auch Schwegler, Interessenausgleich, S. 70.

die Vorschriften über die Bildung eines Wirtschaftsausschusses sowie allgemeine Unterrichtungspflichten bzw. Beratungsrechte in den §§ 106–110 BetrVG und zum anderen um die Beteiligung des Betriebsrats bei Betriebsänderungen gemäß den §§ 111–113 BetrVG. Die Ausgestaltung der Beteiligung des Betriebsrats in wirtschaftlichen Angelegenheiten ist dabei grundlegend durch einen „Vorbehalt der unternehmerischen Entscheidung“[295] geprägt. Das hat vor allem insofern besondere Bedeutung, als dass der Unternehmer das Letztentscheidungsrecht in wirtschaftlichen Angelegenheiten hat und die Beteiligung des Betriebsrats insofern grundsätzlich auf eine beratende Einflussnahme beschränkt ist.[296] Die Beteiligung bei Betriebsänderungen stellt, auch wegen ihrer besonderen Bedeutung für die Arbeitnehmer, den Kernbereich der Mitbestimmung in wirtschaftlichen Angelegenheiten dar.[297] Die §§ 111–113 BetrVG sollen durch ein Beteiligungsrecht des Betriebsrats die bei Betriebsänderungen besonders häufig auftretenden Interessenkonflikte zwischen Unternehmer und Betriebsbelegschaft regeln, ohne die Entscheidungsfreiheit des Unternehmers bzgl. unternehmerischer Maßnahmen zu beschränken.[298] Wichtig ist insofern die Differenzierung zwischen Mitbestimmung im engeren Sinne und Beteiligung: Bzgl. des Interessenausgleichs liegt nur ein Beteiligungsrecht des Betriebsrats vor.[299] Anders hingegen beim Sozialplan, wo bzgl. der Betriebsänderung und deren sozialen Folgen eine echte Mitbestimmungsmöglichkeit gegeben ist, indem eine Einigung der Betriebsparteien auch durch einen Spruch der Einigungsstelle ersetzt werden kann, siehe § 112 IV 1 BetrVG.[300] Kann man also nur bzgl. des Sozialplans von einem klassischen Mitbestimmungstatbestand sprechen, ergibt sich insgesamt eine eher defensiv ausgestaltete betriebliche Mitbestimmung in wirtschaftlichen Angelegenheiten. Im Umkehrschluss kann aus dieser defensiven Ausgestaltung der Mitbestimmung in wirtschaftlichen Angelegenheiten aber nicht gefolgert werden, dass insofern überhaupt keine zu schützenden Rechte des Betriebsrats bestehen. Der Gesetzgeber hat das Beteiligungsverfahren des Interessenausgleichs gerade als Korrelat für ein fehlendes echtes Mitbestimmungsrecht geschaffen.[301] Aus der Einschränkung der Mitbestimmung in wirtschaftlichen Angelegenheiten ergibt sich nicht die vollständige Nichtexistenz einer Mitbestimmung im weiteren Sinne, hier also in Form

---

295 Gamillscheg, S. 1123.

296 H/W/K/*Willemsen/Lembke*, § 106 BetrVG, Rn. 7f.; GK/*Oetker*, vor § 106, Rn. 8; W/P/K/*Preis/Bender*, § 111, Rn. 1: „Je mehr sich die vom Unternehmer beabsichtigte Maßnahme dem Kernbereich seiner Entscheidungsfreiheit im wirtschaftlich-unternehmerischen Bereich nähert, umso schwächer sind die Beteiligungsrechte des Betriebsrats ausgestaltet.“

297 ErfK/*Kania*, § 111, Rn. 1.

298 D/K/K/W/*Däubler*, § 111, Rn. 1; Fitting, § 111, Rn. 4f.

299 D/K/K/W/*Däubler*, § 111, Rn. 1.

300 Richardi/*Annuß*, vor § 106, Rn. 8f.

301 LAG Berlin NZA 1996, 1284 (1286).

eines Beteiligungsrechts.[302] Diese verbliebene Einflussnahme erscheint dann auch durch die erheblichen Auswirkungen von Betriebsänderungen für die Belegschaft und auch durch die präjudizierende Wirkung der Entscheidungen in wirtschaftlichen Angelegenheiten allgemein gerechtfertigt.[303] In diesem Zusammenhang wird auch häufig auf das Zusammenspiel von betrieblicher und unternehmerischer Mitbestimmung verwiesen. So soll ein möglicherweise bestehendes Beteiligungsdefizit im Betriebsverfassungsgesetz in wirtschaftlichen Angelegenheiten durch die Unternehmensmitbestimmung, z. B. nach dem Mitbestimmungsgesetz oder auch dem Drittelbeteiligungsgesetz, kompensiert oder zumindest ergänzt werden.[304]

Man könnte die zurückhaltende Ausgestaltung der betrieblichen Mitbestimmung als Indiz dafür werten, dass Unternehmer und Betriebsrat nicht auf Augenhöhe miteinander verhandeln. Etwas anderes würde einem „Letztentscheidungsrecht" im Sinne einer Alleinentscheidung des Unternehmers widersprechen. Andererseits könnte man gerade das Verhandeln und auch den Abschluss eines für beide Seiten verpflichtenden Vertrages als Wahlmöglichkeit des Unternehmers verstehen und somit auch gerade als Ausübung des „Letztentscheidungsrechts". Ob der Unternehmer sich auf die Vereinbarung einließe, wäre seinem unternehmerischen Ermessen überlassen: Entweder er lässt sich auf einen Interessenausgleich ein, wenn er meint, er könne darin auch seine Interessen durchsetzen oder er verzichtet auf den Abschluss eines Interessenausgleichs. In der Folge muss er sich nicht auf die Interessen der Belegschaft einlassen, nimmt aber die gesetzliche Sanktion in Form des Nachteilsausgleichs aus § 113 BetrVG in Kauf. Das Letztentscheidungsrecht kann hier im Hinblick auf die gesetzliche Ausgestaltung und die Schutzinteressen der Arbeitnehmer jedoch nicht meinen, dass der Unternehmer in wirtschaftlichen Angelegenheiten frei jeglicher Erwägungen und Berücksichtigung der Interessen der Belegschaft bzw. zumindest deren Kompensation die Betriebsänderung durchführen kann. Im Ergebnis ergibt sich bei der Betrachtung der Grundlagen der Beteiligung in wirtschaftlichen Angelegenheiten also eine eher defensive Ausgestaltung der betrieblichen Mitbestimmung. Der Unternehmerfreiheit, gewährleistet vor allem durch das Letztentscheidungsrecht, muss genügend Raum gelassen werden. Die Ausgestaltung hat aber auch die erheblichen Beeinträchtigungen der Interessen der Arbeitnehmer durch die wirtschaftlichen Entscheidungen im Auge und möchte deshalb die Beteiligung des Betriebsrats schützen. Diese Ausgestaltung spricht nicht für oder gegen eine der Auffassungen zur Rechtsnatur des Interessenausgleichs, sondern auf der einen Seite nur gegen

---

302 Schwegler, Interessenausgleich, S. 71 spricht insofern von einer „kupierten Mitbestimmung".

303 GK/*Oetker*, vor § 106, Rn. 8.

304 GK/*Oetker*, vor § 106, Rn. 9; Richardi/*Annuß*, vor § 106, Rn. 1. Zur Kumulation der beiden Mitbestimmungsordnungen siehe auch unten S. 120.

ein echtes Mitbestimmungsrecht im Sinne eines Vetorechts bei Betriebsänderungen für den Betriebsrat und auf der anderen Seite gegen ein völliges Leerlaufen der Beteiligung des Betriebsrats.

2. *Die Berücksichtigung des Verhältnisses von Interessenausgleich und Sozialplan*

Interessenausgleich und Sozialplan sind die wesentlichen Beteiligungsinstrumente des Betriebsrats bei einer Betriebsänderung. Fraglich ist, ob und inwiefern sich aus deren Verhältnis Erkenntnisse für die Frage der Rechtsnatur des Interessenausgleichs gewinnen lassen. Dabei wurde der grundsätzliche Zusammenhang von Interessenausgleich und Sozialplan schon aufgezeigt: Der Interessenausgleich regelt das Ob und Wie der Betriebsänderung, wohingegen der Sozialplan dem Ausgleich und der Milderung wirtschaftlicher Nachteile infolge der festgelegten Betriebsänderung dient. Es besteht ein Exklusivitätsverhältnis zwischen den beiden Vereinbarungen.

Aus diesem Exklusivitätsverhältnisses im Sinne einer Aufgabenteilung von Interessenausgleich und Sozialplan wird teilweise abgeleitet, dass der Interessenausgleich nur eine unverbindliche Naturalobligation sein könne, weil sonst der Interessenausgleich eine Verbindlichkeit erhielte, die vom Gesetzgeber im Vergleich zum Sozialplan so nicht gewollt sei.[305] Ansonsten käme es zu Abgrenzungsschwierigkeiten zwischen Interessenausgleich und Sozialplan und man geriete in Argumentationsschwierigkeiten bzgl. der notwendigen Ablehnung eines Unterlassungsanspruchs des Betriebsrats, der der Eigenart des Interessensausgleichs jedoch widerspräche.[306] Diese Sichtweise kann aber nicht überzeugen. Erstens ist zwar offensichtlich, dass Interessenausgleich und Sozialplan vom Gesetzgeber mit unterschiedlichen Rechtswirkungen ausgestaltet wurden und mithin zwei unterschiedliche, voneinander zu unterscheidende, Regelungsinstrumente sind. Warum sich hieraus zwingend die unvollkommene Verbindlichkeit des Interessensausgleichs ergeben soll, ist aber nicht nachvollziehbar. Auch bei der Annahme einer schuldrechtlichen Verbindlichkeit bliebe ein vom Gesetzgeber beabsichtigtes Stufenverhältnis bzgl. der Rechtswirkungen von Interessenausgleich und Sozialplan noch gewahrt. Der Sozialplan wirkt unmittelbar und zwingend und nicht relativ zwischen den Vertragsparteien wie der Interessenausgleich. Zweitens kann der Einschätzung, dass eine andere Ansicht zu Abgrenzungsschwierigkeiten zwischen Interessensausgleich und Sozialplan führen würde, nicht gefolgt werden. Insofern zeigt sich aus der eingangs erwähnten Aufgabenteilung, dass sich eine Abgrenzung in der Regel unproblematisch aus der Auslegung der Vereinbarungen ergeben wird. Gerade im Hinblick auf den getroffenen Regelungsinhalt muss es nach der Systematik zu unterschiedlichen Inhalten von Interessenausgleich und Sozialplan

305 Grünewald, Interessenausgleich und Sozialplan, S. 104f.
306 Grünewald, Interessenausgleich und Sozialplan, S. 106.

kommen.[307] Die beiden Regelungen können durch Auslegung des Inhalts differenziert werden. Zum Schluss sei noch darauf hingewiesen, dass die Frage des Unterlassungsanspruchs bei der Debatte um die Rechtsnatur des Interessenausgleich verfehlt wirkt: Erst muss die Frage der Rechtsnatur geklärt sein, um dann in einem nächsten Schritt zu klären, inwiefern überhaupt schützenswerte Rechte des Betriebsrats durch den Interessenausgleich entstanden sind und wie diese eventuell geschützt werden können.[308]

Auch andere Stimmen in der Literatur stellen auf das Verhältnis von Interessenausgleich und Sozialplan zueinander ab, kommen dabei aber zu einem diametral anderen Schluss. Demnach sei der Interessenausgleich die rechtlich erhebliche Grundlage, vergleichbar einer Geschäftsgrundlage im Sinne von § 313 BGB, für den Sozialplan. Der Interessenausgleich könnte diesem nur als sichere Basis gerecht werden, wenn er verbindlich gelte.[309] Dem entspräche auch der Wille des Gesetzgebers, der eine stabile Lösung durch das Zusammenwirken von Interessenausgleich und Sozialplan erreichen wollte.[310] Allerdings können zum einen Geschäftsgrundlage auch nur tatsächliche Umstände sein[311] und zum anderen gilt es zu berücksichtigen, dass die Geschäftsgrundlage im Sinne des § 313 BGB gerade nicht Vertragsinhalt wird.[312] Die Geschäftsgrundlage wird Grundlage des Vertrags und besteht damit in zeitlicher Hinsicht schon vor der vertraglichen Einigung. Für das Zusammenspiel von Interessenausgleich und Sozialplan ist damit weniger eine bestimmte Rechtsnatur des Interessensausgleichs relevant, als vielmehr die Schriftform desselben. Diese sichert die wesentlichen Informationen für das weitere Beteiligungsverfahren im Zusammenhang mit der Betriebsänderung. Eine „stabile Basis" für den Sozialplan ist also auch bei Ablehnung einer verbindlichen Vertragsnatur des Interessenausgleichs nicht gefährdet.

Zudem wird darauf verwiesen, dass die Wechselwirkung zwischen Sozialplan und Interessenausgleich gestört wäre, wenn keine Bindungswirkung des Interessenausgleichs bestünde. In der Folge würden nämlich auch keine Anreize mehr für den Betriebsrat bestehen, sich in den Verhandlungen über die Betriebsänderung kooperativ zu zeigen. Damit drohe letztendlich auch der Wegfall von kreativen, innovativen Lösungen des Interessenkonflikts zwischen Unternehmer und Belegschaft.[313] Die grundsätzliche Verneinung der Möglichkeit einer Bindungswirkung

---

307 Insofern verwundert es, dass auch *Grünewald* grundsätzlich erkennt, dass es bei der Abgrenzung auf die Auslegung der Vereinbarung ankommen muss, siehe Grünewald, Interessenausgleich und Sozialplan, S. 105.

308 Siehe hierzu ausführlich unten S. 180ff.

309 Schwegler, Interessenausgleich, S. 72.

310 Schwegler, Interessenausgleich, S. 64f.

311 Vgl. für die Geschäftsgrundlage gem. § 313 BGB: MüKoBGB/*Roth*, § 313, Rn. 42ff.; Palandt/*Grüneberg*, § 313, Rn. 2ff.

312 Jauernig/*Stadler*, § 313, Rn. 3, 8.

313 W/H/H/S/*Schweibert*, Kap. C, Rn. 209.

sei damit letztlich auch für den Unternehmer nachteilig, weil Chancen zur vernünftigen Konfliktlösung durch das Zusammenspiel von Interessenausgleich und Sozialplan entfielen.[314] Aufgrund dessen sei es problematisch, nur dem Sozialplan eine verbindliche Wirkung zuzusprechen. Viel spräche demnach dafür, auch den Interessenausgleich entsprechend seinem Vertragscharakter für verbindlich zu halten.[315] Sozialplan und der Interessenausgleich hängen eng miteinander zusammen. Allerdings nimmt der Gesetzgeber selbst in § 112 I 2 BetrVG eine Abstufung bzgl. der Verbindlichkeit vor, indem er nur für den Sozialplan eine normative Wirkung statuiert. Wenn also schon von vorneherein klar ist, dass ein unterschiedlicher Grad der Verbindlichkeit besteht, fragt sich, warum es problematisch sein soll, nur dem Sozialplan eine verbindliche Wirkung zukommen zu lassen. Zumindest zwingt sich dieser Schluss in dogmatischer Hinsicht nicht auf und aus dem Zusammenhang allein lässt sich nicht für eine verbindliche Rechtsnatur des Interessenausgleichs votieren. Zumindest teilweise nachvollziehbar ist hingegen das Argument der Anreizsetzung für den Betriebsrat durch die Möglichkeit, eine verbindliche Zusage seitens des Arbeitgebers zu erlangen. Natürlich verwundert die Idee zunächst, dass man dem Betriebsrat zusätzliche Anreize geben muss, damit er ein Beteiligungsrecht wahrnimmt. Für die Verständlichkeit dieses Arguments muss man sich nochmal die Interessenlage vergegenwärtigen. Der Unternehmer will eine Betriebsänderung durchführen und der Betriebsrat hat dabei die Möglichkeit, hierauf über den Interessenausgleich Einfluss zu nehmen. Dadurch entfällt aber die Möglichkeit eines Nachteilsausgleichs für betroffene Arbeitnehmer, sofern der Unternehmer sich an die Vereinbarung mit dem Betriebsrat hält. Spricht man dem Interessenausgleich jedoch eine Bindungswirkung zu, so würde die Attraktivität einer Einigung in den Augen des Betriebsrats steigen und dieser könnte geneigt sein, Zugeständnisse zu machen, die er sonst nicht bereit wäre zu machen. Das gilt unabhängig davon, ob dann die Möglichkeit eines Nachteilsausgleichs entfiele, weil die Arbeitnehmerinteressen in Interessenausgleich und Sozialplan ausreichend gewahrt sein könnten. Der Gedanke, den Betriebsparteien die Lösung dieses Interessenkonflikts eigenverantwortlich zu ermöglichen und auf beiden Seiten entsprechende Anreize zu setzen, also auf der Unternehmerseite die Vermeidung von Nachteilsausgleichsansprüchen und auf der anderen Seite für den Betriebsrat die Möglichkeit, sich über die gegebenen Mitbestimmungsrechte hinaus tatsächlich und rechtlich bindend einzubringen, hat daher einen Reiz.

3. Freiwilligkeit und Zwang

Teilweise wird auch nochmal explizit darauf hingewiesen, dass es beim Interessenausgleich gerade keine erzwingbare Mitbestimmung durch den Betriebsrat gäbe und deshalb eine Bindungswirkung des Interessenausgleichs der Systematik der

314 W/H/H/S/*Schweibert*, Kap. C, Rn. 210.
315 Zwanziger, BB 1998, 477 (478).

Beteiligungsrechte in wirtschaftlichen Angelegenheiten im Allgemeinen und bei Betriebsänderungen im Speziellen widerspreche.[316] Dabei wird jedoch verkannt, dass die Möglichkeit, einen freiwilligen Vertrag zu schließen, für sich noch nicht gegen den Grundsatz verstößt, dass es in diesem Bereich keine erzwingbare, echte Mitbestimmung geben soll. Insofern ist die Feststellung zu wiederholen, dass gesetzliche Mitbestimmungsrechte und vertraglich begründete Rechte zu unterscheiden sind. Das gilt zumindest solange, wie die Freiwilligkeit auch tatsächlich besteht und nicht aufgrund erheblicher, insbesondere wirtschaftlicher Nachteile faktisch doch ein Zwang entsteht.

4. Wertungswiderspruch beim Vergleich zum Interessenausgleich mit Namensliste, § 323 II UmwG, § 125 InsO und § 1 V KSchG?

a) Inhaltliche Regelung

Außerhalb des Betriebsverfassungsgesetzes gibt es noch weitere Normen, die einen Interessenausgleich im Sinne der Betriebsverfassung zum Gegenstand haben. Dabei handelt es sich in den nachfolgend genannten Fällen um einen sog. Interessenausgleich mit Namensliste. Dabei wird ein Interessenausgleich im Sinne des § 112 I 1 BetrVG geschlossen, in dem bestimmte Arbeitnehmer genannt werden oder der mit einer entsprechenden Liste von Namen eine einheitliche Urkunde bildet.[317] Der Zweck dieser Namensliste variiert jedoch je nach der zugrundeliegenden Norm. Im Rahmen von Umwandlungen soll gem. § 323 II UmwG die teilweise schwierige Zuordnung von Arbeitnehmern zu einem Unternehmensteil erleichtert werden.[318] Dazu wird die Zuordnung von Arbeitnehmern durch die Namensliste nur eingeschränkt auf grobe Fehlerhaftigkeit gerichtlich überprüft.[319] Das Gesetz knüpft hier somit an das Zustandekommen eines Interessenausgleichs mit Namensliste ausdrücklich eine besondere Rechtsfolge an. Gleiches gilt insofern auch für den Interessenausgleich mit Namensliste gem. § 1 V 1 KSchG. Hier wird das Vorliegen von dringenden betrieblichen Erfordernissen im Sinne des § 1 II KSchG bei einer infolge einer Betriebsänderung erfolgten Kündigung vermutet, sofern die zu kündigende(n) Person(en) in dem Interessenausgleich bzw. der Namensliste genannt werden. Zudem kann die soziale Auswahl der Arbeitnehmer gem. § 1 V 2 KSchG nur auf grobe Fehlerhaftigkeit überprüft werden.

---

316 Schaub, FS Däubler, S. 348; W/P/K/*Preis/Bender*, §§ 112, 112a, Rn. 16.

317 Siehe dazu für § 1 V KschG ausführlich ErfK/*Oetker*, § 1 KSchG, Rn. 361, was aber auch für § 323 UmwG entsprechend gelte, vgl. ErfK/*Oetker*, § 323 UmwG, Rn. 8. Ansonsten ist dieses bzgl. der einheitlichen Urkunde auch st. Rspr., siehe BAG AP KSchG 1969 § 1 Namensliste Nr. 23, Rn. 26 m. w. N., wobei aber die, z. B. bei Nerlich/Römermann/*Hamacher*, § 125, Rn. 14 zu findende Bezeichnung als „Annex" missverständlich sein kann.

318 Ausführlich dazu ErfK/*Oetker*, § 323 UmwG, Rn. 1; A/P/S/*Steffan*, UmwG, § 323, Rn. 1.

319 Henssler/Trohn/*Moll*, Gesellschaftsrecht, § 323 UmwG, Rn. 2; Semler/Stengel, UmwG, § 323, Rn. 2.

Der Zweck dieser Regelungen liegt in der Erleichterung von betriebsbedingten Kündigungen im Sinne der Rechtssicherheit.[320] Diese sind dadurch gerechtfertigt, dass von der Beurteilung der Betriebsparteien eine hohe Gewähr für die Richtigkeit der getroffenen Auswahl ausgeht.[321] Auch im Falle des § 125 InsO statuiert das Gesetz eine besondere Wirkung auf der Rechtsfolgenseite des Interessenausgleichs. Dabei werden durch eine Modifizierung des § 1 KSchG die für eine Sanierung eines insolventen Unternehmens notwendigen Kündigungen erleichtert, sofern ein Interessenausgleich mit Namensliste vereinbart wird. Wiederum wird zum einen die Darlegungs- und Beweislast für die dringenden betrieblichen Erfordernisse einer betriebsbedingten Kündigung gem. § 125 I 1 Nr. 1 InsO verändert und zum anderen gem. § 125 I 1 Nr. 2 InsO die gerichtliche Kontrolle der sozialen Auswahl eingeschränkt. Diese Einschränkung des individuellen Kündigungsschutzes wird ebenso mit der Vermutung der sachlichen Richtigkeit der unternehmerischen Entscheidung begründet, die der Einigung der Betriebsparteien zugrunde liegt.[322]

Diese Vereinbarungen eines Interessenausgleichs mit Namensliste kommen jeweils nach den allgemeinen Regeln des Interessenausgleichs zustande.[323] Auch sie setzen somit eine Betriebsänderung voraus.[324] In allen Fällen wird dann aber eine, über die Regelung des § 112 I 1 BetrVG hinausgehende, gesetzliche Rechtsfolge angeordnet. Deswegen ist zum Teil umstritten, ob es sich hierbei um einen Interessenausgleich im Sinne des § 112 I 1 BetrVG handelt[325] oder ob ein Interessenausgleich eigener Art vorliegt.[326] Für letzteres spricht im Zusammenhang mit der Regelung des § 125 InsO die Norm des § 122 InsO. Dort wird zum einen von einem Interessenausgleich im Sinne von § 112 I 1 BetrVG und zum anderen von einem Interessenausgleich im Sinne des § 125 gesprochen.[327] Betrachtet man hierzu noch den Bericht des Rechtsausschusses des Bundestags, der gerade eine sprachliche Differenzierung nahelegt, weil es sich um verschiedene Arten von Interessenausgleichen handele[328], so könnte dies auf einen Interessenausgleich eigener Art hindeuten. Diese Anhaltspunkte reichen jedoch nicht aus, um dem Interessenausgleich eine eigene Rechtsnatur zuzusprechen. Allein aus einem unterschiedlichen

---

320 BAG 27.9.2012 AP KSchG 1969 § 1 Namensliste Nr. 24, Rn. 27; ErfK/*Oetker*, § 1 KSchG, Rn. 360.

321 A/P/S/*Kiel*, § 1 KSchG, Rn. 707.

322 ErfK/*Gallner*, § 125 InsO, Rn. 1.

323 GK/*Oetker*, §§ 112, 112a, Rn. 19.

324 GK/*Oetker*, §§ 112, 112a, Rn. 14ff.; Studt, Interessenausgleich nach § 323 II UmwG, S. 27 und 29.

325 So für alle drei Regelungen: GK/*Oetker*, §§ 112, 112a, Rn. 77; Siemes, ZfA 1998, 183 (190); Studt, Interessenausgleich nach § 323 II UmwG, S. 73.

326 Siehe A/P/S/*Kiel*, § 1 KSchG, Rn. 708 („sui generis"). Bzgl. § 125 InsO: Nerlich/Römermann/*Hamacher*, § 125, Rn. 14 m. w. N., a. A. Uhlenbruck/*Zobel*, § 125 InsO, Rn. 9 auch m. w. N.

327 Vgl. wiederum Nerlich/Römermann/*Hamacher*, § 125, Rn. 14.

328 Vgl. hierzu den Bericht des Rechtsausschusses, BT-Drs. 12/7302, S. 170f., Zu § 140.

Regelungsinhalt kann noch keine eigene Rechtsnatur gewonnen werden, sofern Verfahren und Zustandekommen ansonsten identisch sind.[329] Deshalb kann auch hinsichtlich der §§ 122, 125 InsO davon ausgegangen werden, dass die sprachliche Differenzierung sich nur aus den besonderen Rechtswirkungen des Interessenausgleichs mit Namensliste nach § 125 InsO ergibt. Trotz seines besonderes Inhalts und der Aufwertung auf der Rechtsfolgenseite handelt es sich in diesen Fällen um einen Interessenausgleich im Sinne des § 112 I 1 BetrVG[330]

b) Aussagekraft bzgl. des Interessenausgleichs gem. § 112 I 1 BetrVG

Im Schrifttum werden aus dem Vergleich des Interessenausgleichs gem. § 112 I 1 BetrVG einerseits und denjenigen mit Namenslisten andererseits unterschiedliche Schlüsse gezogen. Teilweise wird darauf verwiesen, dass dem Interessenausgleich hier eine unmittelbare, gestaltende Wirkung nicht nur zwischen Arbeitgeber und Betriebsrat, sondern auch für die einzelnen Arbeitsverhältnisse zukomme.[331] Es handele sich dabei nicht um bloße Sonderfälle, weil auch hier der Grad der Verbindlichkeit der Regelungen, den rechtlichen Grenzen ihrer Überprüfbarkeit folge.[332] Zudem wird aus der Klarstellung der Bindungswirkung in diesen Fällen geschlossen, dass ein unverbindlicher Interessenausgleich allgemein gegen den Willen des Gesetzgebers verstoße.[333] Dem wird entgegen gehalten, dass sich diese Sonderbestimmungen dadurch erklären ließen, dass bestimmte Rechtsfolgen kraft Gesetzes an eine lediglich tatsächliche Willensübereinstimmung geknüpft werden.[334] Nicht die Rechtsnatur des Interessensausgleichs wäre demnach für eine bestimmte Rechtswirkung verantwortlich, sondern die Erfüllung eines gesetzlichen Tatbestands und die daran geknüpfte Rechtsfolge(n). Aus den Sonderbestimmungen ließe sich demnach kein Rückschluss auf den Interessenausgleich im Allgemeinen gewinnen.

Dem ist im Ergebnis zuzustimmen. Die Ausgestaltung der §§ 323 II UmwG, 1 V KSchG und 125 InsO spricht auf der einen Seite nicht eindeutig für die Annahme einer Bindungswirkung des Interessenausgleichs gem. § 112 I 1 BetrVG, weil es sich hierbei offensichtlich um Sonderfälle handelt. Der Gesetzgeber hat hier auf einen besonderen Zweck mit einer bestimmten Rechtsfolge reagiert. Diese Rechtsfolgen knüpfen tatbestandlich an die Schaffung einer Namensliste im Zusammenhang mit einem Interessenausgleich an. Dies führt zu einer eingeschränkten Überprüfbarkeit

---

329 LAG Hamm BeckRS 2005, 40914 unter 1.1.1 der Gründe; Uhlenbruck/*Zobel*, § 125 InsO, Rn. 9.

330 So auch GK/*Oetker*, §§ 112, 112a, Rn. 77.

331 D/K/K/W/*Däubler*, §§ 112, 112a, Rn. 24.

332 Zwanziger, BB 1998, 477 (478).

333 D/K/K/W/*Däubler*, §§ 112, 122a, Rn. 24; Uhlenbruck/*Zobel*, § 125 InsO, Rn. 7 geht deswegen sogar von einer normativen Wirkung des Interessenausgleichs mit Namensliste aus. A. A.: Willemsen/Hohenstatt, NZA 1997, 345 (347f.).

334 Richardi/*Annuß*, § 112, Rn. 44.

einer individuellen, kündigungsrechtlichen Maßnahme. Tatbestand, Rechtsfolge und Zweck sind dabei nicht auf den „einfachen“ Interessenausgleich gem. § 112 I 1 BetrVG übertragbar oder vergleichbar.[335] Eine Schlussfolgerung auf eine bestimmte Wirkung des Interessenausgleichs nach § 112 I 1 BetrVG durch diese speziellen Rechtsfolgen ist daher nicht möglich. Auf der anderen Seite ergibt sich aus der mangelnden Übertrag- und Vergleichbarkeit dieser Spezialregelungen aber auch, dass durch sie kein genereller Ausschluss einer Bindungswirkung des einfachen Interessenausgleichs gem. § 112 I 1 BetrVG, sei es in Form eines Umkehrschluss zur Normgestaltung des Gesetzgebers, entsteht.[336] Festzuhalten bleibt, dass es sich bei diesen Sonderfällen grundsätzlich auch um einen Interessenausgleich im Sinne des § 112 I 1 BetrVG handelt. Allein durch den Zusatz der namentlichen Bezeichnung erfolgt noch keine Änderung der rechtlichen Einordnung, sondern es bleibt bei einem Interessenausgleich im Sinne des § 112 I 1 BetrVG.[337] Dieses gilt unabhängig davon, ob eine spezielle Bezeichnung zur Differenzierung bzgl. der Rechtsfolgen gewählt wird.[338] Im Ergebnis gilt für die Frage der Rechtsnatur des Interessenausgleichs nach § 112 I 1 BetrVG daher, dass der Vergleich desselben mit einem Interessenausgleich, der den Zusatz einer Namensliste beinhaltet, zu keinem Ergebnis führt.

5. Berücksichtigung von Rechtsprinzipien

a) Das „Konsensprinzip“

Aus den bisher gewonnenen Erkenntnissen kann in jedem Fall der kleinste gemeinsame Nenner gewonnen werden, dass der Abschluss eines Interessenausgleichs in jedem Fall zumindest eine tatsächliche Einigung über die Durchführung und die Art und Weise der Betriebsänderung beinhalten muss.[339] Diese tatsächliche Einigung könnte man als Konsens bezeichnen. Ein Konsens mindestens zweier Parteien ist immer auch Voraussetzung eines Vertrages im Sinne des Bürgerlichen Rechts.[340] Der Konsens meint dabei die tatsächliche Einigkeit der Verhandlungspartner, also dass sie rechtlich gebunden sein wollen und welchen Inhalt diese Bindung haben soll.[341] Auch hier findet sich die tatsächliche Einigung als Wesensmerkmal wieder. Dazu passt, dass „der Konsens, als der zum Ausdruck gebrachte übereinstimmende Wille der Vertragsparteien, in der Regel auf einen durch den Vertrag hergestellten

---

335 So im Grunde auch Meyer, BB 2001, 882 (885); Willemsen/Hohenstatt, NZA 1997, 345 (348).

336 Bzgl. beider Feststellungen siehe auch Schwegler, Interessenausgleich, S. 73.

337 GK/*Oetker*, §§ 112, 112a, Rn. 77; Siemes, ZfA 1998, 183 (190); Studt, Interessenausgleich nach § 323 II UmwG, S. 73.

338 Studt, Interessenausgleich nach § 323 II UmwG, S. 29:

339 Siehe zu dieser von *Ehmann* vertretenen Ansicht oben S. 45.

340 Bamberger/Roth/*Eckert*, BGB, § 145, Rn. 2, 3; Kramer, FS Canaris, S. 665.

341 Kramer, FS Canaris, S. 666f.

sachgerechten Interessenausgleich schließen lässt".[342] Entsprechend weist der Interessenausgleich schon begrifflich gerade auch dieses Ziel eines sachgerechten Ausgleichs der Interessen von Arbeitgeber und Belegschaft, vertreten durch den Betriebsrat, auf. Dieser Ausgleich ist u. a. auch Sinn und Zweck der Regelung.[343] Betrachtet man das sog. Konsensprinzip, wonach allein durch die einfache Willensübereinstimmung, eben den Konsens, ein Vertragsschluss zustande kommt,[344] und dass ein Vertrag die einverständliche Regelung eines Rechtsverhältnisses durch die Parteien darstellt[345], könnte man auch den Konsens der Betriebsparteien in einem Interessenausgleich nach § 112 I 1 BetrVG als Indiz für einen Vertrag deuten. Auffassungen, die eine vertragliche Rechtsnatur des Interessenausgleichs ablehnen, könnten damit widerlegt werden. Allein wäre diese Schlussfolgerung zu voreilig, denn der Konsens beinhaltet nicht nur eine tatsächliche Einigung, sondern zudem noch den Aspekt der rechtlichen Bindung bzw. der Regelung eines Rechtsverhältnisses. Letzteres muss im konkreten Einzelfall durch Auslegung der Erklärungen der Parteien bejaht werden. Es müssen also weitere Aspekte hinzutreten, bevor man von einem Vertrag sprechen kann.[346] Das Vorliegen einer tatsächlichen Einigung, wie sie im Falle des Interessenausgleichs gegeben ist, stellt mithin zwar eine Voraussetzung für den Vertrag dar. Auch wird sie regelmäßig erfüllt sein. Jedoch handelt es sich dabei noch nicht um ein abschließendes Indiz für den Vertragscharakter des Interessenausgleichs.

b) Das Prinzip der Vertragstreue

Der Grundsatz der Vertragstreue oder auch „pacta sunt servanda"[347] ist ein beliebtes Argumentationsmittel derjenigen, die in dem Interessenausgleich einen bindenden Vertrag sehen wollen.[348] Dieser verfassungsrechtlich geschützte[349] Grundsatz wird heute vielfach schlicht mit der Regel „Verträge müssen eingehalten / erfüllt werden" übersetzt.[350] Das Prinzip der Vertragstreue besagt damit, dass die Vertragsparteien an einen freiwillig geschlossenen Vertrag gebunden sind und diesen dementsprechend auch zu erfüllen haben.[351] Bei genauerer Betrachtung kann man aber auf der Rechtsfolgenseite dieses Grundsatzes nach *Weller* die Teilaspekte

---

342 Weller, Vertragstreue, S. 67, 68.
343 Ausführlich zum Zweck des Interessenausgleichs siehe unten S. 90ff.
344 Weller, Vertragstreue, S. 66.
345 Flume, AT II, S. 618.
346 Ausführlich zu Fallgestaltungen, bei denen der klassische Konsens als Voraussetzung eines Vertrags zweifelhaft bewertet wird: Kramer, FS Canaris, S. 665ff.
347 Die Begriffe werden in der Regel synonym verwendet, s. a. Weller, Vertragstreue, S. 37.
348 Beispielhaft: LAG München AuR 1998, 89 (89), unter II. 3. (3) der Gründe; Schwegler, Interessenausgleich, S. 68ff.
349 Lorenz, Schutz vor dem unerwünschten Vertrag, S. 35.
350 Creifelds, Rechtswörterbuch, 19. Auflage, S. 858, „pacta sunt servanda".
351 MüKoBGB/*Bachmann*, § 241, Rn. 91.

Vertragsbindung, Nacherfüllungsgrundsatz und Leistungstreue ausmachen, wobei die Vertragsbindung als „ohne rechtlichen Grund nicht einseitig lösbare Unterwerfung einer Partei unter alle einem Vertrag entspringenden Rechtsgebote" definiert werden kann.[352] Die einseitige Lösungsmöglichkeit ist in der Folge immer durch einen besonderen Grund gegenüber dem Verkehrs- und Vertrauensschutz zu legitimieren.[353] Aus dem Aspekt der Vertragsbindung ergibt sich also noch nicht allein die Bindungswirkung, sondern zunächst einmal nur der Umstand, dass der Vertrag nicht einseitig aufgehoben werden kann.[354] Folglich besagt das Prinzip der Vertragstreue nicht in jedem Fall, dass ein geschlossener Vertrag immer eine bestimmte Bindungswirkung hat oder auf gewisse Art durchsetzbar ist. Das Prinzip umschreibt vielmehr den Fall, dass eine einseitige, rechtlich unbegründete Loslösung einer Partei von der getroffenen Vereinbarung nicht mehr ohne weiteres möglich ist. Damit kann aber aus der Annahme eines Vertragscharakters des Interessenausgleichs gerade nicht auch dessen schuldrechtliche Bindungswirkung begründet werden. Höchstens der Umstand, dass die Parteien nach Abschluss des Interessenausgleichs diese Vereinbarung nicht ohne Zustimmung der anderen Partei ändern können, wäre dem zu entnehmen. Die Frage der konkreten Bindungswirkung ist davon getrennt zu beurteilen.

Davon unabhängig müsste für die Argumentationskraft des Prinzips der Vertragstreue zunächst einmal dessen Anwendungsbereich eröffnet sein. Zwingende Voraussetzung für die Geltung dieses Prinzips wäre dabei zunächst die Einordnung des Interessenausgleichs als abstrakter Vertag im Sinne der §§ 145ff. BGB. Die ganz überwiegende Meinung geht von dieser Einordnung aus.[355] Auch die bisherige Auslegung deutet auf diese Einordnung hin. Nimmt man diese erste Voraussetzung damit als gegeben an, fragt sich, welche weiteren Voraussetzungen vorliegen müssen, damit das Prinzip der Vertragstreue seine Wirkung entfaltet. Zur Eröffnung des Anwendungsbereichs ist das Vorliegen eines Vertrages allein nicht ausreichend, sondern es ist zusätzlich auch die Vereinbarung einer Leistungsverpflichtung für die Zukunft und damit ein schuldrechtlicher Vertrag notwendig, bzw. noch präziser formuliert: Das Prinzip der Vertragstreue entfaltet nur bei schuldrechtlichen Austauschverträgen seine uneingeschränkte Wirkung.[356] Wenn man nun in der vorliegenden Diskussion mit dem Grundsatz „pacta sunt servanda" argumentiert, ist das damit zu voreilig. Es muss zunächst ein schuldrechtlicher Vertrag, im Zweifel sogar ein Austauschvertrag und damit ein entsprechender Verpflichtungs- oder Rechtsbindungswille bzgl. einer Leistungspflicht, vorliegen,

352 Dazu ausführlich: Weller, Vertragstreue, S. 40ff., 301.

353 Lorenz, Schutz vor dem unerwünschten Vertrag, S. 41.

354 Flume, AT II, S. 605.

355 Siehe oben S. 35ff. A. A.: Ehmann, FS Kissel, S. 178f.; Schmitt-Rolfes, FS BAG, S. 1091f.

356 Vgl. hierzu Weller, Vertragstreue, S. 196ff.

erst dann kann auf die Vertragstreue abgestellt werden, um entsprechende Bindungswirkungen der Vertragsparteien zu begründen.[357]

Mithin können aus dem Prinzip der Vertragstreue bei der vorliegenden Auslegungsfrage keine konkreten Ergebnisse gezogen werden. Unabhängig von der Frage, ob der Interessenausgleich möglicherweise als Austauschvertrag einzustufen ist, muss die konkrete vertragliche Vereinbarung in jedem Fall zunächst mittels Auslegung der Parteierklärungen dahingehend untersucht werden, ob ein Rechtsbindungswille bzgl. einer Leistungsverpflichtung vorliegt. Ist im konkreten Einzelfall ein Schuldvertrag gegeben, kann sich überhaupt erst auf den Grundsatz der Vertragstreue bezogen werden. Somit läuft die Argumentation mit dem Grundsatz „pacta sunt servanda“ insgesamt ins Leere. Angemerkt sei noch, dass die Vertragstreue die Kehrseite zur Vertragsfreiheit bildet. Ohne diese Vertragsbindung droht deshalb eine Entmündigung der Beteiligten, weil die eigenen Geschäfte nicht mehr verbindlich geregelt werden können.[358] Die Vertragstreue setzt die Vertragsfreiheit der Parteien voraus.[359]

c) *Das Prinzip des Vertrauensschutzes*

Neben dem Prinzip der Vertragstreue könnten auch aus dem Prinzip des Vertrauensschutzes Erkenntnisse im Rahmen der systematischen Auslegung zu gewinnen sein.[360] Nach diesem Prinzip handelt es sich um eine unzulässige Rechtsausübung, wenn durch das Verhalten einer Partei ein schutzwürdiges Vertrauen auf eine bestimmte Sach- oder Rechtslage bei der anderen Partei hervorgerufen wurde und von dieser schließlich abgewichen werden soll.[361] Unabhängig von der Frage inwiefern dieses Prinzip sich hier niederschlägt[362], kann es erst herangezogen werden, wenn es überhaupt genügend Anhaltspunkte für ein schutzwürdiges Vertrauen einer der Vertragsparteien gibt.[363] Dafür könnte vorliegend sprechen, dass die Parteien beim Zustandekommen eines Interessenausgleichs zumindest im weitesten Sinne eine „Vereinbarung“ treffen und damit eine Art Rechtsschein als Vertrauensgrundlage setzen. Sinn und Zweck einer Vereinbarung setzen in der Regel die

---

357 So im Grundsatz auch Richardi/*Annuß*, § 112, Rn. 42,45.

358 Weller, Vertragstreue, S. 159.

359 Lorenz, Schutz vor dem unerwünschten Vertrag, S. 28f.

360 Vgl. hierzu Hanau, FS Zeuner, S. 60f.: *Hanau* meint, es sei zwar noch nicht anerkannt, trotzdem aber wünschenswert, dass der Vertrauensschutz als grundlegendes Prinzip der Rechtsordnung auch bei der Auslegung des Betriebsverfassungsgesetzes anerkannt wird. Denn hierbei handele es sich um ein allgemeines Prinzip, dass zu jedem Gesetz hinzugedacht werden dürfe und müsse; Vgl. zur allgemeinen Berücksichtigung des Vertrauensschutzes bei der Auslegung: Larenz, Methodenlehre, S. 336.

361 Staudinger/*Looschelder/Olzen*, § 242, Rn. 290.

362 Dazu näher Singer, NZA 1998, 1309 (1310f.).

363 Grundlegend zum Vertrauenstatbestand: Canaris, Vertrauenshaftung, S. 491ff.

Möglichkeit eines Mindestmaßes an Vertrauen bzgl. der getroffenen Vereinbarung voraus. Ansonsten hätte die Vereinbarung gar nicht erst getroffen werden müssen. Folglich könnte das Prinzip des Vertrauensschutzes in die Richtung einer zumindest nicht ganz bindungslosen Rechtsnatur des Interessenausgleichs deuten. Letztlich ist aber keine Festlegung durch dieses Prinzip bei der Frage der Rechtsnatur des Interessenausgleichs möglich, weil der Vertrauensgrundsatz bei verschiedenen Rechtsnaturen eingehalten sein könnte.

Zudem bestehen Zweifel inwiefern dieses Prinzip hier, wäre es bereits anzuwenden, eine vertragliche Bindung und damit einen Erfüllungsanspruch nahelegen würde. Im Schuldrecht führt jede schuldhafte Leistungsstörung der Vertragspflichten zu einem Anspruch auf Schadensersatz, sofern die andere Vertragsseite geschädigt wird.[364] Die Rechtsfolge enttäuschten Vertrauens in die vertragliche Vereinbarung ist daher wohl eher ein Schadensersatzanspruch des Gläubigers. Gerade in den Fällen von enttäuschtem Vertrauen erscheint dieses auch zweckmäßiger, als das alleinige Abstellen auf die primäre Erfüllung der Vereinbarung. Hinzu kommt vorliegend, dass mit § 113 BetrVG eine Sanktionsregelung durch den Gesetzgeber geschaffen wurde und diese unabhängig von der Frage der Rechtsnatur des Interessenausgleichs besteht.

6. *Zwischenergebnis*

Als Zwischenfazit lässt sich festhalten, dass es sich bei dem Interessenausgleichsverfahren nur um ein Beteiligungsrecht des Betriebsrats handelt, welches keinen klassischen, erzwingbaren Mitbestimmungstatbestand darstellt. Einen echten Mitbestimmungstatbestand stellt im Zusammenhang mit den Betriebsänderungen allerdings der Sozialplan dar. Interessenausgleich und Sozialplan sind inhaltlich und auch auf Rechtsfolgenseiten klar voneinander abzugrenzen und lassen daher auch im Vergleich zueinander keinen eindeutigen Schluss bzw. Umkehrschluss bzgl. der Rechtsnatur des Interessenausgleichs zu. Selbst bei Annahme einer schuldrechtlichen Bindungswirkung des Interessenausgleichs ist aufgrund der normativen Wirkung des Sozialplans ohne weiteres noch eine Abgrenzung auf der Rechtsfolgenseite möglich. Im Ergebnis bringt auch ein Vergleich zum Interessenausgleich mit Namensliste keine weiteren Erkenntnisse zur Rechtsnatur. Unabhängig davon, ob man diesen als Interessenausgleich eigener Art einstuft oder nicht, ergibt sich die mangelnde Aussagekraft aus der unterschiedlichen inhaltlichen Gestaltung und den besonderen, gesetzlich ausdrücklich angeordneten Rechtsfolgen, die ihren Grund in einem besonderen Zweck finden. Insbesondere widerspricht die gesetzliche Anordnung einer besonderen Rechtsfolge hier nicht der Annahme einer schuldrechtlichen Wirkung des Interessenausgleichs. Auch die Einbeziehung von anerkannten Rechtsprinzipien in die systematische Auslegung führt zu keinem klaren Erkenntnisgewinn. Das Konsensprinzip allein hat hier zu wenig Aussagekraft

364 BGHZ 11, 80 unter III.

und das Prinzip der Vertragstreue bedarf zunächst der Feststellung eines hinreichenden Rechtsbindungswillen der Vertragsparteien, bevor es angewendet werden kann. Dessen Feststellung ist jedoch eine Frage des Einzelfalls.

V. Die Einordnung des § 112 I 1 BetrVG in den Aufbau des Betriebsverfassungsgesetzes

1. *Die Betrachtung der §§ 111 und 112a BetrVG*

Durch § 111 BetrVG werden die speziellen Vorschriften über die Betriebsänderungen als Teil der Mitbestimmung in wirtschaftlichen Angelegenheiten eingeleitet. Er stellt die Grundnorm der Beteiligung des Betriebsrats in wirtschaftlichen Angelegenheiten dar.[365] Der Interessenausgleich oder dessen Versuch setzt eine rechtzeitige und umfassende Unterrichtung und auch Beratung voraus.[366] Der Interessenausgleich kann auch als Spezifikation und Ergebnis dieser Beratungs- und Unterrichtungspflicht des § 111 BetrVG gesehen werden. Die Unterrichtungs- und Beratungspflicht teilt sich mit dem Interessenausgleich und dem Sozialplan die maßgebliche Tatbestandvoraussetzung der Betriebsänderung gem. § 111 BetrVG. Die Regelung des § 111 BetrVG normiert somit tatbestandliche und tatsächliche Voraussetzungen für die Vereinbarung des Interessenausgleichs nach § 112 I 1 BetrVG. Eine darüber hinausgehende Bedeutung kann für den Interessenausgleich nicht festgestellt werden.

Die Norm des § 112a BetrVG schränkt die Erzwingbarkeit des Sozialplans nach § 112 IV, V BetrVG ein und ist bei der vorliegenden Untersuchung zum Interessenausgleich folglich ohne Aussagekraft. Somit sind die Normen, welche den § 112 I 1 BetrVG unmittelbar umgeben, für die Frage der Rechtsnatur mit keinem Erkenntnisgewinn verbunden und regeln nur den grundsätzlichen Anwendungsbereich des Interessenausgleichsverfahrens. Sie sind nur als Basis für weitere, nachfolgende Regelungen zu sehen, deren Reichweite aber dadurch nicht vorbestimmt wird.

2. *Der Nachteilsausgleich gem. § 113 BetrVG*

Gem. § 113 I BetrVG können Arbeitnehmer, die in Folge einer Abweichung der im Interessenausgleich beschriebenen Betriebsänderung entlassen werden, gegen den Unternehmer Klage auf Leistung eines Nachteilsausgleichs erheben. In § 113 II BetrVG wird diese Regelung auch auf andere wirtschaftliche Nachteile neben der Entlassung erstreckt, sofern diese innerhalb von 12 Monaten eintreten. Zuletzt regelt der § 113 III BetrVG, dass dieser Nachteilsausgleich nicht nur bei einer Abweichung von einem abgeschlossenem Interessenausgleich möglich ist, sondern auch wenn ein Unternehmer gar nicht erst den Versuch eines Interessenausgleichs

365 GK/*Oetker*, § 111, Rn. 1.
366 GK/*Oetker*, § 111, Rn. 267ff.

vornimmt und es in der Folge zu Entlassungen oder anderen wirtschaftlichen Nachteilen für die Arbeitnehmer kommt.

a) Abschließende Regelung der Rechtsfolgen des Interessenausgleichs?

Teilweise wird diese Norm als Regelung verstanden, die ausschließlich und abschließend die Rechtsfolgen einer Abweichung oder den nicht erfolgten Versuch des Interessenausgleichs regelt.[367] Sie sei daher eine Spezialvorschrift zu § 112 I 1 BetrVG.[368] Zur Begründung wird dabei angeführt, dass bei der Annahme einer Bindungswirkung die Sanktion des § 113 BetrVG überflüssig werde.[369] Zudem verstoße eine solche Bindungswirkung des Interessenausgleichs in erheblichen Maß gegen den von § 113 BetrVG intendierten Schutz der Unternehmerfreiheit.[370] Auf der anderen Seite wird auch die Meinung vertreten, dass es nicht ersichtlich sei, warum die Regelung des § 113 BetrVG unmittelbar oder mittelbar eine abschließende Regelung der Sanktion treffen solle.[371] Dieses sei auch allein schon deswegen abzulehnen, weil § 113 BetrVG als alleinige Sanktion nicht ausreichend sei, da sonst Schutzlücken drohten.[372] Als Beispiel für eine solche Schutzlücke wird die Nichteinhaltung von im Interessenausgleich getroffenen Organisationsregelungen genannt, die ohne konkrete Nachteile für die von der Betriebsänderung betroffenen Arbeitnehmer sind. Als Beispiel hierfür wird eine Regelung über zukünftige Neueinstellungen zur Standorterhaltung infolge der Betriebsänderung genannt.[373] Die Gefahr einer Schutzlücke bestünde demnach immer dann, wenn es um Nachteile nicht unmittelbarer wirtschaftlicher Art geht. Dieses gilt insbesondere auch bei den sog. Folgeregelungen.[374] Die Gefahr von Schutzlücken bestehe deshalb, weil § 113 BetrVG primär den individuellen Schutz der betroffenen Arbeitnehmer im Sinn habe und weniger den Schutz der Beteiligungsrechte des Betriebsrats. Bei § 113 BetrVG handele sich insofern nur um eine Mindestsicherung für die Arbeitnehmer.[375] Über diese individualrechtliche Mindestsicherung hinaus sei nicht erkennbar, warum der

---

367 Schaub, FS Däubler, S. 348; Schmitt-Rolfes, FS BAG, S. 1092; Willemsen/Hohenstatt, NZA 1997, 345 (346); W/P/K/*Preis/Bender*, §§ 112, 112a, Rn. 16.

368 Grünewald, Interessenausgleich und Sozialplan, S. 86; LAG Hamm, NZA-RR 1997, 393 (394); H/W/K/*Hohenstatt/Willemsen*, § 112 BetrVG, Rn. 25.

369 W/P/K/*Preis/Bender*, §§ 112, 112a, Rn. 16.

370 Siehe z. B. Löwisch/Kaiser, § 112, Rn. 9.

371 Düwell/*Steffan*, § 112a, Rn. 13; Krol, Bindungswirkung des Interessenausgleich, S. 82f.; Molkenbur/Schulte, DB 1995, 269 (270); Siemes, ZfA 1998, 183 (201).

372 LAG München AuR 1998, 89 (90), unter II. 3. (3) der Gründe; D/K/K/W/*Däubler*, §§ 112, 122a, Rn. 23; Kaba, Probleme des Interessenausgleichs, S. 72f.; Siemes, ZfA 1998, 183 (197).

373 Krol, Bindungswirkung des Interessenausgleichs, S. 84f.

374 W/H/S/S/*Schweibert*, Kap. C, Rn. 207.

375 Kaba, Probleme des Interessenausgleichs, S. 71.

Betriebsrat nicht auch eine eigene, unmittelbare Schutzmöglichkeit erhalten solle.[376] Wäre der Nachteilsausgleich aus § 113 BetrVG die einzige Sanktion, würde das mehrstufige Beteiligungssystem bei Betriebsänderungen dem Belieben des Arbeitgebers unterliegen und eine solche Beliebigkeit würde einen Systembruch in der Betriebsverfassung darstellen, weil aufgrund des Fehlens eines echten Mitbestimmungsrechts die Verfahrensrechte des Betriebsrats besonders schützenswert seien.[377]

b) Keine zwingende Aussage erkennbar

Bei der Bewertung dieser Argumente kann zunächst einmal die Differenzierung zwischen kollektiver und individueller Ebene grundsätzlich nachvollzogen werden. Auf individueller Ebene dient ein individueller Anspruch aus § 113 BetrVG dem Interesse des einzelnen Arbeitnehmers und auf kollektiver Ebene ein kollektiver Anspruch dem Schutz der Beteiligungsrechte des Betriebsrats.[378] Überzeugend ist auch, dass ein Leerlaufen der Rechte des Betriebsrats droht, wenn an deren Missachtung nur ein individueller Anspruch geknüpft wird. Insofern erscheint eine zweigleisige Rechtsfolgenanordnung zur effektiven Sicherung der Beteiligungsrechte allgemein sinnvoll. Diese beiden Ebenen können jedoch nicht nur jeweils für sich betrachtet werden, sondern es muss auch deren Zusammenhang hergestellt werden. Der Betriebsrat ist der Repräsentant der Interessen der Belegschaft und der Arbeitnehmer.[379] Kollektive Rechte des Betriebsrats sind daher immer auch im Interesse der einzelnen Arbeitnehmer gegeben. Die Differenzierung in kollektive und individuelle Ansprüche verliert hier damit erheblich an Trennschärfe. Zumal auch der Gesetzgeber davon ausging, dass § 113 BetrVG, trotz seiner Beschränkung auf einen individuellen Anspruch der jeweiligen betroffenen Arbeitnehmer, zumindest auch die Beteiligung des Betriebsrats sichert.[380] Eine klare Aussage des Gesetzgebers, dass § 113 BetrVG insofern eine abschließende Wirkung haben solle, findet sich jedoch weder in den Gesetzesmaterialien noch im Wortlaut des Gesetzes selbst. Allerdings kann auch der Aussage, die alleinige Sanktion des Verstoßes gegen den Interessenausgleich durch den § 113 BetrVG widerspreche der Systematik der §§ 111ff. BetrVG, so nicht gefolgt werden. Wie

---

376 LAG Berlin NZA 1996, 1284 (1286f.).

377 LAG Berlin NZA 1996, 1284 (1286f.).

378 So z. B. Kaba, Probleme des Interessenausgleichs, S. 71f.; Krol, Bindungswirkung des Interessenausgleichs, S. 84f.; Römer, Interessenausgleich bei Outsourcing, S. 191; Siemes, ZfA 1998, 183 (201).

379 Richardi/*Richardi*, Einl., Rn. 98ff. Dort wird auch die Frage behandelt, wie sich die Beziehung zwischen Arbeitnehmern und Betriebsrat bzgl. der im Betriebsverfassungsgesetz geregelten Mitbestimmungsrechte darstellt, also insbesondere der Frage, wer Träger dieser Rechte ist. Hierzu auch ausführlich: Veit, Zuständigkeit des Betriebsrats, S. 122ff.

380 BT-Drucksache zu VI/2729, S. 8f.

bereits festgestellt[381], ist der Gesetzgeber bei der Ausgestaltung der betrieblichen Mitbestimmung in wirtschaftlichen Angelegenheiten zurückhaltend gewesen. Die Schaffung eines Beratungsrechts, dessen Ergebnis nicht unmittelbar erzwingbar ist, scheint dieser Systematik nicht unbedingt zu widersprechen und im Einklang mit der Anerkennung einer wesentlichen Bedeutung der unternehmerischen Freiheiten zu sein. Auf der anderen Seite ist auch die Gefahr nicht von der Hand zu weisen, dass bei einer alleinigen Sanktion durch den § 113 BetrVG Schutzlücken drohen, bei denen die zu missbilligende Abweichung des Unternehmers vom Interessenausgleich keine Pflichten zum Nachteilsausgleich auslöst. Verneint man in diesen Fällen die Bindung des Unternehmers und damit einen kollektiven Anspruch des Betriebsrats, so verkümmerte der Interessenausgleich zum „zahnlosen Papiertiger" und das Interessenausgleichsverfahren würde erheblich entwertet.

Da individuelle und kollektive Interessen nicht immer identisch sein müssen, ist es grundsätzlich nachvollziehbar, beiden Interessengruppen auf ihrer jeweiligen Ebene Schutzmechanismen zu gewähren.[382] Auffällig ist aber, dass eine solche duale Ausgestaltung dem Betriebsverfassungsgesetz zwar im Grunde bekannt ist, sich sonst aber nur in anderer Form findet. In der Regel besteht nämlich ein kollektiver Anspruch oder ein entsprechendes Recht für den Betriebsrat aus der Betriebsverfassung und die rechtlichen Auswirkungen für den einzelnen Arbeitnehmer ergeben sich nicht aus dem Betriebsverfassungsgesetz direkt. Letztere bestehen jedoch in der Form, dass eine Missachtung der Mitbestimmungsrechte des Betriebsrats, nach der sog. Theorie der Wirksamkeitsvoraussetzung oder auch Theorie der notwendigen Mitbestimmung, zur Folge hat, dass die im Zusammenhang mit dem jeweiligen Mitbestimmungstatbestand liegende individualrechtliche Maßnahme seitens des Arbeitgebers unwirksam ist.[383] So ist z. B. eine Entlassung eines Arbeitnehmers ohne Anhörung des Betriebsrats unwirksam. Dieses gilt zumindest für die echten Mitbestimmungstatbestände.[384] Eine Übertragbarkeit auf den Interessenausgleich ist daher zumindest nicht direkt gegeben. Es zeigt aber, dass die Betriebsverfassung grundsätzlich eine parallele Rechtsfolgenanordnung auf kollektiver und individueller Ebene kennt.

Im Ergebnis kann mangels klarer Indizien in der Norm und auch in den Gesetzmaterialien nicht von einer abschließenden Rechtsfolgenregelung bzgl. der Abweichung oder des fehlenden Versuchs eines Interessenausgleichs in § 113 BetrVG ausgegangen werden. Aufgrund im Detail unterschiedlicher Schutzzwecke auf individualer und kollektiver Ebene ist auch eine entsprechende differenzierte Ausgestaltung der Sanktionen, einmal auf individualer, einmal auf kollektiver Ebene denkbar. Diese zwingt sich aber auch nicht abschließend auf. Auch eine lediglich

381 Siehe dazu oben S. 49.

382 Siehe dazu schon Waltermann, Rechtsetzung, S. 5; Fitting, § 1, Rn. 6.

383 GK/*Wiese*, § 87, Rn. 97ff. m. w. N.

384 Richardi/*Richardi*, § 87, Rn. 101ff., der die Theorie allerdings ansonsten kritisch sieht, vgl. Rn. 104.

auf die Rechtsfolge des § 113 BetrVG abstellende Rechtsauffassung ist mit dem System der §§ 111ff. BetrVG in Einklang zu bringen. Der Tatbestand des § 113 BetrVG setzt zwar zunächst erst einmal überhaupt eine Vereinbarung voraus, von der abgewichen werden kann. Diese könnte aber auch rein tatsächlicher Natur sein. Hieraus ist daher kein Argument für eine bestimmte Bindungswirkung zu erkennen. Insofern ist auch aus der systematischen Betrachtung des Nachteilsausgleichs gem. § 113 BetrVG keine Klärung der untersuchten Frage zu schließen.

3. *Die Grundlagen für kollektive Regelungen in der Betriebsverfassung gem. § 77 BetrVG*

Die zentrale Norm für die einvernehmlichen Gestaltungsmöglichkeiten der Betriebsparteien stellt § 77 BetrVG dar.[385] Nach § 77 I BetrVG sind Vereinbarungen der Betriebsparteien grundsätzlich durch den Arbeitgeber auszuführen. § 77 II-VI BetrVG beschäftigt sich dann mit Verfahren, Inhalt und Wirkung von Betriebsvereinbarungen, welche das klassische Regelungsinstrument der Betriebsverfassung sind.[386] Dabei zeigt § 77 BetrVG zunächst ganz allgemein, dass das Betriebsverfassungsgesetz nicht nur die Regelungsmöglichkeit durch die Betriebsvereinbarung kennt, weil die Betriebsvereinbarung nach § 77 II BetrVG, bei systematischer Betrachtung, als Unterfall der betrieblichen Vereinbarungen in § 77 I BetrVG erkenntlich wird. Dieses zeigt sich zusätzlich an dem Umstand, dass das Betriebsverfassungsgesetz neben der Betriebsvereinbarung noch viele andere Begriffe für eine Übereinstimmung, u. a. auch den Interessenausgleich, enthält.[387] Dementsprechend kann man für die Vereinbarungen im Sinne von § 77 I BetrVG auch den Oberbegriff der betrieblichen Einigungen wählen und hierunter alle rechtlich bindenden Vereinbarungen der Betriebsparteien zählen, unabhängig davon, ob es sich um eine konkrete Ausübungsform der Mitbestimmung, ein sonstiges Instrument der Zusammenarbeit im Sinne von § 2 I BetrVG zwischen den Betriebsparteien oder um ein Mittel zur Beilegung von Meinungsverschiedenheiten gem. § 74 I BetrVG handelt.[388] Mithin gilt § 77 I BetrVG auch als Grundlage für die sog. Regelungsabrede, die man auch als jede verbindliche Einigung von Arbeitgeber und Betriebsrat, die nicht Betriebsvereinbarung ist, definiert.[389] Der Begriff der Einigung wird dabei mit einem Vertrag i. S. d. §§ 145ff. BGB gleichgesetzt und auch die Regelungsabrede gemeinhin als Vertrag angesehen.[390]

---

385 W/P/K/*Preis*, § 77, Rn. 1.

386 Statt vieler GK/*Kreutz*, § 77, Rn. 7.

387 Aufzählung bei Richardi/*Richardi*, § 77, Rn. 240.

388 GK/*Kreutz*, § 77, Rn. 6; Ausführlich auch zu den betrieblichen Einigungen und ihren Aufgabenfeldern: Kielkowski, Betriebliche Einigungen.

389 GK/*Kreutz*, § 77, Rn. 8.

390 GK/*Kreutz*, § 77, Rn. 10; Richardi/*Richardi*, § 77, Rn. 243.

Der Interessenausgleich ist ein Instrument der betrieblichen Mitbestimmung im weiteren Sinne. Infolgedessen beinhaltet er eine Einigung, die eine Verständigung über die Art und Weise der Betriebsänderung zwischen Unternehmer und Betriebsrat darstellt. Fraglich ist, ob der Interessenausgleich nicht unter die Definition der Regelungsabrede subsumiert werden kann. Ausschlaggebend dafür wären u. a. die Einordnung als Vertrag und die Anerkennung der Verbindlichkeit des Interessenausgleichs. Beides läuft aber wiederum auf die Feststellung entsprechender Erklärungen der Betriebsparteien mit Bindungswillen hinaus. Erst danach kann konkret untersucht werden, ob eine Subsumtion unter die Regelungsabrede erfolgreich erfolgen kann. In der Literatur wird teilweise trotzdem darauf abgestellt, dass die Vereinbarungen nach § 77 I BetrVG grundsätzlich rechtlich bindend sind und deshalb immer dann eine Ausnahmeregelung notwendig sei, wenn diese nicht gelten sollen.[391] Problematisch ist insofern, dass es wohl kein abschließendes System möglicher Verständigungsformen im Betriebsverfassungsgesetz gibt. Mangels abgeschlossener Systematik gibt es auch keine einheitliche Kategorie der betrieblichen Einigungen, denen man immer eine bestimmte (Mindest-)Rechtswirkung zuerkennen könnte. Der Wortlaut der „Vereinbarungen" in § 77 I BetrVG ist dafür zu weit gefasst und es finden sich daneben zu wenige Anhaltspunkte für ein dogmatisch durchdachtes System der Regelungsmöglichkeiten in der Betriebsverfassung. Auch in der Rechtsprechung wird darauf verwiesen, dass § 77 I 1 BetrVG nicht zwingend so zu verstehen sei, dass der Betriebsrat die Erfüllung der Vereinbarung verlangen kann, nur weil der Arbeitgeber hierzu verpflichtet sei. Demnach könne auch nicht per se ein Erfüllungsanspruch des Betriebsrats gegeben sein, wenn eine Vereinbarung gem. § 77 I BetrVG vorliege.[392] Im Ergebnis kann allein aus § 77 I BetrVG daher keine Aussage zu der Rechtsnatur des Interessenausgleichs erfolgen.

4. Zwischenergebnis

Zusammenfassend lässt sich feststellen, dass keine eindeutige, abschließende Sanktion in § 113 BetrVG für die Abweichung von einem Interessenausgleich erkennbar ist. Dementsprechend sind weitergehende Rechtsfolgen aus einem Interessenausgleich zwar nicht zwingend zu bejahen, aber zumindest deshalb auch nicht auszuschließen. Davon abgesehen bleibt die Einordnung des Interessenausgleichs in die Grundnorm für Vereinbarungen der Betriebsparteien, den § 77 BetrVG, fraglich und es wird zu untersuchen sein, ob der Interessenausgleich möglicherweise eine Regelungsabrede darstellt.[393] Zwingende Indizien für eine der Rechtsauffassungen zur Rechtsnatur des Interessenausgleichs konnten jedoch nicht gefunden werden.

---

391 Kaba, Probleme des Interessenausgleichs, S. 73.
392 LAG Düsseldorf LAGE Nr. 41 zu § 112 BetrVG 1972 unter 3. der Gründe.
393 Siehe ausführlich dazu unten S. 167.

C. Rückschlüsse aus der Historie des Interessenausgleichs

I. Die Vorgängerregelung im BetrVG 1952

1. Inhaltlicher Vergleich der Regelungen

Die Vorgängerregelungen des Interessenausgleichsverfahren befanden sich in den §§ 72–75 BetrVG 1952.[394] Nach § 72 BetrVG 1952 bestand bei Betriebsänderungen ein Mitbestimmungsrecht des Betriebsrats in Form des Interessenausgleichs. Sollte letzterer nicht zustande kommen, konnte eine Vermittlungsstelle eingeschaltet werden. Das hierbei zu berücksichtigende Verfahren vor der Vermittlungsstelle wurde im nachfolgenden § 73 BetrVG 1952 detailliert geregelt. Beachtenswert ist dabei, dass die Einigungsstelle nach § 73 II BetrVG 1952 dazu aufgefordert war, einen eigenen Vorschlag zu erbringen, falls die Parteien sich nicht einigen konnten. Dabei durfte die Einigungsstelle auch von den Vorschlägen der Parteien abweichen. Der Vorschlag der Einigungsstelle konnte mit einfacher Mehrheit beschlossen werden, wobei die Einigungsstelle gem. § 72 II BetrVG 1952 mit je einem Beisitzer von jeder Partei und einem Vorsitzenden besetzt war, der im Streitfalle durch ein Gericht zu ernennen war. Führte eine Abweichung des Unternehmers von der Einigung zu einer Kündigung, gewährte § 74 BetrVG 1952 dem betroffenen Arbeitnehmer einen Abfindungsanspruch. Abschließend stellte § 75 BetrVG 1952 fest, dass Unternehmer und Betriebsrat auch ein anderes, als das gesetzliche Interessenausgleichsverfahren vereinbaren können.

Vergleicht man die Wortwahl der im Betriebsverfassungsgesetz 1952 getroffenen Regelung mit der heutigen, fällt vor allen Dingen auf, dass der Gesetzgeber in § 72 BetrVG 1952 zum einen von einem Mitbestimmungsrecht des Betriebsrats bei Betriebsänderungen und zum anderen an mehreren Stellen im Zusammenhang mit dem Interessenausgleich von einer „Einigung" spricht. Letzteres ist heute nur noch beim Sozialplan in § 112 I 2 BetrVG der Fall. Gleichwohl bleibt es dabei, dass diese Begrifflichkeit ohne zwingende Aussagekraft für die Rechtsnatur des Interessenausgleichs ist. Bzgl. der Bezeichnung als Mitbestimmungsrecht findet sich eine solche klare Benennung in der heutigen Regelung ebenfalls nicht mehr. Jedoch ist davon auszugehen, dass sich die Titulierung als Mitbestimmungsrecht nicht mit dem heutigen Begriffsverständnis des Mitbestimmungsrechts als Recht der Zustimmungsverweigerung bzw. einem Zustimmungserfordernis deckt[395], sondern vielmehr als Beteiligungsrecht im weiteren Sinne gemeint war. Die Gesetzesmaterialien zu den angesprochenen Normen legen zudem dar, dass der Unternehmer sich an die Einigung zu halten hatte, wenn er nicht „schwerwiegende

394 Bundesgesetzblatt Teil I, Nr. 43 vom 14.10.1952.

395 Zu den Arten der Beteiligungsrechte im heutigen Betriebsverfassungsgesetz siehe GK/*Franzen*, § 1, Rn. 67f.

zivilrechtliche Folgen" auf sich nehmen wollte. Als Teil dieser Folgen wird dann allerdings nur die Möglichkeit der Klage durch den Arbeitnehmer auf Zahlung einer Abfindung gem. § 74 BetrVG 1952 genannt. Stärkere, von der damaligen politischen Opposition geforderte, Garantien wurden nicht festgeschrieben.[396] Betrachtet man danach die Debatte um die Frage der abschließenden Regelungen der Sanktionen im Nachteilsausgleich gem. § 113 BetrVG noch einmal, könnte dieses für eine abschließende Regelung sprechen. Dafür spricht, dass der spätere Gesetzgeber bei der umfassenden Novellierung des Betriebsverfassungsgesetzes im Jahre 1972 auf eine Klarstellung verzichtet hat. Allerdings ist in den Gesetzesmaterialien auch von einer „verstärkte[n]" zivilrechtlichen Haftung die Rede, was man andererseits auch als eine Zusammensetzung der „normalen", d. h. möglicherweise vertraglichen und, wenn auch schwieriger vorstellbar, deliktischen Haftung und der „verstärkten", d. h. besonderen Haftung im Interessenausgleichsverfahren nach § 74 BetrVG 1952 verstehen könnte.[397]

Markante Änderungen im Vergleich zum Betriebsverfassungsgesetz von 1952 finden sich in der heutigen Regelung vor allem in Hinblick auf den Umkehrschluss zur normativen Wirkung des Sozialplans[398] und in der Statuierung der Schriftform als Voraussetzung für alle Arten des Interessenausgleichs.[399] Daneben fällt inhaltlich vor allen Dingen das stärker ausgestaltete und niedergelegte Verfahren vor der Einigungsstelle auf. Dieses ist auch aktuell nach § 112 II und III BetrVG vorgesehen. Das Verfahren ergibt sich aber größtenteils aus der allgemeinen Regelung des Verfahrens der Einigungsstelle in § 76 BetrVG. Hier finden sich die auch für das Interessenausgleichsverfahren gültigen Regelungen bzgl. Anrufung, Bildung und Verfahren der Einigungsstelle.[400] Beim Interessenausgleich wird, anders als beim Sozialplan, die Einigung der Betriebsparteien allerdings nicht durch den Spruch der Einigungsstelle ersetzt.[401] Insofern weicht die aktuelle Regelung von der Vorgängerregelung hier entscheidend ab. Die Einigungsstelle hat keine eigenständige Befugnis mehr, eine Entscheidung über Organisations- oder Folgeregelungen eines Interessenausgleichs zu treffen.[402] Damit wird auch der Schutz der unternehmerischen Entscheidungsfreiheit stärker gewahrt, weil das Zustandekommen des Interessenausgleichs final vom Willen des Unternehmers abhängt. Ein Ausschluss jeglicher Bindungswirkung des Interessenausgleichs für den Unternehmer kann hieraus deshalb aber nicht abgeleitet werden. Es bleibt schließlich in jedem Fall eine freiwillige Bindung des Unternehmers denkbar. Zudem könnte die

---

396 Insbesondere durch die SPD als stärkste Oppositionsfraktion gefordert, vgl. BT-Drucksache Nr. 3585, S. 13ff.

397 BT-Drucksache Nr. 3585, S. 16.

398 Siehe oben S. 58.

399 Siehe hierzu sogleich, S. 54.

400 Fitting, § 112, 112a, Rn. 35f.

401 GK/*Oetker*, § 112, 112a, Rn. 43; Richardi/*Annuß*, § 112, Rn. 238.

402 Richardi/*Annuß*, § 112, Rn. 238.

eingeschränkte Befugnis der Einigungsstelle auch ein Indiz dafür sein, dass die Verantwortung der Betriebsparteien verstärkt wird, ein interessengerechtes Verhandlungsergebnis zu erzielen. Über eine bloße Indizwirkung geht dieser Gedanke freilich nicht hinaus. Folglich fehlt es an einer eindeutigen Interpretationsvariante der Gesetzesmaterialien und die gesetzliche Entstehungsgeschichte des Betriebsverfassungsgesetzes von 1952 ist ohne weitere Aussagekraft zur Frage der Rechtsnatur des heutigen Interessensausgleichs.[403]

2. Der Meinungstand zum Interessenausgleich nach den §§ 72ff. BetrVG 1952

Entsprechend war die Frage der Rechtsnatur des Interessenausgleichs auch schon zur Zeit der Geltung des Betriebsverfassungsgesetzes von 1952 umstritten. *Galperin, Erdmann* und *Neumann-Duesberg* gingen dabei von einem Schiedsvergleich im Sinne des § 1044a ZPO aus.[404] Die Rechtswirkungen dieses Schiedsvergleichs sollten sich lediglich aus der Abfindungsregelung des § 74 BetrVG 1952 ergeben. Der Interessenausgleich sollte darüber hinaus keine weitere Bindungswirkung für den Unternehmer haben. Letzterer sollte auch nicht der Zwangsvollstreckung unterworfen werden können.[405] *Nikisch* und *Fitting* sahen dagegen in dem Interessenausgleich schon damals eine kollektive Vereinbarung besonderer Art, ebenfalls ohne Bindungswirkung für den Unternehmer.[406] *Nipperdey* nahm zumindest bzgl. der Einigung vor der Vermittlungsstelle nach § 73 BetrVG 1952 auch eine kollektive Vereinbarung besonderer Art an. Die Rechtsnatur dieser kollektiven Vereinbarung besonderer Art verglich er dabei aber mit der einer Betriebsvereinbarung. Einziger, formeller Unterscheid sei danach gewesen, dass beim Interessenausgleich kein Abschluss zwischen Betriebsrat und Arbeitgeber, sondern zwischen Betriebsrat und Unternehmer erfolge.[407] Eine Einigung, die ohne Tätigwerden der Vermittlungsstelle zustande kam, konnte seiner Ansicht nach hiermit, vor allem wegen ihrer Formlosigkeit, nicht gleichgestellt werden.[408] Diese Unterscheidung bzgl. der Formanforderungen ist heute jedoch obsolet, da mittlerweile für den Interessenausgleich allgemein die Schriftform in § 112 I 1 BetrVG vorausgesetzt wird. Auffällig ist, dass der Unterschied zwischen Betriebsvereinbarungen nach § 77 II BetrVG und sonstigen Vereinbarungen im Betrieb nach § 77 I BetrVG nach

403 So auch Molkenbur/Schulte, DB 1995, 269 (270).

404 Erdmann, § 73, Rn. 4 und § 74, Rn. 1; Galperin/Siebert, § 73, Rn. 13; Neumann-Duesberg, S. 595 spricht auch von „Unternehmenseinigung".

405 Galperin/Siebert, § 73, Rn. 13; Neumann-Duesberg, S. 596.

406 Fitting/Auffarth, 9. Aufl., § 73, Rn. 7; Nikisch, III, S. 531, der die Begrifflichkeit der kollektiven Vereinbarung besonderer Art wohl auch als erster verwendete und damit begründete, s. o.

407 Hueck/Nipperdey, II/2, S. 1480.

408 Hueck/Nipperdey, II/2, S. 1478f.

heutigem Verständnis kaum berücksichtigt wird. Anders als die bisher genannten Autoren sah *Dietz* im Interessenausgleich eine Betriebsvereinbarung im „eigentlichen Sinne", da die „Gestalt" des Betriebes selbst betroffen sei.[409] Auch sei die Unterscheidung zwischen Arbeitgeber und Unternehmer belanglos, weil beide in der Regel identisch seien und die dahingehende Unterscheidung durch *Nipperdey* sei daher abzulehnen.[410] *Hueck* wiederum nahm eine „Betriebsvereinbarung in wirtschaftlichen Angelegenheiten" als echte Betriebsvereinbarung an, weil keine andere Form der bekannten Beteiligungsformen vorliege.[411]

Das Meinungsbild zeigt danach auf der einen Seite Stimmen, die in dem Interessenausgleich eine kollektive Vereinbarung besonderer Art sahen und auf der anderen Seite findet sich die Einordnung als Betriebsvereinbarung. Letztere erfolgt dann allerdings im Detail verschieden. Das heute die Zahl der Vertreter einer Einordnung als Betriebsvereinbarung deutlich abgenommen hat, ist vermutlich vor allem auf die Regelung des § 112 I 2 BetrVG zurückzuführen. Dort hat der Gesetzgeber mittlerweile die normative Wirkung der Betriebsvereinbarung gerade nur bzgl. des Sozialplans festgelegt.

II. Auswertung der Gesetzesmaterialien zum Betriebsverfassungsgesetz von 1972

Schließt man sich *Gamillscheg* an, so hat der Wille des Gesetzgebers in der Betriebsverfassung als Auslegungsmittel eine überragende Stellung.[412] Betrachtet man deshalb die Gesetzesmaterialien zum heutigen Betriebsverfassungsgesetz, fällt weiterhin auf, dass es sich bei der Beteiligung des Betriebsrats in der Form des Interessenausgleichs im Gegensatz zum Sozialplan nicht um eine echte Mitbestimmung handeln soll, sondern lediglich um ein, wenn auch umfassendes, Informations- und Beratungsrecht.[413] Es ist zwar ein „über das geltende Recht hinausgehendes abgestuftes Mitwirkungs- und Mitbestimmungsrecht des Betriebsrats" vorgesehen[414], welches man zunächst so verstehen könnte, dass die neuen Regelungen über die des Betriebsverfassungsgesetzes von 1952 hinausgehen sollten. Damit wäre aber zum einen noch nicht geklärt, wo und wie genau die neue Regelung weiter gehen soll als die bisherige und vor allem hat der Gesetzgeber bei dieser Aussage wohl zum anderen die nicht mehr nur katalogmäßig zu bestimmende Betriebsänderung im Sinne gehabt hat.[415] Dass auch der Interessengleich eine stärkere Bedeutung haben soll, kann man daraus allein noch nicht ableiten. Es wurde bereits darauf

409 Dietz, § 72, Rn. 38.
410 Dietz, § 72, Rn. 38.
411 Hueck, RdA 1952, 366 (369).
412 Gamillscheg, S. 171.
413 BT-Drucksache zu VI/2729, S. 8.
414 BT-Drucksache zu VI/2729, S. 8.
415 BT-Drucksache zu VI/2729, S. 8.

eingegangen, dass aus der Betitelung des Interessenausgleichs als Einigung in den Materialien[416] keine weiteren Schlüsse zu ziehen sind.[417] Weiterhin finden sich in den Materialien Äußerungen zum Nachteilsausgleich gem. § 113 BetrVG. So soll der Nachteilsausgleich zum einen verhindern, dass der Unternehmer ohne Grund vom Interessenausgleich abweicht und zum anderen, dass eine Betriebsänderung ohne Beteiligung des Betriebsrats durchgeführt wird.[418] Es liegt hier also ein doppelter Zweck vor. Der Gesetzgeber hat damit deutlich gemacht, dass er die Rechte des Betriebsrats an dieser Stelle zumindest für schützenswert hält, wenn auch nicht ganz klar wird, ob die Schutzgewährung durch den Nachteilsausgleich als ausreichend erachtet wurde oder nicht. Auch für den Sozialplan wurde eine einseitige Loslösung von bestehenden Verpflichtungen durch den Unternehmer bei Vorliegen eines zwingenden Grundes, wie im Rahmen von § 113 BetrVG diskutiert, aber schlussendlich nicht geregelt. Dieses erschien aus sozialen und rechtssystematischen Gründen nicht vertretbar und ist insbesondere hinsichtlich der normativen Wirkung auch verständlich.[419] Daraus könnte man andererseits auch folgern, dass die Bindung des Unternehmers durch den Sozialplan als ausreichend betrachtet wurde. Im Umkehrschluss könnte damit vermittelt worden sein, dass dem Interessenausgleich eine solche, ausreichende Bindung kraft seiner Rechtsnatur nicht zugetraut wurde und dieser deshalb den Nachteilsausgleich aus § 113 BetrVG zur Durchsetzung benötigt. Allerdings gilt es zu dabei beachten, dass Sozialplan und Interessenausgleich in ihrer Wirkung nicht vergleichbar sind. Der Sozialplan wirkt normativ und der Interessenausgleich, sofern man eine Bindung überhaupt bejaht, lediglich schuldrechtlich. Normative und schuldrechtliche Wirkung haben dabei unterschiedliche Legitimationsgründe und Zweckerfüllungen. Man würde also Schlussfolgerungen aus einem Vergleich zweier vollkommen unterschiedlicher Regelungsmodelle treffen. Davon abgesehen ist fraglich, ob sich für diese These überhaupt hinreichend Grundlagen in den Materialien finden lassen oder ob man hier nicht die Grenze der bloßen Hineindeutung eines nicht vorhandenen Willens überschritten hat. Teilweise wird auch das Nicht-Tätigwerden des Gesetzgebers in der Reform des Betriebsverfassungsgesetzes von 2001 als ein Indiz gewertet, dass der Gesetzgeber die Entscheidung der wohl herrschenden Meinung zumindest nicht widerlegen wollte.[420] Eine solche Interpretation des Unterlassens des Gesetzgebers ist allerdings fragwürdig, da im Rahmen der historischen Auslegung nur klare und in der Regel ausdrückliche Äußerungen in den Materialien beachtet werden können.[421] Fehlt es an einer Klarstellung im Gesetz und auch an einem kleinsten Hinweis in den Materialien, handelt es sich hierbei letztlich um reine

416 BT-Drucksache zu VI/2729, S. 8.
417 Siehe oben S. 52.
418 BT-Drucksache zu VI/2729, S. 8f.
419 BT-Drucksache zu VI/2729, S. 8.
420 Grünewald, Interessenausgleich und Sozialplan, S. 100f.
421 Kramer, Methodenlehre, S. 138.

Spekulationen hinsichtlich des Willens des Gesetzgebers. Zudem gilt es zu berücksichtigen, dass der Gesetzgeber sich allgemein schwer tut, Streitpunkte im kollektiven Arbeitsrecht gesetzlich ausdrücklich zu klären. Freilich gilt das Gleiche für die, die aus der Unsicherheit des Gesetzgebers eine normative Wirkung des Interessenausgleichs ableiten wollen.[422]

Letztendlich sind die Gesetzesmaterialien nicht so ergiebig, dass sie eindeutige Schlüsse auf die Beantwortung der Frage der Rechtsnatur zulassen. Es finden sich zwar relevante Änderungen in Hinblick auf das Betriebsverfassungsgesetz von 1952, aber die schon vorher strittige Frage der Rechtsnatur des Interessenausgleichs wurde hierbei ausgelassen und nicht geklärt. Allerdings wird insbesondere im Hinblick auf die Unterscheidung der Mitbestimmungsarten in den Materialien deutlich, dass es sich beim Interessenausgleich nicht um eine Betriebsvereinbarung handeln kann.

D. Folgerungen aus Sinn und Zweck des Interessenausgleichs

I. Darstellung von Sinn und Zweck des Interessenausgleichs

Der Interessenausgleich verfolgt den Zweck, eine vom Arbeitgeber angestrebte Betriebsänderung derart zu gestalten, dass sie ohne unverhältnismäßige Nachteile für die Arbeitnehmer durchgeführt werden kann.[423] Die Berücksichtigung der Interessen der Arbeitnehmer bei der Planung der Betriebsänderung ist damit wesentlicher Schutzzweck des Interessenausgleichs.[424] Das Bundesarbeitsgericht stellt den Betriebsrat etwas eindringlicher in den Vordergrund und sieht dementsprechend den Zweck des Interessenausgleichs darin, dem Betriebsrat die Möglichkeit zu gewähren, auf die Entscheidung des Unternehmers im Interesse der von ihm vertretenen Arbeitnehmer einzuwirken.[425] Dieses soll gerade vor deren Endgültigkeit geschehen, damit der Unternehmer nicht schlicht vollendete Tatsachen schaffen kann. In den Gesetzesmaterialien findet sich zudem der allgemeine Hinweis, dass die Mitwirkungsrechte des Betriebsrats in sozialen, personellen und wirtschaftlichen Angelegenheiten verstärkt sowie ausgebaut werden sollen und die Regelung in § 112 BetrVG vor allem dem Schutz und der Beteiligung der Arbeitnehmer dienen soll.[426] Insofern ist der Hauptzweck des Interessenausgleichs in dem Schutz der Interessen der Arbeitnehmer zu sehen. Ein Interessenausgleich kann im allgemeinen Verständnis allerdings nicht nur dem Interesse einer Partei dienen, sondern Sinn und Zweck eines Interessenausgleichs muss

422 So aber Ohl, Sozialplan, S. 65f.
423 ErfK/*Kania*, §§ 112, 112a, Rn. 1; Richardi/*Annuß*, § 112, Rn. 51.
424 GK/*Oetker*, §§ 112, 112a, Rn. 79.
425 BAG 7.9.1985 AP BetrVG 1972 § 113 Nr. 13, unter I. 3. der Gründe.
426 BT-Drucksache IV/2729, S. 1.

vom Wortverständnis her immer der Ausgleich zweier schützenswerter Interessen sein. Ansonsten wäre kein Ausgleich erforderlich. Mithin kommt hier das dem gesamten Betriebsverfassungsgesetz zugrundeliegende Prinzip der Zusammenarbeit von Arbeitgeber und Betriebsrat zum Wohle des Betriebs zum Ausdruck.[427] Aus dieser Zusammenarbeit soll sich ein verhältnismäßiger Ausgleich des (berechtigten) Veränderungsinteresses des Arbeitgebers und dem Bestandsinteresse der Arbeitnehmer ergeben.[428] Damit dieses gelingt, müssen auch die Beteiligungsinteressen des Betriebsrats entsprechend ausreichend berücksichtigt werden.

II. Mögliche Folgerungen für die Frage der Rechtsnatur

1. Der Schutz der Arbeitnehmer als Primärziel

Das Landesarbeitsgericht Düsseldorf legt den Zweck des Interessenausgleichs dahingehend aus, dass dieser vorrangig der Berücksichtigung der Interessen der Arbeitnehmer diene und sich letztere insbesondere als Erhaltung des Status quo darstellen würden.[429] Die Beteiligung des Betriebsrats sei aber kein reiner Selbstzweck, sondern der Schutz des einzelnen Arbeitnehmers müsse eindeutig im Vordergrund stehen. Dementsprechend sei auch die einzige Rechtsfolge des Interessenausgleichs in § 113 I BetrVG zu finden und dieser nur zugunsten des Arbeitnehmers geregelt, ohne dass der Betriebsrat einen Anspruch aus dem Interessenausgleich erhalte.[430] Mithin ergibt sich danach aus dem Vorrang des Schutzes der Arbeitnehmerinteressen die fehlende kollektive Durchsetzbarkeit des Interessenausgleichs. Dem wird in der Literatur teilweise gefolgt und klargestellt, dass der Schutzzweck nicht in der indirekten Beteiligung des Betriebsrats an unternehmerischen Entscheidungen liege. Deshalb setze eine Durchsetzbarkeit von Ansprüchen aus dem Nachteilsausgleich gem. § 113 BetrVG zwingend auch einen wirtschaftlichen Nachteil beim Anspruchssteller voraus und ansonsten bestünden keine Ansprüche des Betriebsrats aus dem Interessenausgleich.[431] Letzteres sei im Hinblick auf den Schutzzweck der Regelung des Interessenausgleichs auch nicht erforderlich, da allein durch den Versuch eines Interessenausgleichs ausreichend Gelegenheit für den Betriebsrat bestünde, die Interessen der Arbeitnehmer einzubringen. Der Betriebsrat sei hier lediglich als „Sachwalter" aktiv und daher habe er auch keine eigenen Ansprüche.[432] Fraglich erscheint allerdings, ob der Stellenwert des Interessenausgleichs derart zu reduzieren ist und lediglich der Versuch der Einigung die Intention des Gesetzgebers schon komplett erfüllt. Das wäre wohl dann der Fall,

---

427 Ausführlich: Richardi/*Maschmann*, § 74, Rn. 1ff.
428 D/K/K/W/*Däubler*, §§ 112, 112a, Rn. 3; Löwisch, RdA 1989, 216 (216).
429 LAG Düsseldorf LAGE Nr. 41 zu § 112 BetrVG 1972 unter 3. der Gründe.
430 LAG Düsseldorf LAGE Nr. 41 zu § 112 BetrVG 1972 unter 3. der Gründe.
431 Willemsen/Hohenstatt, NZA 1997, 345 (350).
432 Richardi/*Annuß*, § 112, Rn. 43.

wenn das Interessenausgleichsverfahren nur dazu diente, dass der Betriebsrat dem Unternehmer die Interessen der Belegschaft vor Augen hält. Diese Interessen werden freilich in den Standardfällen einer Betriebsänderung offenkundig sein[433] und damit dem Unternehmer auch bereits bekannt sein. Ziel der gesetzlichen Regelung muss deshalb die Einigung und nicht nur der Versuch einer Einigung sein. Gerade wenn man den Betriebsrat als Sachwalter der Interessen der Arbeitnehmer einordnet und den Schutzzweck des Interessenausgleichs in der Berücksichtigung dieser Interessen sieht, fällt es schwer, hierin ein Argument gegen einen verbindlichen Anspruch des Betriebsrats zu sehen. Dieser wäre nämlich in jedem Fall der Interessen der Arbeitnehmer förderlich. Zwar hat der Gesetzgeber zur Verfolgung dieser Zwecke in § 111 BetrVG bereits Anhörungs- und Beratungsrechte des Betriebsrats statuiert. Die Regelung des Interessenausgleichs in § 112 BetrVG zeigt aber insoweit, dass der Gesetzgeber hier ein „mehr" an Beteiligung schaffen wollte, welches über die sonstigen, sowieso bestehenden Rechte aus § 111 BetrVG hinausgeht. Die Beteiligung des Betriebsrats und die Sicherung dieser Beteiligung durch eigene Rechte des Betriebsrats aus dem Interessenausgleich gegen den Unternehmer ist somit keinesfalls reiner Selbstzweck, sondern gerade Ausfluss des gewährten Schutzes der Arbeitnehmer. Dieser entspringt dem System der Betriebsverfassung, wonach der Betriebsrat die Belegschaft repräsentiert. Daraus folgt auch, dass nicht pauschal der Eintritt eines wirtschaftlichen Nachteils notwendig ist, damit die Interessen der Arbeitnehmer schützenswert sind. Aus dem Sinn und Zweck des Interessenausgleichs und dem Prinzip der vertrauensvollen Zusammenarbeit ergibt sich vielmehr, dass durch eine erfolgreiche Kooperation im Interessenausgleichsverfahren schon der Eintritt solcher wirtschaftlicher Nachteile nach Möglichkeit verhindert werden soll.

2. *Die Vereinbarkeit des Schutzzwecks mit der Annahme einer Naturalobligation*

Teilweise wird die Ansicht vertreten, dass die Annahme einer Naturalobligation mit dem Schutzzweck des Interessenausgleichs nicht vereinbar sei, weil die Unverbindlichkeit einer Einigung über die Betriebsänderung dem Ziel des Gesetzes widerspräche, die Betriebsänderung möglichst verträglich für die Arbeitnehmer zu gestalten.[434] Dem ist eine gewisse Überzeugungskraft durchaus anzuerkennen, da man sonst schnell in Erklärungsnot kommt, wieso der Interessenausgleich eine unvollkommene Verbindlichkeit darstellen solle, wenn doch der Gesetzgeber durch das Interessenausgleichsverfahren gerade die Berücksichtigung der Interessen der Arbeitnehmer sicherstellen wollte. Es ist *Oetker* also durchaus darin zuzustimmen, dass Ziel und Zweck des Interessenausgleichsverfahrens für eine gewisse Verbindlichkeit spricht.

---

433 Es geht eben um das Bestandsinteresse, das Festhalten am Status Quo.
434 GK/*Oetker*, §§ 112, 112a, Rn. 79.

Auch der Vergleich zu dem historischen Ausgangspunkt der unvollkommenen Verbindlichkeiten im römischen Recht zeigt wenig Gemeinsamkeiten.[435] So ist die Rechtsfähigkeit des Betriebsrats im Rahmen der ihm gesetzlich zustehenden Aufgaben anerkannt[436] und folglich bedarf es keines Rückgriffs auf Rechtsinstitute, die für nicht rechtsfähige Personen erdacht wurden. *Schulze* konstatiert zudem zu Recht, dass nicht erzwingbare Leistungen als Instrument zum Austausch von Leistungen in den meisten Fällen ungeeignet sind. Es ergeben sich hier schnell Probleme bei der Rückabwicklung im Falle von Leistungsstörungen und zudem muss eine Partei in riskante Vorleistungen gehen.[437] Insofern verträgt sich die Einordnung des Interessenausgleichs als unvollkommene Verbindlichkeit auch nicht mit dem Zweck, einen belastbaren Ausgleich der Interessen zwischen Arbeitgeber und Belegschaft hinsichtlich der Betriebsänderung zu erreichen.

Zwanziger verweist ergänzend noch auf den Umstand, dass die Ablehnung einer Bindungswirkung letztlich auf den aus dem öffentlichen Recht bekannten Grundsatz des „dulden und liquidieren"[438] hinausliefe, welcher aber mit dem Zweck des Betriebsverfassungsgesetzes nicht zu vereinbaren sei.[439] Veranschaulicht man sich diesen Grundsatz am vorliegenden Beispiel, müsste der Betriebsrat die Abweichung des Unternehmers vom Interessenausgleich hinnehmen („dulden") und die „Liquidierung" obläge dem einzelnen, wirtschaftlich nachteilig betroffenen Arbeitnehmer durch den Nachteilsausgleich gem. § 113 BetrVG. Die direkte Übertragung erscheint hier fehlerhaft, weil keine Identität zwischen Duldendem und Liquidierendem gegeben ist. Auch findet dieser ursprünglich aus der Staatshaftung kommende Grundsatz wenige Vergleichspunkte zu der Situation beim Interessenausgleichsverfahren. Aber es bleibt die Frage, warum nicht der Betriebsrat eine eigene Möglichkeit haben solle, gegen den gegenüber ihm wortbrechenden Unternehmer vorzugehen. Das gilt insbesondere, wenn die einzelnen, betroffenen Arbeitnehmer kein Interesse an der Einhaltung am Interessenausgleich haben, weil die kollektive Regelung für sie individuelle Nachteile birgt. Auch für den Fall von Schutzlücken, in denen eine Abweichung vom Interessenausgleich keinen Nachteilsausgleichsanspruch mit sich bringt, könnte ein Anspruch des Betriebsrats wünschenswert sein.

---

435 Siehe dazu oben S. 52.

436 ErfK/*Koch*, § 1 BetrVG, Rn. 18 m. w. N.

437 Schulze, JuS 2011, 193 (194ff.).

438 Grundlegend dazu der „Nassauskiesungsbeschluss" des Bundesverfassungsgerichts, BVerfGE 58, 300ff.

439 Zwanziger, BB 1998, 477 (479).

3. Die Möglichkeit der Erweiterung der Gestaltungsmöglichkeiten für die Betriebsparteien

Bei Betrachtung des Ziels des Interessenausgleichsverfahrens könnte man der Idee verfallen, dass ein beidseitiges Interesse an einer verbindlichen Vereinbarung bestehe.[440] Eine verbindliche Vereinbarung ermöglicht dem Betriebsrat ein weitergehendes Entgegenkommen in anderen mitbestimmungsrechtlichen Fragen und ist daher auch im Interesse des Unternehmers. Verbindlichkeit schafft auch Vertrauen. Insofern kann die Möglichkeit einer verbindlichen Vereinbarung als Erweiterung der Gestaltungsmöglichkeiten der Betriebsparteien angesehen werden. So können insbesondere für den Betriebsrat auch Anreize bestehen, auf eine Blockadepolitik unter Ausnutzen des Interessenausgleichsverfahrens zu verzichten.[441] Den Nutzen des Arbeitgebers an einer „vertrauensvollen Einbindung" des Betriebsrats durch den Interessenausgleich kann man auch in dem möglicherweise bestehenden Kostenvorteil eines intelligenten Interessenausgleichs im Vergleich zu einem widerstreitenden Sozialplan sehen.[442] Auch die Möglichkeit, durch die Zusammenarbeit mit einem, am erfolgreichen Fortbestehen des Unternehmens ja grundsätzlich sehr interessierten, Betriebsrat, die Akzeptanz der Betriebsänderung in der Belegschaft zu fördern, ist hier zu berücksichtigen.[443] In diesem Zusammenhang geht allerdings ein Verweis auf den Grundsatz der gegenseitigen Gebundenheit im Sinne eines „do ut des" fehl[444], weil dieser Grundsatz zuvor die Feststellung eines entsprechenden Rechtbindungswillen notwendig macht.

4. Stellungnahme

Die nähere Betrachtung von Sinn und Zweck des Interessenausgleichs zeigt, dass eine Einordnung des Interessenausgleichs als Naturalobligation mit dessen Zweck nicht wirklich harmoniert. Die Annahme einer fehlenden Bindung des Unternehmers führt zu einer Entwertung des Interessenausgleichs[445] und damit zwangsläufig auch zu einer Entwertung der schützenswerten Interessen der Belegschaft bei Betriebsänderungen. Das erscheint gerade im Hinblick auf das Potenzial einer verbindlichen Einigung im Interesse der Betriebserhaltung auch nicht als der wünschenswerteste Weg. Die insofern bestehenden Anreize, Vorteile und Gestaltungsmöglichkeiten sprechen daher für die Möglichkeit, dem Interessenausgleich kraft Parteivereinbarung Verbindlichkeit zu verleihen. Hierfür lässt sich des Weiteren

---

440 So Krol, Bindungswirkung des Interessenausgleichs, S. 75; Schwegler, Interessenausgleich, S. 65; Siemes, ZfA 1998, 183 (195); Zwanziger, BB 1998, 477 (479).
441 Krol, Bindungswirkung des Interessenausgleich, S. 80f.; Siemes, ZfA 1998, 183 (195).
442 Überzeugend insoweit: Fitting, §§ 112, 112a, Rn. 15.
443 Fitting, §§ 112, 112a, Rn. 15.
444 So aber Krol, Bindungswirkung des Interessenausgleich, S. 80f.; Siemes, ZfA 1998, 183 (195).
445 Siehe auch Krol, Bindungswirkung des Interessenausgleich, S. 80f.

auch das, dem gesamten Betriebsverfassungsgesetz zugrundeliegende, Prinzip der vertrauenswollen Zusammenarbeit als Argument anführen. Denn die Annahme, der Betriebsrat hätte eine Abweichung des Unternehmers vom Interessenausgleich ohne Reaktionsmöglichkeit hinzunehmen, ist eine Einladung, das in der Einigung aufgebaute Vertrauen ohne Not zu zerstören.[446] Zusammenfassend spricht also einiges gegen die Annahme einer Naturalobligation. Allerdings steht dieses Ergebnis noch unter dem Vorbehalt, dass die grundrechtlich geschützte Unternehmerfreiheit nicht die Einordnung als Naturalobligation erzwingt.

E. Verfassungsrechtliche Aspekte

Das bereits dargestellte Meinungsbild zur Frage der Rechtsnatur des Interessenausgleichs zeigt, dass für die Vertreter der herrschenden Ansicht, die den Interessenausgleich als Kollektivvertrag besonderer Art ohne Bindungswirkung für den Unternehmer einstufen, die Wahrung eines angemessenen und ausreichenden Bereichs zur Entfaltung der unternehmerischen Freiheiten, ein wesentlicher und entscheidender Punkt ist.[447] Mithin stellt die verfassungsrechtliche Bewertung der „Unternehmerfreiheit" das Kernargument bei der vorliegenden Auslegungsfrage dar. Dabei muss zwingend zwischen den folgenden beiden Fragen differenziert werden: Ob erstens eine Auslegungsvariante gegen verfassungsrechtliche Vorgaben im Zusammenhang mit den unternehmerischen Freiheiten im Grundgesetz verstößt oder ob zweitens die verfassungsrechtliche Werteordnung in einer Auslegungsvariante optimaler zur Geltung kommt und diese deshalb vorzugswürdiger erscheint. Bei letzterem gilt es zu beachten, dass der Gesetzgeber auch eine Lösung wählen darf, die gerade noch den Anforderungen der Verfassung genügt und mithin nicht zwingend die optimale Geltung derselben verfolgen muss.[448]

I. Verfassungskonforme Auslegung der §§ 111ff. BetrVG

Zunächst soll deshalb die verfassungskonforme Auslegung behandelt werden, bei der die Aufgabenstellung darin liegt, zu untersuchen, ob eine der bestehenden Auslegungsvarianten zu einem verfassungswidrigen Ergebnis führt und deshalb eine andere Variante, die nicht verfassungswidrig ist, als Auslegungsergebnis determiniert ist.

---

446 Ähnlich: Schwegler, Interessenausgleich, S. 65.
447 Siehe z. B. Löwisch, RdA 1989, 216 (217); Richardi/*Annuß*, § 112, Rn. 45; Willemsen/Hohenstatt, NZA 1997, 345 (351f.); W/P/K/*Preis/Bender*, §§ 112, 112, Rn. 16.
448 Canaris, FS Kramer, 141 (154).

1. Überblick über das Meinungsbild

a) Grundrechte und Betriebsverfassung

Grundsätzlich wird die Regelung des Betriebsverfassungsgesetzes in seiner Gesamtheit von der arbeitsrechtlichen Literatur als verfassungskonform eingestuft.[449] Eine allgemeine Kontrolle durch das Bundesverfassungsgericht ist bisher allerdings noch nicht erfolgt. Ist einerseits die grundsätzliche Vereinbarkeit des Betriebsverfassungsgesetzes mit dem Grundgesetz insgesamt nicht mehr in Frage zu stellen, gilt dieses andererseits nicht für eine bestimmte, gerichtliche oder wissenschaftliche Interpretation des Gesetzes bzw. bzgl. der Interpretation einzelner Mitbestimmungs- oder Beteiligungstatbestände.[450]

b) Beeinträchtigung der Unternehmerfreiheit durch das Interessenausgleichsverfahren

In der Literatur wird teilweise bereits bezweifelt, dass die grundrechtlichen Freiheiten des Unternehmers überhaupt berührt sind. Diese seien aufgrund der Freiwilligkeit bzw. der fehlenden Erzwingbarkeit des Interessenausgleichs gar nicht beeinträchtigt.[451] Die „Unternehmerfreiheit" könne aufgrund des freiwilligen Abschlusses des Interessenausgleichs durch den Unternehmer nicht tangiert sein, sondern das Verfahren stelle vielmehr gerade ein Beispiel für die Freiheitsausübung der Unternehmer dar.[452] Zudem werde durch die Regelung des § 113 I BetrVG, die u. a. auch eine Abweichung aus wichtigem Grund ermöglicht, ein ausreichender Schutz vor unliebsamem Zwang für die Unternehmer geboten.[453] Die Gegenansicht sieht dagegen die Unternehmerfreiheit sehr wohl tangiert, zumal auch eine faktische Zwangslage, z. B. durch eine Verzögerungstaktik des Betriebsrats, drohen würde, sofern man von einer Bindungswirkung des Interessenausgleichs ausgehe.[454] Freilich wird auch dem Argument des faktischen Zwangs auf der anderen Seite wiederum widersprochen: Ein faktischer Zwang für Unternehmer bestehe gerade nicht, da es aufgrund der konkreten Ausgestaltung des Verfahrens zu keiner Zwangssituation für den Unternehmer kommen könne.[455] Und selbst wenn man von einer solchen ausgehen wolle, so würde diese auch bestehen, wenn mit

---

449 Siehe nur GK/*Wiese*, Einl., Rn. 54ff.; Richardi/*Richardi*, Einl. Rn. 53ff.

450 GK/*Wiese*, Einl., Rn. 54; Scholz, NJW 1986, 1587 (1588).

451 LAG München AuR 1998, 89 (90), unter II. 3. (3) der Gründe; Düwell/*Steffan*, §§ 112, 112a, Rn. 13; Kaba, Probleme des Interessenausgleich, S. 74; Krol, Bindungswirkung des Interessenausgleich, S. 82f.; Meyer, BB 2001, 882 (883); Schwegler, Interessenausgleich, S. 60; W/H/H/S/*Schweibert*, Kap. C, Rn. 209 spricht von einer „Entmündigung der Betriebspartner".

452 W/H/H/S/*Schweibert*, Kap. C, Rn. 209.

453 Siemes, ZfA 1998, 183 (194).

454 Ehmann, FS Kissel, S. 188f.

455 Siemes, ZfA 1998, 183 (194).

der Gegenmeinung eine Abweichung vom Interessenausgleich für den Unternehmer möglich wäre. Schließlich würde auch dann die Sanktionsregelung des § 113 BetrVG eingreifen, wenn der Unternehmer bei einer Verzögerungstaktik des Betriebsrats die Betriebsänderung vorzeitig vornehmen würde.[456] Deswegen handele es sich um ein Szenario, dass bei allen normalen wirtschaftlichen Vertragsverhandlungen bestehe und keinen über das normale Maß im wirtschaftlichen Leben hinausgehenden Zwang begründe.[457]

c) *Rechtfertigung des Eingriffs*

Mehrheitlich wird die Debatte jedoch primär darum geführt, ob und wie die Beeinträchtigungen der unternehmerischen Freiheiten durch das Interessenausgleichsverfahren zu rechtfertigen sind. Die überwiegende Ansicht vertritt dabei die Meinung, dass die „Unternehmerfreiheit" eine für die Unternehmerseite unverbindliche Auslegung des Interessenausgleichs gebiete, da die Annahme einer Bindungswirkung in einem nicht zu rechtfertigenden Maß gegen die unternehmerischen Freiheiten des Grundgesetzes verstoße.[458] Der Kernbereich der Unternehmerfreiheit sei verletzt, weil der Unternehmer zu Maßnahmen gezwungen werden könnte, die er nicht für richtig oder nicht mehr vertretbar hält.[459] Gegen die Verhältnismäßigkeit spreche des Weiteren auch, dass alle wirtschaftlichen Folgen der Unternehmung den Unternehmer allein treffen würden und dieser in der Konsequenz völlig ungestört in seinen Entscheidungen sein müsse.[460] Der Unternehmer müsse sich zudem über die Regelungen des Interessenausgleichs zumindest dann hinwegsetzen können, wenn er die entsprechende Nachteilsausgleichszahlung im Sinne von § 113 BetrVG vornimmt.[461] Auch wird der Einwand wiederholt, dass es ein notwendiger Bestandteil der Freiheit des Unternehmers sei, sich von einem geschlossenen Interessenausgleich wieder lösen oder diesen abändern zu können.[462] Der freiwillige Abschluss des Interessenausgleichs könne daher kein überzeugendes Argument sein. *Willemsen/Hohenstatt* ergänzen insoweit, dass sie diese Gefahr nicht durch den § 113 I 1 BetrVG gebannt sehen. Sie zweifeln an der entsprechenden Leistungsfähigkeit der Arbeitsgerichtsbarkeit, deren Aufgabe in

---

456 Krol, Bindungswirkung des Interessenausgleichs, S. 89.

457 W/H/H/S/*Schweibert*, Kap. C, Rn. 209; Zwanziger, BB 199, 477 (479).

458 Ehmann, FS Kissel, S. 178; Foldenauer, Interessenausgleich, S. 198f.; Grünewald, Interessenausgleich und Sozialplan, S. 101ff.; Löwisch/Kaiser, § 112, Rn. 9; Richardi/*Annuß*, § 112, Rn. 45 (zumindest für den „Organisationsbereich"); Schaub, FS Däubler, S. 348; Willemsen/Hohenstatt, NZA 1997, 345 (350f.). W/P/K/*Preis/Bender*, §§ 112, 112a, Rn. 16.

459 Grünewald, Interessenausgleich und Sozialplan, S. 102.

460 Grünewald, Interessenausgleich und Sozialplan, S. 101ff.; Schaub, FS Däubler, S. 348.

461 Foldenauer, Interessenausgleich, S. 199.

462 Grünewald, Interessenausgleich und Sozialplan, S. 102f.; Willemsen/Hohenstatt, NZA 1997, 345 (350).

diesem Zusammenhang die Bewertung der Frage sei, ob ein dringender Grund im Sinne der Regelung vorliege oder nicht.[463] Wenn man einen Erfüllungsanspruch aus dem Interessenausgleich ablehne, würde im Rahmen von § 113 BetrVG auch nicht in die unternehmerische Entscheidung eingegriffen werden, sondern letztere würde unbehelligt nach unternehmerischem Ermessen vorgenommen werden können. Lediglich im Nachhinein würde diese auf eine betriebsverfassungswidrige Abweichung vom Interessenausgleich untersucht und gegebenenfalls sanktioniert werden.[464] Außerdem wird darauf hingewiesen, dass der Gesetzgeber die Beteiligung an dem Interessenausgleich im Hinblick auf die „Unternehmerfreiheit" so gestaltet habe, dass sie gerade nicht der erzwingbaren Mitbestimmung unterliege.[465] Diese Grundentscheidung bestätige, dass der Betriebsrat keine Eingriffsmöglichkeiten bei unternehmerischen Entscheidungen in wirtschaftlichen Angelegenheiten haben solle.[466] Teilweise wird hier zwischen Regelungen über Folgen und Organisation im Interessenausgleich differenziert. Der Einfluss des Betriebsrats auf das „Ob" und „Wie" der Betriebsänderung stelle immer einen Verstoß gegen die Unternehmerfreiheit da. Deshalb seien „qualifizierte Interessenausgleiche" mit (normativer) Bindung im Organisationsbereich nicht möglich.[467]

Andererseits wird dem aber auch widersprochen, da die Möglichkeit der Abweichung vom Interessenausgleichsverfahren dem Unternehmer auch bei einer grundsätzlichen Bindung weiter offen stehe. Dafür müsse nur entweder ein zwingender Grund im Sinne des § 113 I BetrVG vorliegen[468] oder die dem Interessenausgleich zugrundeliegenden Umstände müssten sich grundlegend verändert haben.[469] Danach wird der Abschluss eines Interessenausgleichs wiederum als Ausfluss der Unternehmerfreiheit eingeordnet und nicht als eine Beschränkung derselben.[470] Wie jede andere eingegangene vertragliche Verpflichtung im Wirtschaftsleben mehre auch der Interessenausgleich das wirtschaftliche Risiko des Unternehmers lediglich entsprechend dem wirtschaftlichen Potenzial der Abrede.[471] Auch das Argument der Erweiterung der Gestaltungsmöglichkeiten der Betriebspartner findet sich in diesem Zusammenhang wieder. Denn nur bei einer beidseitigen Bindung an den Interessenausgleich seien auch wirkliche Zugeständnisse des Betriebsrats denkbar und die Verbindlichkeit des Interessenausgleichs folglich im beidseitigen Interesse der Betriebsparteien.[472]

---

463 Willemsen/Hohenstatt, NZA 1997, 345 (351). A. A.: Zwanziger, BB 1998, 477 (479).
464 Willemsen/Hohenstatt, NZA 1997, 345 (351).
465 Schaub, FS Däubler, S. 348.
466 Grünewald, Interessenausgleich und Sozialplan, S. 102. Allgemein zu diesem Punkt auch: GK/*Oetker*, Vor § 106, Rn. 8ff..; Richardi/*Richardi*, Einl., Rn. 53.
467 Richardi/*Annuß*, § 112, Rn. 45.
468 Krol, Bindungswirkung des Interessenausgleichs, S. 88ff.
469 Siemes, ZfA 1998, 183 (194).
470 Kaba, Probleme des Interessenausgleichs, S. 74; Siemes, ZfA 1998, 183 (194).
471 Kaba, Probleme des Interessenausgleichs, S. 75.
472 Zwanziger, BB 1998, 477 (479).

d) Zusammenfassung

Nach der überwiegenden Ansicht würde ein Interessenausgleich mit bindender Rechtsnatur unverhältnismäßig in die grundrechtlich gewährten unternehmerischen Freiheiten eingreifen. Eine Rechtfertigung des Eingriffs in die grundrechtlich geschützte Unternehmerfreiheit wird insoweit abgelehnt. Die dabei von beiden Seiten vorgebrachten Argumente drehen sich zum einen um den verfassungsrechtlichen Gewährleistungsgehalt der Unternehmerfreiheit an sich und zum anderen um die Ausgestaltung des Interessenausgleichsverfahrens im Betriebsverfassungsgesetz.

2. Die unternehmerischen Freiheiten in der Verfassung

Wie gesehen, wird in der rechtswissenschaftlichen Diskussion zumeist pauschal auf die „Unternehmerfreiheit" als scheinbar eigenständig definierte, grundrechtliche Freiheit abgestellt, ohne dass dabei genauer auf die grundrechtliche Verortung, geschweige denn detailliert, auf deren Gewährleistungsinhalt eingegangen wird.[473] Die Unternehmerfreiheit wird dabei meist nur allgemein und knapp als angemessener Spielraum zur Entfaltung der Unternehmerinitiative definiert.[474] Gerade im Hinblick auf das Gewicht dieses Arguments in der Debatte um den Interessenausgleich überrascht dieser Befund. Der Blick in das Grundgesetz zeigt nämlich, dass die „Unternehmerfreiheit" dort nicht als explizites Grundrecht zu finden ist und sie auch in der Wortwahl des Grundgesetzes nicht ausdrücklich vorkommt.[475] Eine Ursache hierfür könnte in der sozial- und wirtschaftspolitischen Neutralität des Grundgesetzes liegen[476]: Das Grundgesetz enthält gerade keine unmittelbare Festlegung einer bestimmten Wirtschaftsordnung, sondern ist diesbezüglich offen für eine Gestaltung durch den Gesetzgeber. Dieser soll auf verschiedene gesellschaftliche und wirtschaftliche Entwicklungen reagieren können.[477] Dementsprechend macht das Grundgesetz dem Gesetzgeber auch keine oder zumindest nur wenige Vorgaben hinsichtlich der konkreten Ausgestaltung der Rechte der Wirtschaftsteilnehmer. Dass es an einer ausdrücklichen Regelung fehlt, muss aber andersherum nicht heißen, dass sich in den Grundrechten keine Anhaltspunkte finden lassen, um die unternehmerischen Freiheiten bzw. die dahinterstehenden grundrechtlichen Freiheitsgedanken näher zu bestimmen. Insofern besteht wohl auch keine Notwendigkeit für eine explizite Regelung der Unternehmerfreiheit im

---

473 Siehe z. B. Schaub, FS Däubler, S. 348 („wirtschaftliche Entscheidungsfreiheit"); Völksen, RdA 2010, 354 (355) der als Begründung die Trennungsschwierigkeiten zwischen den Schutzbereichen der einschlägigen Grundrechte anführt.

474 Ausgehend von BVerfGE 50, 290 (350), in der Lit. statt vieler Richardi/*Richardi*, Einl. Rn. 55.

475 Badura, Paritätische Mitbestimmung, S. 36.

476 Dazu: BVerfGE 4, 7 (17f.); Dieterich, AuR 2007, 65 (66).

477 Badura, Paritätische Mitbestimmung, S. 34.

Grundgesetz. Aber mangels expliziter Gewährleistung der „Unternehmerfreiheit“ an sich, müssen die einzelnen Grundrechte auf den Beitrag untersucht werden, den sie zum Schutz der unternehmerischen Freiheiten in der Gesamtheit leisten können.[478] Es fragt sich letztendlich, ob die unternehmerischen Freiheiten lediglich ein Sammelbecken verschiedener grundrechtlich gewährleisteter Teilaspekte darstellen oder ob darüber hinaus von einem Prinzip der „Unternehmerfreiheit“ an sich gesprochen werden kann. Im Anschluss wäre zu untersuchen, inwiefern sich hieraus Vorgaben im Sinne einer bei der Auslegung zu berücksichtigenden verfassungsrechtlichen Werteordnung finden lassen.

a) Kein unantastbarer Kernbereich der Unternehmerfreiheit

In der Literatur wird vereinzelt von einem relativ gefestigten Prinzip der Unternehmerfreiheit ausgegangen, welches sich zwar aus verschiedenen Grundrechten zusammensetze, aber eine solche Einheit bilde, dass es möglich sei, einen unantastbaren Kernbereich der Unternehmerfreiheit zu definieren.[479] Eine Verletzung dieses Kernbereichs sei nicht zu tolerieren. Hierunter fielen alle eigentlichen unternehmerischen Entscheidungen ohne arbeitsrechtlichen Bezug bzw. alle diejenigen Entscheidungen, die der eigenverantwortlichen Umsetzung gütermarktwirtschaftlicher Vorgaben dienen.[480] Ohne konkreten arbeitsrechtlichen Bezug fände eine Mitbestimmung nicht statt. Es handele sich in der Folge um den „Kernbereich der Unternehmerfreiheit“.[481] Jede Einwirkung der Arbeitnehmerseite in diesem Bereich wird als verfassungswidrig angesehen. Diese Schlussfolgerung lässt sich der, der Argumentation zugrunde gelegten, Rechtsprechung des Bundesverfassungsgerichts so jedoch nicht entnehmen.[482] Zwar spricht das Bundesverfassungsgericht von einem „unantastbaren angemessen Spielraum“, der der wirtschaftlichen Handlungsfreiheit und Unternehmerinitiative gem. Art. 2 I GG grundsätzlich verbleiben müsse, schränkt dieses aber auch dahingehend ein, dass dieser nur in den Schranken der verfassungsmäßigen Ordnung gegeben sei.[483] Damit stellt es die Möglichkeit der Einschränkung durch die verfassungsrechtlich vorgesehenen Schranken klar. Zudem hat sich das Bundesverfassungsgericht in neueren Entscheidungen, insbesondere im Rahmen von Art. 9 GG, zunehmend von

---

478 So auch Badura, Paritätische Mitbestimmung, S. 36; Müller, Berufsfreiheit des Arbeitgebers, S. 21f.

479 Maßgeblich: Beuthien, ZfA 1988, 1 (2), aber wohl auch Grünewald, Interessenausgleich und Sozialplan, S. 101f.

480 Beuthien, ZfA 1988, 1 (8ff.).

481 Der dann mit der Arbeitsfreiheit der Arbeitnehmer und der Mitbestimmung in einen Interessenausgleich gebracht werden muss, siehe Beuthien, ZfA 1988, 1 (17).

482 So auch Müller, Berufsfreiheit des Arbeitgebers, S. 214; ErfK/*Schmidt*, Art. 12 GG, Rn. 41: „an der zitierten Stelle […] wird lediglich die Eingriffsintensität des MitbestG referiert, um die Entscheidungserheblichkeit zu klären.“

483 BVerfGE 25, 371 (407); BVerfGE 50, 290 (366).

einem strengen „Kernbereichsdenken" verabschiedet.[484] Es geht nicht von einer Kernbereichsgarantie im Sinne einer schrankenlosen Gewährleistung aus.[485]

Auch soweit die Ausübung der Unternehmerfreiheit in die Schutzbereiche der Artt. 12 I und 14 I GG fällt, sind diese nicht schrankenlos gewährt. Es ist daher jeweils im Einzelfall zu prüfen, ob eine Einschränkung der die unternehmerischen Freiheiten gewährenden Grundrechte noch verhältnismäßig ist oder nicht. Darauf deutet auch die Wortwahl des Bundesverfassungsgerichts hin, wenn es die „Angemessenheit des Spielraums" hervorhebt. „Angemessen" auf der einen und „unantastbar" auf der anderen Seite sind begrifflich nicht gleich zu setzen.[486] Ersteres lässt immer einen gewissen Abwägungsspielraum zu, während letzteres einen absoluten Kernbereich definiert, der keiner Relativierung oder Abwägung zugänglich ist. Die Begriffe sind daher nicht nur nicht gleich zu setzen, sondern sie schließen sich sogar gegenseitig aus. Mit diesen Ausführungen des Bundesverfassungsgerichts verträgt sich deshalb die Annahme eines verfassungsrechtlichen, unantastbaren Kernbereichs der Wirtschaftsfreiheit nicht. Die Annahme eines unantastbaren Kernbereichs der Unternehmerfreiheit im Sinne einer „roten Linie", die nicht überschritten werden darf, widerspricht auch der grundrechtlichen Prüfungsdogmatik des Bundesverfassungsgerichts und dem System der Grundrechte an sich. Beidem liegt vielmehr die ausführliche Abwägung verschiedener, im jeweiligen Einzelfall betroffener Positionen zugrunde.

Nicht ausgeschlossen ist dagegen, dass der Gesetzgeber bei der Ausgestaltung der betrieblichen Mitbestimmung durch das Betriebsverfassungsgesetz von einem betriebsverfassungsrechtlich unantastbaren Kern unternehmerischer Entscheidungsfreiheit ausgegangen ist. Diese einfachgesetzliche Vorgabe lässt sich aber offensichtlich nicht einfach auf den verfassungsrechtlichen Gehalt der Unternehmerfreiheit übertragen.[487] Auch *Beuthiens* Verweis auf die Mitbestimmung als rechtspolitischer Ersatz für die, infolge der Eingehung eines Arbeitsverhältnisses verlorene Selbstbestimmung der Arbeitnehmer[488], ist in diesem Zusammenhang zu eng und auch nicht ganz zutreffend. Zum einen ist nicht ersichtlich, warum nicht auch die, nach seiner Grenzziehung zum Kernbereich zu zählenden unternehmerischen Maßnahmen in Zusammenwirkung mit dem Verlust der Selbstbestimmung der Arbeitnehmer eine solche Auswirkungen auf die Arbeitnehmer haben könnten, dass hierdurch z. B. eine Sozialbindung der unternehmerischen Entscheidung über Art. 14 Abs. 2 GG ausgelöst werden könnte. Zum anderen erscheint es schon

484 BVerfGE 92, 26 (41ff.); 92, 365 (393f.) und schließlich 93, 352 (358f.).

485 Maunz/*Scholz*, Art. 9, Rn. 265 mit ausführlicher Darstellung der Kritik an der Kernbereichsgarantie und des folgenden Rechtsprechungswandels.

486 ErfK/*Schmidt*, Art. 12, Rn. 41.

487 So auch Müller, Berufsfreiheit des Arbeitgebers, S. 214, der zu Recht anmahnt, man müsse zwischen grundrechtlichen und betriebsverfassungsrechtlichen, also einfachgesetzlichen, Schranken unterscheiden.

488 Beuthien, ZfA 1988, 1 (6f.).

fraglich, die Mitbestimmung ohne gesamtgesellschaftliche und gesamtwirtschaftliche Motive begründen zu wollen und allein auf den Verlust der Selbstbestimmung und die fehlende Möglichkeit der Arbeitnehmer als Gesellschafter am Unternehmenserfolg zu partizipieren, abzustellen. Vor allem wurde aber bereits festgestellt, dass die Betrachtung der „Unternehmerfreiheit" als Einheit oder als einheitliches Prinzip nicht zutreffend ist.[489] Ein solches, in sich geschlossenes Prinzip ist, wie gesehen, in der Verfassung nicht zu finden und wird den Anforderungen an die unternehmerischen Freiheiten in der Verfassung auch nicht gerecht. Gerade im Hinblick auf die vielfältigen Fallgestaltungen und Ausübungsformen der unternehmerischen Entscheidungsfreiheit, kann diese nur hinreichend durch die Betrachtung der Schutzbereiche der einschlägigen Grundrechte im Einzelfall erfolgen.[490] Der vom Bundesverfassungsgericht zugebilligte „unantastbare und angemessene Spielraum" ist mithin nicht gleichbedeutend mit einem „schlechthin unantastbaren Kernbereich" der unternehmerischen Entscheidungsfreiheit.

b) Verfassungsrechtlicher Gewährleistungsgehalt der unternehmerischen Freiheiten

Auch abseits der Diskussion um den Kernbereich erfolgt die Verortung der unternehmerischen Freiheiten im Grundgesetz nicht einheitlich. Sie wird in der Regel schwerpunktmäßig bei verschiedenen Grundrechten gesehen. Im arbeitsrechtlichen Schrifttum geht z. B. wiederum *Beuthien* von einem Freiheitskomplex der „Unternehmerfreiheit" aus, der sich aus den Artt. 14 I, 9, 12 I, 2 I GG ergebe.[491] Überwiegend werden aber als verfassungsrechtliche Grundlagen vor allen Dingen die Artt. 14 I, 12 I, 2 I GG genannt.[492] Dem schließt sich auch das Bundesarbeitsgericht an und verweist auf die Artt. 14 I, 12 I und 2 I GG, die das Ob und Wie der wirtschaftlichen Betätigung der Entscheidungsfreiheit des Unternehmers regeln würden.[493] Einige Autoren versuchen dabei Schwerpunkte bei bestimmten dieser Grundrechte zu finden. So setzt z. B. *Müller* bei Art. 12 I GG den Schwerpunkt[494], während *Dieterich* die Gewährleistung der Unternehmensautonomie in einem Zusammenwirken von Art. 12 I GG, welcher die wirtschaftliche Aktivität sichere und Art. 14 GG, der dem Schutz der materiellen Grundlagen diene, sieht.[495] *Reichold* dagegen differenziert leicht anders und sieht die „Unternehmerfreiheit"

---

489 Ebenso: Badura, Paritätische Mitbestimmung, S. 36; ErfK/*Schmidt*, Art. 14 GG, Rn. 9; Müller, Berufsfreiheit des Arbeitgebers, S. 21f.
490 Müller, Berufsfreiheit des Arbeitgebers, S. 214.
491 Beuthien, ZfA 1988, 1 (1f.).
492 U. a. Grünewald, Interessenausgleich und Sozialplan, S. 103; Siemes, ZfA 1998, 183 (194); Völksen, RdA 2010, 354 (355), a. A. Willemsen/Hohenstatt, NZA 1997, 345 (345): Artt. 14 und 2 GG.
493 BAG NZA 2009, 1016 (1021), BAG NZA 2003, 549 (550); BAG NZA 1999, 1095 (1097).
494 Müller, Berufsfreiheit des Arbeitgebers, S. 22ff.
495 Dieterich, AuR 2007, 65 (66).

durch Art. 12 I GG geschützt, während Art. 14 I GG die „Unternehmensfreiheit" schütze.[496] Letztere sei nur relevant, wenn in die Unternehmenssubstanz eingegriffen werde. Das würde durch die Betriebsverfassung regelmäßig aber nicht geschehen.[497] Der Zugang zu diesem Thema erfolgt im verfassungsrechtlichen Schrifttum noch etwas differenzierter. Hier wird zunächst überwiegend auf die Spezialität der Artt. 12 I und 14 I GG gegenüber Art. 2 I GG hingewiesen. Die Gewährleistung der Unternehmerfreiheit werde daher durch den Kontext der Artt. 9 I, 12 I, 14 I GG geschützt.[498] Wobei die Artt. 12 I und 14 I GG sich, insofern *Dieterich* zustimmend, stark vereinfachend insofern ergänzen, als dass Art. 12 I GG den zukünftigen Erwerb und Art. 14 I GG das Erworbene schütze.[499] Vereinzelt wird die Unternehmerfreiheit jedoch auch nur in Art. 2 I GG als Teil der allgemeinen Handlungsfreiheit verortet.[500] Das Bundesverfassungsgericht geht in der Regel von einer Gewährleistung der Unternehmerfreiheit durch Art. 2 I GG[501] aus. Teilweise wird zur Unterstützung auch noch Art. 12 I GG herangezogen.[502] Dem ist aber wohl nicht zu viel Bedeutung beizumessen, denn gleichzeitig enthält es sich ausdrücklich einer konkreten Aussage, in welchem Verhältnis die Artt. 12, 14 und 2 GG bzgl. der Unternehmerfreiheit zueinander stehen. Es prüft vielmehr gerade im sog. Mitbestimmungsurteil ausdrücklich alle drei genannten Grundrechte in diesem Zusammenhang.[503]

Ausgangspunkt für die Verortung muss die Vorgabe des Bundesverfassungsgerichts sein, dass den Unternehmen in jedem Fall ein angemessener Spielraum zur Entfaltung der Unternehmerinitiative verbleiben muss.[504] Dieser weiten Aufgabe entsprechend, erfolgt die Gewährleistung allgemein durch ein Zusammenspiel der Schutzbereiche der Art. 12 I, 14 I, 9 und 2 I GG.[505] Dabei dient Art. 14 I GG der Sicherung eines Freiheitsraums im vermögensrechtlichen Bereich, zur eigenverantwortlichen Gestaltung des Lebens des Trägers des Grundrechts.[506] Geschützt ist dabei auch das gesellschaftsrechtliche Anteilseigentum[507] und der Bestand an Rechten und Gütern eines Unternehmens.[508] Unter den Schutzaspekt des Art. 14

---

496 Reichold, Betriebsverfassung als Sozialprivatrecht, S. 492.

497 Reichold, Betriebsverfassung als Sozialprivatrecht, S. 492.

498 Dreier/*Wieland*, Art. 12 GG, Rn. 176; Maunz/*Di Fabio*, Art. 2 I GG, Rn. 126, 132f.; Maunz/*Papier/Shirvani*, Art. 14 GG, Rn. 361.

499 Dreier/*Wieland*, Art. 12 GG, Rn. 176.

500 Jarass/Pieroth, Art. 2 GG, Rn. 25.

501 BVerfGE 29, 260 (266f.); BVerfGE 50, 290 (366) m. w. N.

502 BVerfGE 97, 67 (83) und zuletzt auch in BVerfG NZA 2015, 820 (821).

503 BVerfGE 50, 290 (362).

504 BVerfGE 29, 260 (266f.); BVerfGE 50, 290, 366; BVerfGE 75, 108 (154f.).

505 So auch Badura, Paritätische Mitbestimmung, S. 39ff. im Hinblick auf das Mitbestimmungsurteil, BVerfGE 50, 290.

506 BVerfGE 104, 1 (8f.); BVerfGE 105, 252 (277); BVerfGE 115, 97 (110).

507 BVerfGE 50, 290 (341f.).

508 BVerfGE 50, 290 (339ff.); BVerfGE 68, 193 (222f.).Wenn auch der Schutz des Unternehmens an sich umstritten ist und das Bundesverfassungsgericht den Einbezug

I GG fällt bzgl. der unternehmerischen Freiheiten mithin der Schutz des durch die unternehmerische Tätigkeit Erworbenen und die Befugnis der freien Verfügbarkeit über das dem Unternehmen gewidmete Eigentum.[509] Dem entsprechend ist ein wesentliches Ziel der Unternehmerfreiheit im Hinblick auf Art. 14 I GG, die Wahrung der wirtschaftlichen Funktionsfähigkeit des Unternehmens durch die Gewährung einer eigen- und selbstständigen Willensbildung.[510] Nicht geschützt sind jedoch nur mögliche, in der Zukunft liegende Interessen und Gewinnchancen.[511] Insofern ist die hierauf gerichtete unternehmerische Tätigkeit aber nach Art. 12 I GG geschützt.[512] Art. 12 I GG umfasst zudem allgemein die Ausübung des Berufes des Unternehmers im Sinne einer freien Gründung und Führung von Unternehmen.[513] Die Unternehmerfreiheit umfasst damit durch Art. 12 I GG die freie Disposition über die Art und Weise, in der auf den Unternehmenserfolg hingearbeitet werden soll. Konkret geht es dabei z. B. um die Entscheidung über den Einsatz von Betriebs- und Informationsmitteln.[514] Art. 12 I GG ist grundsätzlich die speziellere Norm gegenüber Art. 2 I GG im Hinblick auf berufliche Tätigkeiten des Arbeitgebers oder Unternehmers.[515] Sollte dennoch ein Anwendungsbereich bestehen, so schützt Art. 2 I GG die allgemeine Handlungsfreiheit im umfassenden Sinne.[516] Darunter fällt die Ausübung wirtschaftlicher und damit auch vertraglicher Handlungsfreiheit zur Entfaltung der Unternehmerinitiative[517] und die Privatautonomie im Allgemeinen.[518] Art. 9 GG umfasst im arbeitsrechtlichen Kontext, als die zentrale grundrechtliche Regelung des kollektiven Arbeitsrechts[519], zum einen die allgemeine, kollektive und individuelle Vereinigungsfreiheit gem. Art. 9 I GG und zum anderen die Koalitionsfreiheit nach Art. 9 III GG, jeweils im positiven, wie auch im negativen Sinn.[520]

Die Begriffswahl der „Unternehmerfreiheit" erscheint insofern missverständlich, als dass sie die unmittelbare, grundrechtliche Ausgestaltung einer Freiheit ausdrückt. Wie gesehen, wird diese Freiheit aber durch ein Zusammenspiel

---

des Gewerbebetriebs in den Schutzbereich des Art. 14 I GG offengelassen hat, siehe dazu: Maunz/*Papier/Shirvani*, Art. 14 GG, 200.

509 Maunz/*Papier/Shirvani*, Art. 14, Rn. 361.

510 Maunz/*Papier/Shirvani*, Art. 14, Rn. 219; Sachs/*Wendt*, Art. 14 GG, Rn. 42.

511 BVerfGE 28, 119 (142); BVerfGE 45, 272 (296); BVerfGE 108, 370 (384).

512 BVerfGE 30, 292 (335).

513 BVerfGE 50, 290 (363).

514 Maunz/*Di Fabio*, Art. 2 I GG, Rn. 126.

515 BVerfGE 9, 73 (77); BVerfGE 117, 163 (181).

516 BVerfGE 6, 32 (36); BVerfGE 114, 371 (383).

517 BVerfGE 29, 260 (266f.) m. w. N.

518 BVerfGE, 103, 197 (215).

519 ErfK/*Linsenmaier*, Art. 9 GG, Rn. 2 übernimmt den Begriff der „Magna Charta des kollektiven Arbeitsrechts".

520 Siehe dazu ausführlich ErfK/*Linsenmaier*, Art. 9 GG, Rn. 4ff.; Maunz/*Scholz*, Art. 9, Rn. 33ff. und 154ff.

mehrerer Freiheitsgrundrechte gewährleistet. Damit geht es vielmehr um den „Schutz der Grundrechte der Wirtschaftsfreiheit" als um die „Unternehmerfreiheit".[521] Für einen vereinfachten Sprachgebrauch kann somit zwar von der Unternehmerfreiheit gesprochen werden, ein eigener grundrechtlicher Schutzbereich ist damit aber nicht beschrieben.[522] Die genannten Grundrechte sind vielmehr im jeweiligen Einzelfall selbstständig auf ihren Beitrag zur Sicherung der unternehmerischen Freiheiten zu prüfen.[523] D. h. aber auch, dass im konkreten Einzelfall die Gewährleistung der unternehmerischen Freiheiten dagegen sehr wohl schwerpunktmäßig vor allem durch den Schutzbereich eines Grundrechts gegeben sein kann, so dass es auf die anderen Aspekte und Grundrechte der Unternehmerfreiheit nicht ankommt oder diese im Wege der Spezialität bzw. Konkurrenz verdrängt werden.[524]

c) Der grundrechtliche Schwerpunkt bei Betriebsänderungen

Versucht man deshalb für die vorliegende Auslegungsfrage einen verfassungsrechtlichen Schwerpunkt zu suchen, kann aufgrund seiner Subsidiarität gegenüber den anderen Grundrechten Art. 2 I GG zurück gestellt werden. Gleiches gilt auch für die Grundrechte aus Art. 9 GG, da diese nur wenige Berührungspunkte zu der betrieblichen Mitbestimmung in wirtschaftlichen Angelegenheiten und der vorliegenden Frage besitzen. Folglich kann der Schwerpunkt der Grundrechte der unternehmerischen Freiheiten in Fragen der betrieblichen Mitbestimmung bei den Artt. 12 I und 14 I GG gesehen werden.[525] Das Bundesverfassungsgericht ist jedoch in einem Kammerbeschluss vom 18.12.1985 zur Verfassungsmäßigkeit der betrieblichen Mitbestimmung nicht auf die Vereinbarkeit mit Art. 14 I GG eingegangen.[526] Dabei ging es um eine Verfassungsbeschwerde gegen den sog. „Kaufhausbeschluss" des Bundesarbeitsgerichts.[527] Das Bundesarbeitsgerichts hatte entschieden, dass das Mitbestimmungsrecht des Betriebsrats nach § 87 I Nr. 2 BetrVG bzgl. der Arbeitszeitregelung auch dann besteht, wenn dadurch die optimale wirtschaftliche Nutzung der gesetzlichen Ladenöffnungszeiten für den Unternehmer bzw. Arbeitgeber vereitelt würde. Entsprechend hätte auch die Einigungsstelle nach § 76 V BetrVG die Befugnis, eine solche Regelung zu erzwingen.[528]

---

521 Badura, Paritätische Mitbestimmung, S. 44.

522 Ebenso: ErfK/*Schmidt*, Art. 14 GG, Rn. 9; Dreier/*Wieland*, Art. 14, Rn. 203.

523 So im Ergebnis dann auch in BVerfGE 50, 290 (336f.).

524 So auch ErfK/*Schmidt*, Art. 14 GG, Rn. 9.

525 So auch Scholz, NJW 1986, 1587 (1588); *Völksen* geht dagegen von einem Schwerpunkt bei Art. 12 GG aus, siehe: Völksen, RdA 2010, 354 (355).

526 BVerfG NJW 1986, 1601.

527 BAG 31.08.1982 AP BetrVG § 87 Arbeitszeit Nr. 8.

528 BAG 31.08.1982 AP BetrVG § 87 Arbeitszeit Nr. 8. unter B. Maßgeblich war insoweit auch, dass sich aus der grundsätzlichen Wertung des Gesetzgebers, dass eigentliche unternehmerische Entscheidungen nicht betrieblich mitbestimmt werden sollen,

Das Bundesverfassungsgericht hatte sich nun mit den Erfolgsaussichten einer Verfassungsbeschwerde auseinanderzusetzen und zu prüfen, ob bzw. inwieweit durch den Beschluss des Bundesarbeitsgerichts zur Auslegung des Mitbestimmungstatbestands in die verfassungsrechtlich gewährte unternehmerische Betätigungsfreiheit eingegriffen wurde. Das Bundesverfassungsgericht führte dazu aus, dass Art. 12 I GG nicht vorgebe, die Unternehmerfreiheit durch eine Berufsausübungsregelung unberührt zu lassen.[529] Die Auslegung des Bundesarbeitsgerichts sei daher verfassungsrechtlich nicht fehlerhaft. Es lehnte deshalb die Annahme der Verfassungsbeschwerde zur Entscheidung mangels Erfolgsaussichten ab.[530] Art. 14 I GG wurde dabei als Prüfungsmaßstab nicht in Betracht gezogen, weil dieser zwar den konkreten Bestand an Rechten und Gütern des Unternehmers schütze, nicht aber bloße, zukünftige Gewinnchancen. In dem konkreten Fall sei gerade nicht das Eigentum am Kaufhaus an sich, sondern allein die unternehmerische Entscheidung über die Festlegung der Erbringung der Arbeitsleistung der Arbeitnehmer zu einem bestimmten Zeitpunkt betroffen gewesen. Diese Entscheidung sei nur durch Art. 12 I GG verfassungsrechtlich garantiert, da es sich letztlich um eine Frage nach den zukünftigen Gewinnmöglichkeiten handele.[531] Bei letzterem handelt es sich um eine gefestigte Position des Gerichts[532], welche auch größtenteils Unterstützung in der Literatur findet.[533] Dieser Beschluss ist in der Literatur trotzdem auf deutlichen Widerspruch gestoßen.[534] *Papier* kritisiert den Beschluss des Bundesverfassungsgerichts und dessen Abweichung vom Maßstab des Mitbestimmungsurteils, weil er meint, der Schutzbereich von Art. 14 I GG werde zu eng ausgelegt. Unter Art. 14 I GG falle nicht nur der Bestandsschutz, folglich das „Haben", sondern auch die privatnützige Verwertung und Disposition der Eigentumspositionen, das „Gebrauchmachen".[535] *Scholz* ist zwar auch der Meinung, dass grundsätzlich die bloßen Gewinnchancen nicht in den Schutzbereich von Art. 14 I GG fallen.[536] Ansonsten verkenne der Beschluss aber die Reichweite des Schutzbereichs der Eigentumsfreiheit. Dabei meint er insbesondere, dass eben nicht nur

---

nach Ansicht des ersten Senats keine immanente Schranke für positiv rechtlich manifestierte Mitbestimmungsrechte ergeben könne.

529 BVerfG NJW 1986, 1601 (1601).

530 BVerfG NJW 1986, 1601 (1601).

531 BVerfG NJW 1986, 1601 (1601).

532 BVerfGE 20, 31 (34); BVerfGE 77, 84 (118); BVerfGE 95, 173 (187f.) m. w. N.

533 ErfK/*Schmidt*, Art. 14 GG, Rn. 19f.: Nur der Bestand sei durch Art. 14 I GG geschützt, ansonsten stellen Beschränkungen der Nutzungsmöglichkeit des Eigentums einen Eingriff in Art. 12 I GG dar; Maunz/*Papier/Shirvani*, Art. 14, Rn. 353. Reichold, Sozialprivatrecht, S. 492: Art. 14 I GG – Unternehmensfreiheit, Art. 12 I GG – Unternehmerfreiheit.

534 Siehe z. B. Loritz, ZfA 1990, 133 (182); Papier, NJW 1987, 988 (991) und vor allem auch Scholz, NJW 1986, 1587.

535 Papier, NJW 1987, 988 (991f.).

536 Scholz, NJW 1986, 1587 (1589).

die zukünftigen Erwerbschancen tangiert seien, sondern die unternehmerische Betätigungsfreiheit im Grundsätzlichen betroffen sei, wenn der Unternehmer nicht über seine Ladenöffnungszeiten verfügen könne.[537] Dem ist wohl insofern zuzustimmen, als dass der Eigentumsschutz durch Art. 14 I GG vor allem auch dessen ökonomische Nutzbarkeit garantieren soll.[538] Auch die Kritik von *Papier* trifft einen zunächst nachvollziehbaren Punkt: Wenn, vereinfacht ausgedrückt, nur das „Haben", nicht aber auch das „Gebrauchmachen" des Eigentums unter den Schutz von Art. 14 I GG fällt, wieviel kann dieser Schutz dann faktisch wert sein? Man darf bei aller Kritik aber nicht verkennen, dass das Bundesverfassungsgericht den Schutz der eigentlichen unternehmerischen Tätigkeit vornehmlich durch Art. 12 I GG garantiert sieht. Das Gebrauchen des Eigentums ist somit trotzdem hinreichend geschützt.[539] Würde die Bestimmung über die Ladenöffnungszeiten unter den Schutz von Art. 14 I GG fallen, könnte man zugespitzt auch die Frage stellen, ob damit die mit den Öffnungszeiten verbundene Disposition über die Arbeitszeit der Arbeitnehmer auch unter den Eigentumsschutz des Unternehmers fallen solle. Dieser Punkt verdeutlicht, dass es bei dem Ausgleich betrieblicher Mitbestimmung und unternehmerischer Freiheit letztlich vor allem immer um einen Ausgleich zwischen den Berufsfreiheiten von Arbeitnehmern und Arbeitgebern geht. Diese Interessenkollision auf grundrechtlicher Ebene kann daher am günstigsten innerhalb des Art. 12 I GG gelöst werden.[540] Letztendlich muss hier auch keine endgültige Stellungnahme zu dieser verfassungsrechtlichen Frage erfolgen. Dem Kammerbeschluss sollte nicht ein zu hoher Stellenwert beigemessen werden.[541] Zum einen hat das sog. Mitbestimmungsurteil durchaus gezeigt, dass man sich bei der Prüfung der Unternehmerfreiheit auch an Art. 14 I GG orientieren kann und zum anderen weisen beide Grundrechte ähnliche Schrankenregelungen auf, so dass im Zweifel die rechtliche Bewertung ähnlich ausfallen sollte.[542]

d) Zwischenergebnis

Die Verfassung schützt die unternehmerischen Freiheiten insbesondere durch die Grundrechte der Artt. 12 I, 14 I, 9 und 2 I GG. Vereinfacht umfassen sie die Freiheiten Unternehmen zu gründen, zu führen und über das Unternehmen als Bestandteil des Eigentums zu verfügen. Ein unantastbarer Kernbereich oder ein eigenständiger Schutzbereich der Unternehmerfreiheit besteht insoweit nicht. Es muss in jedem Einzelfall geprüft werden, welche Grundrechte betroffen und zu

---

537 Scholz, NJW 1986, 1587 (1589).
538 Maunz/*Papier/Shirvani*, Art. 14 GG, Rn. 5 (Ertragsfunktion).
539 BVerfGE 50, 290 (361ff).
540 Reichold, Sozialprivatrecht, S. 492.
541 So auch Reichold, Sozialprivatrecht, S. 489, der rät, den Beschluss „nicht überzubewerten", auch wenn er das Nichteingehen auf Art. 14 I GG für richtig hält und die Kritik von *Papier* und *Scholz* für überzogen hält, S. 492, Fn. 468.
542 Maunz/*Papier/Shirvani*, Art. 14, Rn. 353 unter Verweis auf BVerfGE 50, 290 (364f.).

beachten sind. Dabei kann es jedoch zu einer schwerpunktmäßigen Behandlung eines Grundrechts kommen. Für die betriebsverfassungsrechtliche Konfliktlage zwischen arbeitnehmerseitigen und arbeitgeberseitigen Interessen spielt sich dieser Schwerpunkt im Rahmen von Art. 12 I GG ab.

3. *Vorgaben des Bundesverfassungsgerichts zur Kontrolle von Mitbestimmungsordnungen*

Konkretes Anschauungsmaterial für die Frage der Vereinbarkeit konkreter betrieblicher Mitbestimmungsregelungen und deren Auslegung mit den unternehmerischen Freiheiten kann die Rechtsprechung des Bundesverfassungsgerichts liefern.

a) Das sog. Mitbestimmungsurteil zum Mitbestimmungsgesetz

Eine wichtige Richtschnur hierfür stellt das sog. Mitbestimmungsurteil des Bundesverfassungsgerichts dar.[543] In dieser Entscheidung ging es um Verfassungsbeschwerden mehrerer Großunternehmen und einer Vielzahl von Arbeitgeberverbänden gegen das Mitbestimmungsgesetz vom 04. Mai 1976. Insbesondere die dadurch erfolgte Regelung einer arbeitnehmerseitigen Mitbestimmung von Kapitalgesellschaften mit mehr als 2000 Arbeitnehmern über den Aufsichtsrat und den sog. Arbeitsdirektor war Streitthema.[544] Das Bundesverfassungsgericht hielt diese Regelungen und das Mitbestimmungsgesetz an sich im Ergebnis für mit den Grundrechten der betroffenen Gesellschaften, deren Anteilseignern und auch der Arbeitgeberverbände als Koalitionen vereinbar und erklärte die Verfassungsbeschwerden folglich für unbegründet.[545]

Dabei argumentierte das Bundesverfassungsgericht bzgl. der Eigentumsfreiheit aus Art. 14 I GG, aufbauend auf der besonderen sozialen Funktion des Anteilseigentums, dass dieses zu seiner Nutzung immer auch der Mitwirkung der Arbeitnehmer bedürfe und sich die Ausübung der Verfügungsbefugnis durch den Eigentümer zugleich auch auf die Daseinsgrundlage der Arbeitnehmer auswirken könne. Deren Grundrechtssphäre sei deshalb ebenso berührt und müsse entsprechend bei der verfassungsrechtlichen Prüfung berücksichtigt werden.[546] Relevant war insofern auch, dass das Anteilseigentum einen sehr viel geringeren personalen Kern aufweist als andere Eigentumsarten. Das Anteilseigentum ist schon von der Struktur her nicht dazu geeignet, Entscheidungen bzgl. des Eigentums alleine durchzusetzen und dieses wäre z. B. bei einem „Eigentümer-Unternehmer“ anders zu berücksichtigen.[547] Weiterhin hält sich nach Ansicht des Bundesverfassungsgerichts der Gesetzgeber jedenfalls dann innerhalb der Grenzen zulässiger

---

543 BVerfGE 50, 290ff.
544 Siehe §§ 1, 7 27, 29, 31, und 33 MitbestG.
545 BVerfGE 50, 290 (322).
546 BVerfGE 50, 290 (348f.) insbesondere ging es um Art. 12 I GG.
547 BVerfGE 50, 290 (348).

Inhalts- und Schrankenbestimmungen, wenn die Mitbestimmung der Arbeitnehmer nicht dazu führt, dass über das im Unternehmen investierte Kapital gegen den Willen der Anteilseigner entschieden werden kann.[548] Fehlt es aber an einem solchen sog. Letztentscheidungsrecht der Anteilseigner oder des Unternehmers bei der Regelung der Mitbestimmung, so könne diese kaum mehr verhältnismäßig sein.[549] Ein weiterer Ausschlussgrund für die Rechtfertigung liege zudem vor, wenn die Funktionsfähigkeit des Unternehmens als Gesellschaft gefährdet wäre, weil z. B. die Willensbildung in der Vereinigung so erschwert würde, dass Entscheidungen nicht oder nur unter unverhältnismäßigen Aufwand getroffen werden können.[550] Ob dieses faktisch der Fall sei, habe der Gesetzgeber vorab zu prognostizieren. Die entsprechenden Prognosen des Gesetzgebers seien dann daraufhin zu kontrollieren, ob sie notwendig und angebracht sind.[551] Der Kontrollmaßstab dieser Prognosen könne von einer reinen Evidenz-, über eine Vertretbarkeits- bis hin zu einer Inhaltskontrolle sehr unterschiedlich ausfallen. Er hänge im Einzelfall vom Eingriff in die Wirtschaftsordnung, dem Inhalt der Regelung und dem Gesamtzusammenhang ab.[552] Für den konkreten Fall wurde diesbezüglich eine Entscheidung offen gelassen.[553] Allerdings finden sich doch Hinweise darauf, dass das Bundesverfassungsgericht hier eine Vertretbarkeitskontrolle vorgenommen hat.[554] Auch zur Berufsfreiheit als Teilaspekt der Unternehmerfreiheit finden sich in diesem Urteil einige Anmerkungen, wenn auch der Schwerpunkt der Ausführungen des Bundesverfassungsgerichts klar bei Art. 14 I GG liegt.[555] So sei aufgrund der Größe der Unternehmen die unter das Mitbestimmungsgesetz fallen, der für die Berufsfreiheit maßgebliche personale Kern ebenfalls eher gering ausgeprägt. Im Gegenzug stehe die entsprechende Freiheit hier in einem besonderen sozialen Bezug.[556] Zudem wird auch bzgl. Art. 12 I GG auf das Letztentscheidungsrecht abgestellt, welches maßgeblich für das Ergebnis zur Frage der Verfassungsmäßigkeit sei. Die Gewährleistung des Letztentscheidungsrechts durch die Regelungen des Mitbestimmungsgesetzes spreche insofern wiederum für eine geringe Intensität der Einschränkung, die, unter Berücksichtigung der beabsichtigten Beteiligung der Arbeitnehmer als legitimer Zweck, zudem angemessen und zumutbar sei.[557] Schließlich war bei der Beurteilung des Mitbestimmungsgesetzes

548 BVerfGE 50, 290 (350).
549 BVerfGE 50, 290 (350f.).
550 BVerfGE 50, 290 (352).
551 BVerfGE 50, 290 (352).
552 BVerfGE 50, 290 (332f.).
553 BVerfGE 50, 290 (333).
554 BVerfGE 50, 290 (336).
555 Dieser Umstand hat vermutlich mit dem Gewicht des Anteilseigentums in der Entscheidung zu tun. Kritisch aber trotzdem: Reichold, Betriebsverfassung als Sozialprivatrecht, S. 489f.
556 BVerfGE 50, 290 (365).
557 BVerfGE 50, 290 (365f.).

in verfassungsrechtlicher Sicht vor allem auch die Frage von erheblicher Relevanz, ob eine echte Parität zwischen Unternehmer- und Arbeitgeberseite gegeben ist. Unter einer solchen Parität versteht man in diesem Zusammenhang ein Verhältnis zweier Partner zueinander, in dem keine Seite eine von ihr gewünschte Entscheidung ohne Zustimmung der anderen Seite erzwingen kann.[558] Somit schließt eine paritätische Mitbestimmung schon das Letztentscheidungsrecht der Unternehmerseite regelmäßig aus. Das Bundesverfassungsgericht stellt dazu fest, dass eine Parität beim Mitbestimmungsgesetz von 1972 nicht gegeben sei. Es hat auch deshalb keine Bedenken gegen die Verfassungsmäßigkeit des Gesetzes in dieser Form. Allerdings merkt das Bundesverfassungsgericht bei dieser Gelegenheit an, dass im Betriebsverfassungsgesetz mit den dortigen (echten) Mitbestimmungstatbeständen durchaus eine Parität zwischen Arbeitgeber und Betriebsrat möglich sei und sich damit ein argumentativer Unterschied zur unternehmerischen Mitbestimmung ergeben könnte.[559]

b) Das Urteil zur Montanmitbestimmung in Konzernen

Diese Anhaltspunkte bestätigte das Bundesverfassungsgericht in einem Urteil vom 02. März 1999.[560] Dabei handelte es sich um eine konkrete Normenkontrolle aufgrund eines Vorlagebeschlusses des Oberlandesgerichts Düsseldorf. Es ging um die Frage, ob § 3 II S. 1 Montan-MitbestErgG mit dem Grundgesetz vereinbar ist oder nicht. Das Montan-Mitbestimmungsergänzungsgesetz dient der Gewährleistung der unternehmerischen Mitbestimmung in Konzernen, die durch die Verringerung der Montanquote der Konzerne und anderen abhängigen Unternehmen aus der Montanmitbestimmung herausfallen würden.[561] In § 3 II S. 1 Montan-MitbestErgG wurde der für die Anwendung der Regelungen notwendige Montan-Bezug zum einen von einer bestimmten Montan-Umsatzquote, zum anderen von der schlichten Größe des Konzerns im Sinne einer bestimmten Anzahl von Arbeitnehmern abhängig gemacht. Nach der Auffassung des Bundesverfassungsgerichts verstößt letzteres jedoch gegen Art. 3 I GG.[562] Die Argumentation des Bundesverfassungsgerichts befasst sich dementsprechend schwerpunktmäßig vor allem mit der Prüfung des Art. 3 I GG und weniger mit freiheitsrechtlichen Gesichtspunkten. Für die vorliegende Untersuchung lässt sich dem Urteil jedoch entnehmen, dass das Bundesverfassungsgericht, wie schon im Mitbestimmungsurteil, bei der Prüfung der Freiheitsrechte des Unternehmers aus den Artt. 12 I und 14 I GG maßgeblich berücksichtigt, inwieweit der personale Bezug der Grundrechte im konkreten Fall betroffen ist und dass der Gesetzgeber im Bereich der Mitbestimmung,

---

558 BVerfGE 50, 290 (322).
559 BVerfGE 50, 290, (326).
560 BVerfGE 99, 367, (367ff.)
561 ErfK/*Oetker*, Einl. MontanmitbestG, Rn. 3; Schaub, § 259, Rn. 3.
562 BVerfGE 99, 367 (367, 397f.).

insbesondere bei der Lösung von Interessenkonflikten zwischen Unternehmer- und Arbeitnehmerseite, einen erheblichen Entscheidungsspielraum hat.[563] Es verbleibt diesbezüglich wiederum nur bei einer Willkürkontrolle der gesetzgeberischen Entscheidung.

c) *Anhaltspunkte zur betrieblichen Mitbestimmung*

(1) Entscheidungen zur betrieblichen Mitbestimmung

Die Rechtsprechung des Bundesverfassungsgerichts zur betrieblichen Mitbestimmung nach dem Betriebsverfassungsgesetz ist weniger ausführlich und vor allem auch weniger prominent, als diejenige zur unternehmerischen Mitbestimmung. Einige Aussagen zur betrieblichen Mitbestimmung lassen sich nichtsdestotrotz bei der Analyse der Rechtsprechung finden. In einer relativ jungen Entscheidung ordnet das Bundesverfassungsgericht die Regelungen zur betrieblichen Mitbestimmung der Ausgestaltung des Sozialstaatsprinzips aus den Artt. 20 I und 28 I GG zu.[564] Die im Betriebsverfassungsgesetz statuierte Mitbestimmung greife demnach zwar grundsätzlich in die freie Ausübung des Unternehmerberufs ein, dabei sei aber der soziale Bezug des Unternehmerberufs, der nur mithilfe anderer ausgeübt werden könne, zu berücksichtigen. Die Beschränkungen seien daher insgesamt durch sachgerechte und vernünftige Erwägungen des Gemeinwohls gerechtfertigt.[565] Letztendlich komme es im Hinblick auf Art. 12 I GG immer auch auf die Intensität des Eingriffs an. Die maßgebliche Frage – auch bei der betrieblichen Mitbestimmung – sei die Frage nach dem Letztentscheidungsrecht der Unternehmerseite.[566]

Im Zusammenhang mit der oben bereits zitierten „Kaufhaus"-Entscheidung hat das Bundesverfassungsgericht für § 87 I BetrVG in einem Nichtannahmebeschluss entschieden, dass diese Norm für die unternehmerische Betätigung eine Regelung der Berufsausübung darstellt und bei der Prüfung berücksichtigt, dass der Arbeitgeber seine unternehmerischen Freiheiten nur mit Hilfe anderer, der Arbeitnehmer, wahrnehmen kann.[567] Letztere sind selbst auch Träger von Grundrechten aus Art. 12 I GG. Berufsausübungsregelungen sind deshalb nicht so zu gestalten und auszulegen, dass sie die unternehmerische Entscheidungsfreiheit unberührt lassen, sondern sie bieten vielmehr Raum für eine Lösung im Wege der Konkordanz zwischen der Berufsfreiheit der Arbeitgeber auf der einen und der Arbeitnehmer auf der anderen Seite.[568] Damit wiederholt das Bundesverfassungsgericht

563 BVerfGE 99, 367 (391) zum personalen Bezug und (393ff.) zum Prognosespielraum des Gesetzgebers.
564 BVerfG NZA 2015, 820 (821).
565 BVerfG NZA 2015, 820 (821).
566 BVerfG NZA 2015, 820 (821).
567 BVerfG AP BetrVG 1972 § 87 Arbeitszeit Nr. 15, unter II. 1.
568 BVerfG AP BetrVG 1972 § 87 Arbeitszeit Nr. 15, unter II. 1.

die Relevanz des sozialen Bezugs der unternehmerischen Tätigkeit, der auch bei der Überprüfung einer bestimmten Auslegung eines Beteiligungs- oder Mitbestimmungsrecht zu beachten ist. Im Übrigen ist hier jedoch anzumerken, dass bei der Übertragung dieser Rechtsprechung berücksichtigt werden muss, dass es in der sog. Kaufhausentscheidung um die Mitbestimmung bei der Lage der Arbeitszeit ging. Die Beteiligung des Betriebsrats wird hierbei durch ein erzwingbares Mitbestimmungsrecht gesichert, vgl. § 87 I Nr. 2 BetrVG – der Betriebsrat hat insofern sogar ein Initiativrecht – und ist damit nicht mit der schon betrachteten Ausgestaltung der Beteiligung bei einer Betriebsänderung durch den Interessenausgleich zu vergleichen. Das spiegelt sich auch in der Gewichtung der Interessen wieder, so dass im Rahmen des § 87 I Nr. 2 BetrVG das Interesse der Arbeitnehmer an der Lage ihrer Arbeitszeit und damit verbunden auch die Lage ihrer Freizeit[569] eher geeignet ist, eine unternehmerische Entscheidung über die Öffnungszeiten zu beeinflussen.

(2) Übertragbarkeit der Aussagen zur unternehmerischen auf die betriebliche Mitbestimmung

Neben diesen ausdrücklichen Aussagen zur betrieblichen Mitbestimmung sind auch Anhaltspunkte aus dem Mitbestimmungsurteil auf die betriebliche Mitbestimmung übertragbar. Das gilt allerdings nicht für diejenigen Argumentationslinien, die an die Besonderheiten des Anteilseigentums und den Umstand anknüpfen, dass nur Großunternehmen in der Rechtsform einer Kapitalgesellschaft unter die Regelungen des Mitbestimmungsgesetzes fallen. Das Betriebsverfassungsgesetz ist im Vergleich gerade nicht auf Betriebe in der Rechtsform einer Kapitalgesellschaft beschränkt. Das Mitbestimmungsgesetz erfasst zudem nur Unternehmen mit mehr als 2000 beschäftigen Arbeitnehmern, vgl. § 1 I MitbestG. Die Beteiligungsrechte der §§ 111ff. BetrVG sind dagegen bereits ab einer Unternehmensgröße von mehr als 20 wahlberechtigten Arbeitnehmern einschlägig. Diese Gegensätze zeigen, dass die Argumente des Bundesverfassungsgerichts, die sich mit dem Merkmal des Anlageeigentums, der Fremdorganschaft und der Unternehmensgröße befassen, für die Betriebsverfassung nicht so aussagekräftig sein können. In abgeschwächter Form gilt das auch für den Umfang des personalen Kerns der Unternehmerrechte. Man könnte sogar in einer Art Umkehrschluss fragen, ob bei der betrieblichen Mitbestimmung dieser personale Kern gerade besonders betroffen sei, weil der Unternehmer eines kleineren Betriebes vergleichsweise intensiv betroffen ist und die Eingriffsintensität der betrieblichen Mitbestimmung damit steigt. Insofern verschärft sich hier die Frage, ob eine Mitbestimmung auf Betriebsebene in kleineren und mittleren Betrieben gegen den Art. 12 I GG verstößt.[570]

Zwei andere Aspekte des Mitbestimmungsurteils können daneben aber durchaus bei der Betrachtung des Interessenausgleichs von Belang sein. Das

569 ErfK/*Kania*, § 87 BetrVG, Rn. 25.
570 Müller, Berufsfreiheit des Arbeitgebers, S. 175.

Bundesverfassungsgericht nennt als absolute Grenzen für die Verhältnismäßigkeit einer Mitbestimmungsregelung zum einen das Letztentscheidungsrecht bzgl. unternehmerischer Maßnahmen sowie zum anderen die allgemeine Funktionsfähigkeit des Unternehmens bzw. der Gesellschaft.[571] Wobei hierunter wohl vor allem eine effiziente Willensbildung im Unternehmen zu verstehen ist, mithin die Funktionsfähigkeit der Unternehmens- bzw. Gesellschaftsführung.[572] Diese beiden Anhaltspunkte sind auch bei der betrieblichen Mitbestimmung relevant und bilden wichtiges Abwägungsmaterial im Rahmen der Verhältnismäßigkeit.[573] Denn auch bei den betrieblichen Mitbestimmungstatbeständen gilt, dass die Privatnützigkeit des Eigentums nach Art. 14 I GG bzw. die freie berufliche Entfaltung nach Art. 12 I GG nach einem Letztentscheidungsrecht des Unternehmers verlangt.[574]

Betrachtet man die Ausführungen des Bundesverfassungsgerichts zum Schutz der Arbeitnehmer und der insofern bestehenden Sozialbindung, ist wiederum nur eine beschränkte Übertragbarkeit gegeben. Die im Mitbestimmungsurteil dabei maßgeblichen Charakteristika des Anteilseigentums liegen im Betriebsverfassungsgesetz nicht zwingend vor. Trotzdem ist hier zu beachten, dass durch eine Betriebsänderung gem. § 111 BetrVG auch die Grundrechtssphären der Arbeitnehmer betroffen sein können. So können z. B. in der Folge auch deren finanzielle und soziale Daseinsgrundlagen gefährdet sein. Der soziale Aspekt des Eigentums und der Berufsausübung sollte daher vorliegend berücksichtigt werden und die grundrechtlich geschützten Arbeitnehmerinteressen mit der Unternehmerfreiheit abgewogen und ausgeglichen werden. Insofern gilt es im Rahmen der Abwägung aber auch zu beachten, dass der Gesetzgeber bzgl. des Zwecks des Arbeitnehmerschutzes und der dafür eingesetzten Mittel eine Einschätzungsprärogative hat. Das wird in der Rechtsprechung des Bundesverfassungsgerichts sehr deutlich.[575] Fraglich bleibt nach den Ausführungen im Mitbestimmungsurteil, an welchem Kontrollmaßstab die Prognosen und Beurteilungsspielräume des Gesetzgebers zu messen sind. Im Rahmen der Prüfung der Verhältnismäßigkeit kann hier nur eine Willkürkontrolle erfolgen, ob der Gesetzgeber evident unzutreffende oder unzureichende Prognosen angestellt hat und ob insofern ein Verfahrensverstoß bzgl. der Bildung des Wahrscheinlichkeitsurteils vorliegt. Das Bundesverfassungsgericht sagt an anderer Stelle: „Es ist vornehmlich Sache des Gesetzgebers, auf der Grundlage seiner wirtschafts-, arbeitsmarkt- und sozialpolitischen Vorstellungen und Ziele und unter Beachtung der Sachgesetzlichkeiten des betreffenden Gebiets zu entscheiden, welche Maßnahmen er im Interesse des Gemeinwohls ergreifen will.“[576] Eine inhaltliche oder eine Vertretbarkeitskontrolle verträgt sich mit diesem

---

571 So auch, allerdings losgelöst vom Mitbestimmungsurteil: Völksen, RdA 2010, 354 (355).
572 BVerfGE 50, 290 (352).
573 Sachs/*Wendt*, Art. 14 GG, Rn. 118.
574 Papier, NJW 1987, 988 (992).
575 Z. B. BVerfG NJW 1988, 1195 (1196).
576 BVerfG NJW 1988, 1195 (1196).

Beurteilungsspielraum des Gesetzgebers nicht. Anders sieht es nur dann aus, wenn sich zugrunde gelegte Prognosen offensichtlich als falsch erweisen. Trotz dieses weitgehenden Gestaltungsspielraums muss aber ein Ausgleich mit den Freiheiten der einzelnen Grundrechtsadressaten erfolgen.[577]

d) Zwischenergebnis

Die Vorgaben des Bundesverfassungsgerichts zur Beteiligung der Arbeitnehmer an unternehmerischen Entscheidungen lassen sich dahingehend zusammenfassen, dass letztlich im Einzelfall die grundrechtlich geschützten Positionen von Arbeitgeber und Arbeitnehmer im Wege der verfassungsrechtlichen Konkordanz auszugleichen sind. Dabei gilt es zu berücksichtigen, dass dem Arbeitgeber als Unternehmer grundsätzlich das Letztentscheidungsrecht vorbehalten bleiben muss und somit auch die Funktionsfähigkeit des Unternehmens gewahrt wird. Der durch die betriebliche Mitbestimmung stärker betroffene personale Kern des unternehmerischen Eigentums ist mit dem sozialen Bezug dieses Eigentums und der unternehmerischen Berufswahrnehmung auszugleichen. Grund hierfür ist, dass der Unternehmer beides nur mit Hilfe seiner Arbeitnehmer wahrnehmen kann. Als weiteres Problem gilt es hierbei zu untersuchen, inwiefern durch eine Kumulation der betrieblichen und der unternehmerischen Mitbestimmung die unverhältnismäßige Beeinträchtigung der unternehmerischen Freiheiten droht.

4. Verfassungsmäßigkeit der verbliebenen Auslegungsvarianten

a) Eingriff in die Grundrechte des Unternehmers aus den Artt. 12 I und 14 I GG

Die Ansicht, die eine Beeinträchtigung der unternehmerischen Freiheiten kategorisch negiert, überzeugt nicht. Jede Beteiligung der Arbeitnehmer, insbesondere in wirtschaftlichen Angelegenheiten, stellt, unabhängig von der Intensität des konkreten Beteiligungsrechts, eine Einschränkung der unternehmerischen Freiheiten dar und bedarf deshalb auch grundsätzlich einer Rechtfertigung. In Bezug auf die verschiedenen Auslegungsvarianten zur Rechtsnatur des Interessenausgleichs kann die Frage des Eingriffs deshalb noch einheitlich beantwortet werden. Die gesetzliche Ausgestaltung des Interessenausgleichsverfahrens in den §§ 112f. BetrVG stellt in jedem Fall einen Eingriff in Art. 14 I GG dar. Mit der Beteiligung des Betriebsrats bei Betriebsänderungen liegt eine Beschränkung der Dispositionsfähigkeit über das Unternehmen als Eigentumsobjekt vor und somit ist eine Verpflichtung des Eigentümers bzgl. dessen Eigentums durch den Gesetzgeber gegeben. Diese geht jedoch nicht so weit, dass man von einer Entziehung der geschützten Eigentumsposition, dem Eigentum am Unternehmen selbst, sprechen kann. Schließlich bleibt das Eigentum an sich erhalten und lediglich die Gestaltungsmöglichkeiten

577 BVerfGE 50, 290 (338).

in Bezug auf das Eigentum werden in dem Sinne beschränkt, dass sie durch die Beteiligung erschwert werden. Gänzlich wird eine Disposition über das Eigentum aber nicht unmöglich. Ein Entzug des Eigentums oder eine Beschränkung der Dispositionsbefugnis in einem solchen Maß, dass diese einem völligen Entzug gleichkäme, liegt somit nicht vor.

Hinsichtlich der Berufsfreiheit nach Art. 12 I GG gilt zunächst, dass durch das Interessenausgleichsverfahren die Berufswahl an sich nicht tangiert ist. Zum einen muss diese bereits in der Vergangenheit erfolgt sein, damit der Grundrechtsträger überhaupt Adressat des Interessenausgleichsverfahrens sein kann und zum anderen haben die Regelungen zum Interessenausgleich auch offenkundig keinen Einfluss auf die Berufswahl des Unternehmers. Es kann nicht davon ausgegangen werden, dass ein zukünftiger Unternehmer, allein aufgrund der Tatsache, dass er bei der Ausübung seines Berufes die betriebliche Mitbestimmung in wirtschaftlichen Angelegenheiten befürchten muss, die Berufsausübung gänzlich unterlassen würde. Insbesondere, wenn er die Unternehmung ansonsten für wirtschaftlich lohnenswert hält. Eine solch weitgehende Abschreckungswirkung durch die gesetzlichen Vorgaben ist abwegig. Das Interessenausgleichsverfahren nimmt somit keinen Einfluss auf die Frage, ob der Unternehmer seinen Beruf ausüben kann, sondern nur auf die Art und Weise der Ausübung der unternehmerischen Tätigkeit. Durch die Beteiligung des Betriebsrats an der Betriebsänderung ist folglich das „Wie“ der Berufsausübung betroffen. Dieses ist nämlich schon dann der Fall, wenn die berufliche Dispositionsfreiheit beeinträchtigt ist.[578] Insofern haben alle Regelungen des Betriebsverfassungsgesetztes eindeutig eine berufsregelnde Tendenz. Das Interessenausgleichsverfahren muss daher auch als Eingriff in den Schutzbereich der Berufsfreiheit des Art. 12 I GG des Unternehmers charakterisiert werden. Soweit Stimmen in der Literatur die Eingriffe in die Artt. 14 I und 12 I GG verneinen, verkennen sie, dass ein solcher nicht erst bei vermeintlichem oder faktischem Zwang anzunehmen ist, sondern auch schon dann, wenn nur eine obligatorische Beteiligung oder eine finanzielle Beschränkung des Grundrechtsträgers vorliegt. Zudem gilt, dass auch ein geringfügiger Eingriff immer noch einen Eingriff darstellt und der vollen verfassungsrechtlichen Legitimation bedarf.[579]

b) Rechtfertigung

Maßgeblich für die Verfassungsmäßigkeit der verbliebenen Auslegungsvarianten ist mithin, ob die Beeinträchtigung der unternehmerischen Freiheiten noch verhältnismäßig ist.[580]

---

578 BVerfGE 97, 228 (254).
579 So auch Völksen, RdA 2010, 354 (356).
580 ErfK/*Schmidt*, Art. 12 GG, Rn. 41.

c) Verhältnismäßigkeit der Auslegungsvarianten zum Interessenausgleich

Die bisherige Auslegung hat bereits ergeben, dass der Interessenausgleich keine normative Rechtsnatur haben kann.[581] Auch eine nur tatsächliche Beschreibung ist abzulehnen. Damit verbleiben für die folgende Untersuchung noch die Auslegungsvarianten des Kollektivvertrags besonderer Art, des Schuldvertrags und der Regelungsabrede. Untersucht man die Vereinbarkeit der Varianten mit den verfassungsrechtlich gewährten unternehmerischen Freiheiten, kommt es maßgeblich auf die Beschränkung derselben durch die Vereinbarung des Interessenausgleichs an. Eine solche ist insbesondere dann anzunehmen, wenn diese Vereinbarung den Unternehmer hinsichtlich seiner Entscheidung(en) bindet. Mithin kann die vorliegende Frage bezüglich der verbleibenden Auslegungsvarianten dahingehend vereinfacht werden, ob jeweils ein Interessenausgleich mit oder ohne Bindungswirkung für den Unternehmer verfassungsrechtlich zu beanstanden ist oder nicht.

(1) Interessenausgleich ohne Bindungswirkung

Spricht man dem Interessenausgleich eine bindende Rechtsnatur ab, liegt die verbleibende Beeinträchtigung der Unternehmerseite durch die Beteiligung des Betriebsrats vor allen in den finanziellen Sanktionen des § 113 BetrVG. Diese drohen, sollte das Beteiligungsrecht missachtet oder verletzt werden. Die Sanktionen sind notwendige Folge des legitimen, gesetzgeberischen Ziels, die Arbeitnehmer auch in wirtschaftlichen Angelegenheiten nicht völlig beteiligungs- und damit auch schutzlos zu stellen. Die Entscheidung des Gesetzgebers, diesbezüglich tätig zu werden, oblag dessen Gestaltungsspielraum[582] und diese Entscheidung ist verfassungsrechtlich nicht zu beanstanden. Zumal aufgrund der Tatbestandsvoraussetzungen von § 113 BetrVG das soziale Schutzbedürfnis der Arbeitnehmer sichergestellt und Härtefälle auf Unternehmerseite berücksichtigt sind. Anhaltspunkte für eine willkürliche Beschränkung der unternehmerischen Freiheiten sind nicht ersichtlich. Damit deckt sich der Befund, dass es im Grundsatz keine ernsthafte Kritik an der Beteiligung des Betriebsrats in wirtschaftlichen Angelegenheiten nach der Lesart der herrschenden Meinung gibt. Festzuhalten bleibt, dass die Einschränkung der unternehmerischen Freiheiten durch die Gewährung des Beteiligungsrechts in wirtschaftlichen Angelegenheiten, die gesetzgeberische Lösung des Wertungswiderspruches zwischen Mitbestimmung und Freiheit der unternehmerischen Entscheidung an sich darstellt.[583]

---

581 Siehe oben S. 58.

582 Siehe hierzu: BVerfGE 37, 1 (20) („Regelungsspielraum"); 62, 1, (50) („Beurteilungsspielraum"); 71, 206, (215).

583 BAG 31.8.1982 AP BetrVG 1972 § 87 Arbeitszeit Nr. 8 unter B III 2a); Richardi/*Richardi*, Einl., Rn. 57.

(2) Interessenausgleich mit Bindungswirkung

a. Kein Verstoß gegen das Gebot des Letztentscheidungsrechts

Bei der Frage, ob die Annahme eines Interessenausgleichs mit Bindungswirkung einen unverhältnismäßigen Eingriff in die Grundrechte der Unternehmer darstellt, kommt es nach der bisherigen Untersuchung maßgeblich darauf an, ob der Unternehmerseite das Letztentscheidungsrecht bzgl. unternehmerischer Entscheidungen verbleibt. Mit dem Begriff des Letztentscheidungsrechts ist der Umstand gemeint, ob der Unternehmer seinen Willen bzgl. der Unternehmensführung autonom durchsetzen kann oder ob er sich die Entscheidungshoheit paritätisch mit den Arbeitnehmern bzw. deren Vertretern in Aufsichtsrat und Betriebsrat teilen muss. Zu beachten ist insoweit, dass der Interessenausgleich an sich nicht durch den Betriebsrat erzwungen werden kann. Das Interessenausgleichsverfahren ist gerade nicht als echter Mitbestimmungstatbestand ausgestaltet worden. Der Unternehmer kann sich, unter Inkaufnahme der Rechtsfolgen des § 113 I und II BetrVG, gegen die Aufnahme von Verhandlungen mit dem Betriebsrat entscheiden und die Betriebsänderung somit autonom herbeiführen. Auf die unternehmerische Entscheidung über das Ob und Wie der Betriebsänderung wird dann keinen Einfluss genommen. Die Entscheidungsmacht des Unternehmers wird lediglich durch die finanziellen Sanktionen des Nachteilsausgleichs gem. § 113 BetrVG beeinträchtigt, soweit dieser tatbestandlich eingreift. Die Prüfung dieser Tatbestandsvoraussetzungen und der Eintritt der Rechtsfolgen des § 113 BetrVG findet aber im Nachhinein statt. Die Betriebsänderung ist dann schon beschlossen und in der Regel auch durchgeführt. Zudem wird nicht jede Betriebsänderung automatisch durch eine finanzielle Belastung durch diesen Anspruch erschwert, sondern dieser tritt nur ein, sofern die Tatbestandsvoraussetzungen vorliegen. Die Arbeitnehmer müssen entlassen worden sein oder andere wirtschaftliche Nachteile durch die Betriebsänderung erfahren haben. Auch ist zu berücksichtigen, dass die Beeinträchtigung durch den Nachteilsausgleich tatbestandlich auch noch für die Fälle eingeschränkt ist, in denen auf Unternehmerseite ein zwingender Grund im Sinne des § 113 BetrVG als Ursache für die Abweichung vom gesetzlichen Verfahren gegeben ist. Ist der Nachteilsausgleichsanspruch dennoch tatbestandlich einschlägig, ist diese Beschränkung der Sozialbindung des Eigentums und damit den schutzwürdigen Positionen der Arbeitnehmerinteressen geschuldet. Die Sozialbindung ist in diesem Bereich des Arbeitsrechts besonders zu berücksichtigen, weil sich die fremde Organisation des Arbeitsplatzes hier für den Arbeitnehmer besonders stark auswirken kann. Auf die Entscheidung einer Betriebsänderung hat der Arbeitnehmer keinen Einfluss, er ist dann aber in finanzieller und sozialer Hinsicht sehr intensiv von dieser Entscheidung betroffen. Deswegen ist die Begrenzung der unternehmerischen Freiheit durch die finanzielle Sanktion vorliegend gerechtfertigt. Für die Fälle, in denen ein Unternehmer eine Betriebsänderung wegen der Höhe der zu erwartenden Nachteilsausgleichsansprüche unterlässt, lässt sich damit sagen, dass diese mit so erheblichen Nachteilen für die Arbeitnehmer verknüpft ist, dass sie von der Wertung des Gesetzes her nicht gewollt sein kann. Zu beachten ist auch, dass dem Unternehmer aus Art. 14 I GG nicht das Recht auf einen maximalen Ertrag zusteht. Mit der Sanktionierung über den Nachteilsausgleich können somit zusätzliche finanzielle Lasten an die Betriebsänderung angeknüpft werden. Dieses stellt für sich genommen jedoch keine unangemessene Beschränkung der Unternehmerfreiheit dar. Da das Letztentscheidungsrecht im Rahmen der §§ 111ff. BetrVG nur durch den Nachteilsausgleichsanspruch beschränkt ist und diese Beschränkung als zumutbar einzustufen ist, bleibt das Letztentscheidungsrecht beim Interessenausgleichsverfahren bestehen. Mit der Gewährleistung des Letztentscheidungsrechts bleibt die Unternehmerfreiheit auch im Hinblick auf eine besondere Rolle der persönlichen Freiheit des Unternehmers gewahrt. Lässt sich der Unternehmer hingegen auf Verhandlungen mit dem Betriebsrat ein und kommt es hiernach zu einem Interessenausgleich als Vertrag zwischen den Parteien, kann die fehlende Bindungswirkung nicht mehr ihre Ursache in der Gewährleistung der unternehmerischen Freiheiten haben. Zum einen wurde eben festgestellt, dass der Unternehmer sich nicht auf die Verhandlungen einlassen muss und zum anderen hängt die Bindungswirkung dann grundsätzlich von der Willensrichtung der Parteien ab. Erfolgt der Abschluss eines bindenden Vertrags, so lag dem eine autonome Entscheidung der Parteien zu Grunde. Eine solche kann aber wiederum keinen Verstoß gegen die Entscheidungsfreiheit des Unternehmers darstellen. Mangels Beeinträchtigung des Letztentscheidungsrechts des Unternehmers liegt auch keine Umgehung der Grundsatzentscheidung des Gesetzgebers vor, dass im Rahmen der §§ 111ff. BetrVG keine echten Mitbestimmungsrechte gegeben sein sollen. Auch die mit dem Letztentscheidungsrecht unmittelbar zusammenhängende Frage nach der Funktionsfähigkeit des Unternehmens ist positiv zu beantworten. Mangels paritätischer Mitbestimmung und der geschilderten Entscheidungssituation ist die Funktionsfähigkeit auch durch einen bindenden Interessenausgleich nicht über die Maße gefährdet. Inwiefern die Kumulation von unternehmerischer und betrieblicher Mitbestimmung an dieser Feststellung etwas ändert, gilt es noch zu untersuchen. Ob die Gefahr einer faktischen Parität real ist, erscheint anhand der obigen Überlegungen zur freien Entscheidungsmöglichkeit des Unternehmers und den verschiedenen Ansätzen für die Mitbestimmung fraglich. Letztlich handelt es sich bei der Frage nach der faktischen Parität aber auch um einen Umstand, der der Einschätzungsprärogative des Gesetzgebers unterliegt.[584] Die Fehlerhaftigkeit dieser Entscheidung wurde noch nicht bewiesen. Mangels der Beeinträchtigung des Letztentscheidungsrechts droht daher auch keine unverhältnismäßige Störung der Funktionsfähigkeit, zumal im Gegensatz zur unternehmerischen Mitbestimmung keine unmittelbare Beteiligung der Arbeitnehmer in den Organen der unternehmerischen Entscheidungsfindung gegeben ist. Zeitliche Beeinträchtigungen bei der Entscheidungsfindung durch die Beteiligung des Betriebsrats sind jeder Mitbestimmung immanent und unterliegen damit letztlich wiederum der Einschätzung

584 Papier, NJW 1987, 988 (991).

des Gesetzgebers, der sich für die Einführung einer betrieblichen Mitbestimmung entschieden hat.

b. Wahrung der Ausgleichsfunktion

Wägt man die Interessen der Unternehmerseite, insbesondere unter Berücksichtigung des sozialen Bezugs der unternehmerischen Tätigkeit, mit denen der Arbeitnehmerseite ab, folgt aus einem rechtlich bindenden Interessenausgleich keine unzumutbare Beschneidung der unternehmerischen Interessen. Wendet man sich dann der Frage zu, inwiefern die unterschiedlichen Interessen von Unternehmern und Arbeitnehmern bei einer Betriebsänderung zu berücksichtigen sein könnten, gelangt man zu dem Argument der Befürworter der vertraglichen Lösung. Sie sehen in der Vertragslösung einen Zugewinn von Gestaltungsmöglichkeiten für die beteiligten Parteien. Durch eine einvernehmliche, vertragliche Lösung könnte der Betriebsfrieden eher gewahrt bleiben und tatsächlich ein Ausgleich der Interessen erfolgen.[585] Auch *Kania* meint, obwohl Anhänger der herrschenden Ansicht, dass die strikte Ablehnung einer Bindungswirkung des Interessenausgleichs eine Beschränkung der Betriebsparteien in ihren Gestaltungsmöglichkeiten ohne zwingenden Grund darstelle.[586] Lässt sich nicht vereinbaren, dass beide Seiten an den Interessenausgleich gebunden sind, so besteht auch für keine der beiden Seiten ein besonderer Anreiz, der anderen Seite Zugeständnisse zu machen, geschwiege denn in eine Vorleistung zu gehen. Hierbei gilt es zu Gunsten der Unternehmerseite zu berücksichtigen, dass, mangels Erzwingbarkeit des Interessenausgleichsverfahrens, die Arbeitnehmerseite eher auf eine Einigung angewiesen ist als der Unternehmer.[587] Außerdem käme man zu dem paradoxen Ergebnis, dass durch den Schutz der Unternehmerfreiheit die Vertragsfreiheit, die ja wiederum auch einen Aspekt der Unternehmerfreiheit darstellt, eingeschränkt würde. Dabei ist die Vertragsfreiheit in allen wirtschafts- wie arbeitsrechtlichen Freiheitsbereichen von besonderer Bedeutung.[588] Man kann also mit Recht sagen, dass sofern unternehmerische Berufe der Vertragsfreiheit entbehren müssten, sie sich im Kern ausgehöhlt sähen.[589] Diese Ausführungen würden zweifelsfrei in gewissem Umfang entwertet, sollte sich ergeben, dass unabhängig von dem Grundmodell des Interessenausgleichs, die Parteien die Gestaltungsmöglichkeit haben, den Interessenausgleich als freiwillige Betriebsvereinbarung zu schließen.[590]

585 Siehe oben S. 39f.
586 ErfK/*Kania*, §§ 112, 112a BetrVG, Rn. 9.
587 Siehe dazu im Hinblick auf die unternehmerische Mitbestimmung: BVerfGE 50, 290 (330).
588 Maunz/*Scholz*, Art. 12 GG, Rn. 139.
589 Maunz/*Scholz*, Art. 12 GG, Rn. 138.
590 Hierzu ausführlich unten S. 175ff.

c. Keine Gefahr der Kumulation der Mitbestimmungsordnungen

Ein Problem, das das Bundesverfassungsgericht auch im Mitbestimmungsurteil angesprochen hat, ist die potenzielle Kumulation von betrieblicher und unternehmerischer Mitbestimmung.[591] In der Literatur wurde in den 1970er Jahren, den Jahren der Regelung der Mitbestimmung durch das Betriebsverfassungsgesetz von 1972 und dem Mitbestimmungsgesetz von 1976, immer wieder vor einer Kumulation der beiden Mitbestimmungsarten, insbesondere im Bereich der betrieblichen Mitbestimmung über wirtschaftliche Angelegenheiten, gewarnt.[592] Die Befürchtung bestand darin, dass sich aus dem Zusammenwirken dieser zwei Verfahren der Mitbestimmung eine zu weitgehende Beschränkung der Unternehmerfreiheit ergebe. Das Bundesverfassungsgericht stellte hierzu fest, dass grundsätzlich keine Überschneidung und damit auch keine Kumulation der beiden Mitbestimmungsarten zu befürchten sei, da die betriebliche Mitbestimmung in der Regel nicht auf die unternehmerischen Grundsatzentscheidungen abziele. Zudem hätten Aufsichtsrat und Betriebsrat, die Organe der jeweiligen Mitbestimmung, in der Regel nicht über die gleichen Angelegenheiten zu entscheiden.[593] Eine Ausnahme bestehe demnach allerdings bei einer Betriebsänderung und der damit zusammenhängenden Beteiligung des Betriebsrats über die Instrumente von Interessenausgleich und Sozialplan. Hierbei handele es sich um unternehmerische Grundsatzentscheidungen, die Aufsichtsrat und Betriebsrat beschäftigen könnten.[594]

Richtig ist zunächst, dass die Mehrzahl der betrieblichen Mitbestimmungstatbestände keine wirklichen Berührungspunkte mit der unternehmerischen Mitbestimmung über die Leitorgane des Unternehmens hat.[595] Sachverhalte, die der betrieblichen Mitbestimmung unterliegen, behandeln in der Regel Fragen der betrieblichen Ordnung oder der Ausgestaltung einzelner arbeitsrechtlicher Fragen, wie sie vor allem in § 87 I BetrVG angelegt sind. Hierbei handelt es sich nicht um unternehmerische Leitungsentscheidungen, welche den Aufsichtsrat passieren. Dieses hängt auch mit den im Detail verschiedenen Intentionen der Mitbestimmung zusammen: Diente die betriebliche Mitbestimmung vornehmlich der Verbesserung der Situation der einzelnen Arbeitnehmer, spielte bei der Einführung der unternehmerischen Mitbestimmung immer auch die generelle Kontrolle der Unternehmer durch die Vertreter der Arbeitnehmer eine Rolle und war teilweise auch hoch politisch motiviert.[596] Es ist grundsätzlich anzuerkennen, dass für die Frage der Kumulation von betrieblicher und unternehmerischer Mitbestimmung

---

591 BVerfGE 50, 290 (326ff.)

592 Buchner, ZfA 1974, 147 (179) m. w. N.

593 BVerfGE 50, 290 (327).

594 BVerfGE 50, 290 (327).

595 So schon Auffarth, RdA 1976, 1 (3).

596 Siehe Bericht der Mitbestimmungskommission (sog. Biedenkopf-Kommission): BT-Drs. IV/433, S. 19ff. Zur Montanmitbestimmung siehe auch: ErfK/*Oetker*, Einl. MontanMitbestG, Rn. 1ff.

sensible Bereiche gefunden werden können. Dieses gilt z. B. für die Mitbestimmung in wirtschaftlichen Angelegenheiten nach den §§ 106ff. BetrVG und speziell für die Beteiligung des Betriebsrats bei Betriebsänderungen nach den §§ 111f. BetrVG. Dabei wäre z. B. folgende Fallgestaltung denkbar: Der Beschluss der Unternehmensleitung, in einem nach dem Mitbestimmungsgesetz mitbestimmten Unternehmen, eine Betriebsänderung durchzuführen, bedarf der Zustimmung des mitbestimmten Aufsichtsrats nach § 111 IV 2 AktG i. V. m. § 25 MitbestG. Danach kann durch die Satzung oder den Aufsichtsrat bestimmt werden, dass bestimmte Arten von Geschäften nur mit der Zustimmung des Aufsichtsrats vorgenommen werden dürfen. Zwar fallen unter solche „bestimmte Arten von Geschäften" im Sinne des § 111 IV 2 AktG nur besonders bedeutsame Geschäftsführungsmaßnahmen, um die Kompetenzverteilung zwischen Vorstand und Aufsichtsrat zu wahren.[597] Schaut man sich die Tatbestände des Katalogs der Betriebsänderungen in § 111 S. 3 BetrVG an, sollte dieses Erfordernis in der Regel aber gegeben sein. Auch wenn bei dieser Aufzählung auf Betriebs- und nicht auf Unternehmensebene abgestellt wurde.[598] Zu dieser zumindest möglichen gesellschaftsrechtlichen Mitbestimmung im Aufsichtsrat kommen dann die Einflussmöglichkeiten des Betriebsrats über die §§ 111f. BetrVG hinzu. Das Bundesverfassungsgericht verneint letztlich aber auch in diesem Szenario die Gefahr einer Kumulation, weil die Mitbestimmung sich in verschiedenen Organen und verschiedenen Verfahren abspiele und der Einfluss der Arbeitnehmerseite daher auch bei einem parallelen Ablauf der Verfahren unverändert (unparitätisch) bleibe.[599] Hierzu kann man noch anführen, dass auch unterschiedliche institutionelle Anknüpfungspunkte für die Mitbestimmung vorliegen, der Betrieb auf der einen und das Unternehmen auf der anderen Seite.[600] Das Bundesverfassungsgericht ist hier sehr eindeutig: „Es ist nicht erkennbar, aus welchem Grund die Verfolgung derselben Belange im Aufsichtsrat und im Betriebsrat das Gewicht der Arbeitnehmerseite vermehren soll, wenn im einen eine leicht unterparitätische, im anderen eine paritätische Mitbestimmung besteht".[601]

Formell betrachtet ist dem sicher zu zustimmen. Der Aufsichtsrat hat nur im Grundsätzlichen und nicht dezidiert über die unternehmerische Maßnahme zu entscheiden. Zudem ist zu beachten, dass auch die Aufsichtsratsmitglieder der Arbeitnehmerseite gem. §§ 116 i. V. m. 93 I AktG dem Wohl des Unternehmens im Ganzen verpflichtet sind. Sie dürfen sich demnach nicht einseitig von

597 ErfK/*Oetker*, § 111 AktG, Rn. 9; MüKoAktG/*Habersack*, § 111 AktG, Rn. 7, 9.
598 Richardi/*Annuß*, § 111, Rn. 38.
599 BVerfGE 50, 290 (327).
600 Raiser, FS Duden, 423 (426), der diese „Trennungstheorie" jedoch rein gedanklich sieht und ansonsten von einer dieses Argument aufhebenden Wechselwirkung ausgeht.
601 BVerfGE 50, 290 (327f.).

Arbeitnehmerinteressen lenken lassen.[602] Dagegen wird eingewandt, dass eine solche formelle Betrachtung der Rechtswirklichkeit nicht entspräche. Die Arbeitnehmervertreter im Aufsichtsrat würden vielmehr aufgrund des tatsächlichen Drucks, zu Gunsten der Arbeitnehmer handeln zu müssen, einer zustimmungspflichtigen Geschäftsführungsmaßnahme nur unter dem Vorbehalt der arbeitnehmerfreundlichen Ausgestaltung zustimmen..[603] Freilich bleibt der Beweis dieser Rechtswirklichkeit aus, weswegen das Argument wenig überzeugend ist. Es lässt sich nicht pauschal sagen, ob ein Arbeitnehmervertreter sich für die Verletzung einer gesetzlichen Pflicht entscheidet, um einer faktischen oder moralischen Verpflichtung nachzukommen. *Raiser* würdigt dabei auch zu wenig[604], dass dem Unternehmen insofern ein Schutz über die §§ 116, 93 I AktG gewährt wird. Danach sind die Aufsichtsratsmitglieder dem Wohl des Unternehmens im Ganzen verpflichtet und es besteht auch eine entsprechende Sanktionsmöglichkeit.[605] Dem kann man vielleicht entgegnen, dass ein entsprechendes Vorgehen der Unternehmensführung gegen die Arbeitnehmervertreter im Aufsichtsrat den Betriebsfrieden bedroht und deswegen wenig ratsam sei. Aber insofern gilt wohl, dass ein solches Vorgehen den Betriebs- oder Unternehmensfrieden nicht mehr gefährden würde, als es die einseitige Durchsetzung einer Betriebsänderung ohne Berücksichtigung der Arbeitnehmerinteressen vermutlich sowieso tun würde. Bei Betrachtung der Rechtswirklichkeit sollte zudem beachtet werden, dass der Betriebsrat Detailkenntnisse bzgl. des jeweiligen Betriebs in das Verfahren nach §§ 111f. BetrVG einbringen und damit zu einer sinnvollen Ergänzungen der Kompetenzen und Pflichten betrieblicher und unternehmerischer Mitbestimmung beitragen kann.[606]

Richtig ist zudem, dass eine Beurteilung der Kumulation von Mitbestimmungsrechten nicht formell, unter einer rein quantitativen Betrachtung erfolgen kann, sondern die Frage der Kumulation qualitativ bewertet werden muss.[607] Es muss also geschaut werden, inwiefern tatsächlich eine inhaltliche Kumulation der Mitbestimmungsrechte vorliegt und wie sich diese konkret auswirkt. Entscheidend ist insofern, dass nicht nur bzgl. des Mitbestimmungsgesetzes keine echte Parität besteht, sondern auch nicht bzgl. der Beteiligung des Betriebsrats bei Betriebsänderungen nach dem Betriebsverfassungsgesetz. Das Bundesverfassungsgericht liegt nicht richtig, wenn es hier von einer paritätischen Mitbestimmung ausgeht.

---

602 Raiser, FS Duden, 423 (433). Im Übrigen gilt durch § 2 I BetrVG ähnliches auch für den Betriebsrat. Siehe dazu ausführlich: GK/*Franzen*, § 2, Rn. 3ff., 43.

603 Raiser, FS Duden, 423 (433f.).

604 *Raiser* meint eine Pflichtverletzung sei den Aufsichtsratsmitgliedern nicht vorzuwerfen, wenn diese Sachzwängen folgen würden, siehe Raiser, FS Duden, 423 (434).

605 Zur Sanktion von Pflichtverstößen nach § 116 AktG siehe MüKoAktG/*Habersack*, § 116, Rn. 67ff.

606 Auffarth, RdA 1976, 1 (4) der hier von einer „sachnäheren" betrieblichen Mitbestimmung ausgeht; Raiser, FS Duden, 423 (433).

607 Ebenso: Auffarth, RdA 1976, 1 (4).

Mangels Parität kann auch erst recht keine „Überparität" durch die Kumulation betrieblicher und unternehmerischer Mitbestimmung vorliegen.[608] Parität meint, nach der Definition des Bundesverfassungsgerichts, das Verhältnis zweier Partner, bei dem keine Seite eine von ihr gewünschte Entscheidung ohne Zustimmung der anderen Seite erzwingen kann.[609] Bzgl. des Mitbestimmungsgesetzes kann eine echte Parität unter Verweis auf die §§ 27 II 2 und 29 II MitbestG verneint werden. Danach stellen im Zweifel die Aufsichtsratsmitglieder der Anteilseignerseite den Aufsichtsratsvorsitzenden, welcher bei Abstimmungen, die in einer Stimmengleichheit münden, dann bei erneuter Abstimmung ein doppeltes Stimmrecht hat. Im Zweifel steht der Anteilseignerseite nach dem Mitbestimmungsgesetz also immer ein Letztentscheidungsrecht zu und sie kann eine gewünschte Entscheidung auch ohne Zustimmung der Arbeitnehmervertreter im Aufsichtsrat durchsetzen. Insofern geht auch das Bundesverfassungsgericht hier zu Recht von einer leicht unterparitätischen Mitbestimmung aus.[610] Betrachtet man die betriebliche Mitbestimmung bei Betriebsänderungen und hier im speziellen das Interessenausgleichsverfahren, so zeigt sich, dass auch hier keine Parität vorliegt. Selbst bei der Annahme einer schuldrechtlichen Bindungswirkung des Interessenausgleichs ist dieser für den Betriebsrat nämlich nicht erzwingbar. Der Unternehmer kann, unter Berücksichtigung der Sanktion des § 113 BetrVG, auch ohne Zustimmung des Betriebsrats bzw. schon ohne den Versuch eines Interessenausgleichs die Betriebsänderung durchführen. Anders als z. B. im Rahmen von echten Mitbestimmungsrechten wie gem. § 87 I BetrVG, wo mitunter kein Letztentscheidungsrecht mehr für den Arbeitgeber besteht[611], ist der Unternehmer nicht auf die Zustimmung des Betriebsrats angewiesen, um seine Entscheidung rechtswirksam umzusetzen. Auch hier ist die Entscheidung, eine Betriebsänderung durchzuführen, allein durch den Unternehmer und ohne Zustimmung des Betriebsrats möglich. Es liegt mithin keine Parität vor. Als Folge dessen besteht auch keine Gefahr der Kumulation, die eine „Überparität" der Arbeitnehmerseite zum Ergebnis haben könnte.

d. Zwischenergebnis

Die Auslegungsvarianten nach denen dem Interessenausgleich auch für den Unternehmer eine verbindliche Wirkung nachkommen soll, sind als verhältnismäßig einzustufen. Die Beeinträchtigung der unternehmerischen Freiheiten durch den Interessenausgleich ist demnach bei allen verbliebenen Auslegungsvarianten zu rechtfertigen. Ein Verstoß gegen die verfassungsrechtlich geschützten unternehmerischen Freiheiten liegt nicht vor.

---

608 So aber Erdmann, RdA 1976, 87 (89) m. w. N.
609 BVerfGE 50, 290 (322).
610 BVerfGE 50, 290 (323).
611 Müller, Berufsfreiheit des Arbeitgebers, S. 175.

5. Zwischenergebnis: Anwendungsbereich der verfassungskonformen Auslegung nicht eröffnet

Mangels Verstoßes einer der Auslegungsvarianten gegen die unternehmerischen Freiheiten fehlt es an einer verfassungswidrigen Auslegungsvariante. Damit ist eine verfassungskonforme Auslegung nicht notwendig bzw. schon gar nicht möglich.

II. Verfassungsorientierte Auslegung

Dieses Ergebnis zur verfassungskonformen Auslegung wird dem argumentativen Stellenwert der unternehmerischen Freiheiten in der Diskussion um die Rechtsnatur des Interessenausgleichs nicht gerecht. Aufgrund der Relevanz der Unternehmerfreiheit in der Debatte und dem gleichzeitigen Ausschluss einer verfassungskonformen Auslegung fragt sich, ob nicht zumindest ein Erkenntnisgewinn durch eine sog. verfassungsorientierte Auslegung möglich ist.[612] Zur Aufgabe der systematischen Auslegung gehört es nämlich auch, die vorliegende Frage darauf hin zu untersuchen, welche Auslegungsvariante sich in das Gesamtbild der Rechtsordnung am besten einfügt.[613] Untersucht werden muss, welche Auffassung zur Rechtsnatur des Interessenausgleichs die Vorgaben der Verfassung, insbesondere zu den unternehmerischen Freiheiten, im Sinne der Einheit der Rechtsordnung, am besten umsetzt. Es geht hierbei um eine Inhaltsbestimmung im Rahmen der systematischen Auslegung durch Vergleich der verbliebenen Auffassungen mit den Vorgaben der Verfassung und nicht um eine Prüfung der Verfassungsmäßigkeit des Interessenausgleichs oder eine verfassungskonforme Auslegung.[614]

1. Ausstrahlungswirkung der unternehmerischen Freiheiten

Die Grundrechte in der Verfassung dienen nicht nur der Abwehr staatlicher Eingriffe, sondern auch dem Ausgleich kollidierender Freiheitsausübungen, wobei ein System verfassungsrechtlicher Grundentscheidungen in allen Bereichen der Rechtsordnung Geltung beansprucht.[615] Diese sog. Ausstrahlungswirkung der Grundrechte ist bei Anwendung und Auslegung des einfachen Rechts zu berücksichtigen.[616] Konkret bedeutet dies, dass die unternehmerischen Freiheiten das Ergebnis eines Systems verfassungsrechtlicher Grundentscheidungen sind, welches beim Ausgleich der kollidierenden Freiheitsausübungen von Arbeitnehmern und Arbeitgebern berücksichtigt werden muss. Inhaltlich kann dabei auf

---

612 Zu diesem Begriff: Canaris, FS Kramer, S. 582.
613 Canaris, FS Kramer, S. 587ff.
614 Zur verfassungskonformen Auslegung und der Abgrenzung siehe auch: Bettermann, Verfassungskonforme Auslegung, S. 22ff.
615 ErfK/*Schmidt*, Einl. GG, Rn. 33ff.
616 BeckOK-GG/*Axer*, Art. 14, Rn. 23.

die Ausführungen im Rahmen der verfassungskonformen Auslegung aufgebaut werden. Es geht daher darum, dass der Unternehmer im Zweifel allein über rein wirtschaftliche Entscheidungen beschließen können muss, damit die unternehmerische Entscheidungsfreiheit tatsächlich gewahrt bleibt. Die verfassungsrechtliche Werteordnung hat dabei allerdings nicht nur die Unternehmerseite im Blick, sondern gebietet einen Ausgleich der grundrechtlich relevanten Interessen von Arbeitnehmern und Unternehmern. Eine alleinige Betrachtung der unternehmerischen Freiheiten ist nicht möglich, sondern immer ist auch eine Betrachtung der Gegenseite, also der grundrechtlich geschützten Freiheiten der Arbeitnehmer, notwendig. Namentlich geht es dabei um Grundrechtspositionen der Arbeitnehmer im Zusammenhang mit Art. 12 I GG. Dieses gilt insbesondere auch vor dem Hintergrund des sozialen Bezugs der unternehmerischen Tätigkeit: Ohne die Mitarbeit der Arbeitnehmer ist eine unternehmerische Tätigkeit im betriebsverfassungsrechtlichen Sinn nicht denkbar. Diese verfassungsrechtlichen Grundentscheidungen strahlen auf die gesamte Rechtsordnung aus. Das heißt, sie geben auch Vorgaben für die einfachgesetzliche Auslegung, wie bei der vorliegenden Frage nach der Rechtsnatur des Interessenausgleichs.

2. Optimierte Interpretation im Hinblick auf die unternehmerischen Freiheiten

Zu untersuchen gilt die Frage, ob eine der verbliebenen Auslegungsvarianten mehr oder weniger dieser „ausstrahlenden", verfassungsrechtlichen Werteordnung entspricht bzw. welche Variante sie in optimaler Weise zur Geltung bringt. Da die Beteiligungsrechte des Betriebsrats in wirtschaftlichen Angelegenheiten grundsätzlich so gestaltet sind, dass die unternehmerischen Entscheidungen dem Unternehmer vorbehalten bleiben, erfüllen die betriebsverfassungsrechtlichen Regelungen die verfassungsrechtlichen Vorgaben.[617] Ersterem liegt die Entscheidung des Gesetzgebers zugrunde, dass durch die betriebliche Mitbestimmung der Betriebsrat zwar an der Planung unternehmerischer Entscheidungen beteiligt werden sollte, damit aber kein Eingriff in die eigentliche unternehmerische Entscheidung an sich erfolgen soll.[618] Die Beteiligung der Arbeitnehmer an der Unternehmensführung ist zudem Gegenstand der unternehmerischen und nicht der betrieblichen Mitbestimmung. Beide Mitbestimmungsordnungen ergänzen sich insoweit.[619] Speziell der Bereich der wirtschaftlichen Angelegenheiten nach den §§ 106ff. BetrVG umfasst tatsächlich die Entscheidungshoheit über unternehmerische Fragen und wirkt sich nicht nur mittelbar in wirtschaftlicher Hinsicht aus, wie es bei der Mitbestimmung in personellen und sozialen Angelegenheiten der Fall sein kann.[620] Das Leitprinzip

617 Richardi/*Richardi*, Einl., Rn. 53.
618 Bericht des Sozialausschusses zu BT-Drs.VI/2729.
619 Richardi/*Annuß*, Vor §§ 106ff., Rn. 1f. Zur Gefahr der Kumulation siehe oben S. 120.
620 Richardi/*Annuß*, Vor §§ 106ff.,Rn. 2.

der Betriebsverfassung ist demnach, dass die eigentliche unternehmerische Entscheidung mitbestimmungsfrei bleibt, auch wenn viele Mitbestimmungstatbestände unternehmerisch-wirtschaftlich sehr relevant sind.[621] Dieses Leitprinzip ist unmittelbarer Ausfluss der verfassungsrechtlichen Vorgaben zu den unternehmerischen Freiheiten. Im Hinblick auf die unternehmerischen Freiheiten wäre damit diejenige Position am vorzugswürdigsten, die die unternehmerische Entscheidung am geringsten beeinflusst. Bei den verbliebenen Auslegungsvarianten wäre das die herrschende Ansicht, weil sie eine Bindung des Unternehmers durch den Interessenausgleich kategorisch ablehnt.[622]

Bei erneuter Betrachtung der verfassungsrechtlichen Vorgaben wäre dieser Schluss aber wohl zu einseitig. Bei einem Konflikt von jeweils verfassungsrechtlich geschützten Interessen ist grundsätzlich ein Ausgleich zwischen den Grundrechtspositionen zu erzielen.[623] Bei der Frage der Verfassungsmäßigkeit spricht man insofern von der praktischen Konkordanz.[624] Dieser Gedanke ist hier nicht unmittelbar anwendbar, weil es sich nicht um die verfassungskonforme Auslegung handelt. Dieser Ausgleichsgedanke könnte aber auch im Rahmen der verfassungsorientierten Ergebnisfindung erkenntnisreich sein. Denn ein Interessenausgleich als beidseitig (schuldrechtlich) bindender Vertrag vermag den verfassungsrechtlich gebotenen Ausgleich der gegenläufigen Interessen zu fördern. Wird die Bindungswirkung des Interessenausgleichs im Einzelfall danach beurteilt, ob ein entsprechender Rechtsbindungswillen der Parteien vorliegt oder nicht, überlässt man den Ausgleich den Interessen der Betriebsparteien. Dabei droht auch keine Beschränkung der unternehmerischen Entscheidung, weil das Zustandekommen und die Qualität der Abrede unmittelbar an den freien Willen des Unternehmers gebunden sind. Auf einer ersten Stufe stellt die Beteiligung des Betriebsrats durch das Interessenausgleichsverfahren damit eine Beschränkung des rechtlichen „Dürfens“ und nicht des „Könnens“ dar.[625] Bzgl. der zweiten Stufe könnte man in der Folge beim Abschluss eines Interessenausgleichs von einer Erweiterung des rechtlichen „Dürfens“ im Gegensatz zu einem „Müssen“ sprechen. Im Ergebnis besteht damit die Tendenz, dass bei einer verfassungsorientierten Betrachtung der Auslegungsfrage, eine auf den Rechtsbindungswillen abstellende schuldrechtliche Lösung dem Ausgleichsgedanken der Verfassung am nächsten kommt.

F. Die Folgenbetrachtung

Fraglich ist noch, ob und inwiefern die Folgenbetrachtung einen Beitrag zu der vorliegenden Auslegungsfrage bieten kann. Innerhalb der Gesetzesbindung kann

621 Richardi/*Richardi*, Einl. Rn. 56.
622 Siehe oben S. 36.
623 ErfK/*Schmidt*, Einl. GG, Rn. 72ff.
624 ErfK/*Schmidt*, Einl. GG, Rn. 72.
625 Richardi/*Annuß*, Vor §§ 106ff., Rn. 9.

die Folgenbetrachtung noch offene Auslegungsspielräume klären und bei der Suche nach derjenigen Auslegungsvariante helfen, die das Ziel des Gesetzes am besten zu verwirklichen verspricht.[626] Unter der Folgenbetrachtung versteht man die Berücksichtigung der bei einer bestimmten Auslegungsvariante zu erwartenden praktischen Auswirkungen im Rahmen der Entscheidungsfindung.[627] Wichtig ist ein unparteiisches Vorgehen, wie es auch die Grundlage bei der ursprünglichen Folgenanalyse durch den Gesetzesgeber sein sollte.[628] Weitestgehende Einigkeit besteht auch grundsätzlich bzgl. des allgemeinen Verfahrens der Folgenbetrachtung. Dabei steht am Anfang die Auswahl der zu untersuchenden und zu bewertenden Folgen[629], woran sich das eigentliche Verfahren der Folgenbetrachtung anschließt. Hierbei gilt es, die möglichen Folgen zu prognostizieren, diese zu erwartenden Folgen zu bewerten und eine Entscheidung für den Auslegungsprozess zu treffen.[630] Welche Folgen durch den Rechtsanwender ausgewählt und folglich auch bewertet werden sollten, wird jedoch im Detail unterschiedlich beurteilt.[631] Anerkannte, mögliche zu bewertende Folgen sind z. B. die Effizienz und Transparenz einer Regelung, die ökonomische Beurteilung, die Gerechtigkeit der Fallentscheidung oder auch das Schutzprinzip.[632] Wichtig ist aber zum einen, dass Folgen, für die der Wortlaut und die systematische Interpretation der Norm nichts hergeben, nicht berücksichtigt werden dürfen[633], zum anderen, dass keine Betrachtung von gesamtwirtschaftlichen oder -gesellschaftlichen Folgen erwünscht ist.[634] Es geht bei der Auslegung durch Folgenbetrachtung um die Bewertung der Nah- und nicht der Fernwirkung.

Bevor eine Folgenbetrachtung vorgenommen werden kann, muss daher zunächst festgestellt werden, um welche Folgen welcher möglichen Auslegungsvarianten es vorliegend gehen soll und wo die Grenze durch die Gesetzesbindung[635] verläuft. Für letzteres kann auch auf die bisherigen Ergebnisse der Auslegung zurückgegriffen werden. Die Grenzen der Folgenbetrachtung stellen sich vorliegend so dar, dass diese nicht zu dem Ergebnis einer normativen Wirkung führen

626 Deckert, Folgenorientierung, S. 54f.
627 Stoffels, Wirkungsfolgen des Kündigungsrechts, Rn. 9.
628 Kramer, Methodenlehre, S. 240f.
629 Stoffels, Wirkungsfolgen des Kündigungsrechts, Rn. 10.
630 Rieble, Folgenabschätzung im Arbeitsrecht, Rn. 9ff.; Ausführlicher noch: Karpen, Folgenabschätzung, Rn. 55f.
631 Siehe z. B. Deckert, Folgenorientierung, S. 139ff.
632 Zu Effizienz und Gerechtigkeit siehe u. a. Deckert, Folgenorientierung, S. 174ff.; Zum Schutzprinzip: Däubler, Folgenabschätzung im Arbeitsrecht, S. 47f.; Zur Transparenz: Karpen, Folgenabschätzung, S. 18.
633 Raisch, Juristische Methoden, S. 185f.; Stoffels, Wirkungsfolgen des Kündigungsrechts, Rn. 41.
634 Rieble, Folgenabschätzung im Arbeitsrecht, Rn. 41ff.; Stoffels, Wirkungsfolgen des Kündigungsrechts, Rn. 21ff.
635 Deckert, Folgenorientierung, S. 54.

kann. Ein Ausgleich der gegenstreitenden Interessen muss gleichwohl ermöglicht werden. Ist der Anwendungsbereich der Folgenbetrachtung somit grob abgesteckt, können die zu untersuchenden Folgen ausgewählt werden, sowie Prognose und Bewertung vorgenommen werden. Dabei können die praktischen Auswirkungen jedoch kaum allgemein-generell betrachtet werden, sondern benötigen eine individuell-konkrete Beobachtung im Einzelfall. Insofern ist ein Rückgriff auf die bereits dargestellten Fallbeispiele für einen Interessenausgleich hilfreich, um die Auswirkungen in der Praxis zu veranschaulichen.

I. Zielgenauigkeit und Effizienz

Ineffiziente Regelungen sind grundsätzlich unverhältnismäßig.[636] Ihnen fehlt es regelmäßig an der Erforderlichkeit. Effizient ist eine Rechtsnorm, aufbauend auf einem ökonomischen Verständnis, wenn sie das zu erreichende Ziel mit möglichst geringem Aufwand herbeiführt.[637] Auf der einen Seite stehen dabei die Schutz- bzw. „Komplexitätskosten"[638] und auf der anderen Seite eine mögliche „Friedensrendite".[639]

Hierbei kann zum Teil auf die bereits erfolgte Prüfung der Verhältnismäßigkeit der Regelung des Interessenausgleichsverfahrens verwiesen werden. Denn die Argumentation zu Kosten und Nutzen deckt sich insofern teilweise mit den Fragen der Geeignetheit und Erforderlichkeit des Interessenausgleichsverfahrens.[640] Davon abgesehen ist den vertraglichen Einordnung des Interessenausgleichs zugute zu halten, dass sie grundsätzlich eine Anknüpfung an bisherige Regelungstypen versuchen. Dadurch wird ein Rückgriff auf bekannte Lösungsstrukturen ermöglicht, deren Nutzung kostengünstiger ausfallen sollte, als die Schaffung neuer, expliziter Regelungsinstrumente für den Interessenausgleich. Das gilt jedoch im Ergebnis für die Annahme einer Naturalobligation ebenso wie für den Schuldvertrag. Im Sinne der Effizienz erscheint folgerichtig keine der Ansichten vorzugswürdiger. Zumal die Aussagekraft dieses Kriteriums, allein betrachtet, beschränkt ist und es immer im Zusammenhang mit den Fragen der Gerechtigkeit in Verbindung gebracht werden sollte.[641]

636 Karpen, Folgenabschätzung, Rn. 28.
637 Däubler, Folgenabschätzung im Arbeitsrecht – zwischen Schutzprinzip und Effizienzdenken, Rn. 23.
638 Rieble, Folgenabschätzung im Arbeitsrecht, Rn. 49: „Je komplizierter eine Rechtsmaterie, desto höher sind die Kosten für ihre Anwendung".
639 Rieble, Folgenabschätzung im Arbeitsrecht, Rn. 52.
640 Siehe dazu schon oben S. 116ff.
641 Siehe zur entsprechenden Kritik: Deckert, Folgenorientierung, S. 181ff.

II. Gerechtigkeit der Fallentscheidung

Die Gerechtigkeit der Fallentscheidung ist ein maßgebliches Kriterium der Folgenorientierung.[642] Gleichzeitig ist der Begriff der Gerechtigkeit aber auch schwer zu erfassen[643], weil sich die Gerechtigkeit einer Regelung im jeweiligen Einzelfall am deutlichsten veranschaulichen lässt. Andererseits verhindert aber auch eine ausufernde Orientierung am Einzelfall die Bildung von Rechtsvertrauen.[644] Aufgrund der Aufgabe, einen Interessenausgleich nach dem ursprünglichen Wortverständnis zu erzielen, ist die Frage der Gerechtigkeit vorliegend aber besonders wesentlich. Insofern könnte man darauf hinweisen, dass dem Vertrag teilweise eine materielle Richtigkeitsgewähr zugesprochen wird[645], die für eine Gerechtigkeit der Einzelfallregelung durch Vertrag sprechen könnte. Das würde gegen die Einordnung als tatsächliche Beschreibung sprechen. Alle weiteren verbliebenen Auslegungsvarianten gehen dagegen von einem Vertrag im Sinne der §§ 145ff. BGB aus. Die herrschende Ansicht meint jedoch, dass hierbei keine echte Verbindlichkeit entstehe, der Betriebsrat aber dennoch an die Vereinbarung gebunden sei. Sie geht damit von einer einseitigen Bindung zu Lasten des Betriebsrats aus. Dieses könnte nach den Gerechtigkeitsgesichtspunkten zu kritisieren sein. Der Vertragsgedanke zieht seine Richtigkeitschance aber weniger aus einer zwingenden gegenseitigen Bindung als vielmehr vor allem aus dem Zustandekommen des Vertrags durch gegenseitiges Nachgeben der Parteien. Das gegenseitige Nachgeben führt zu einer gerechten Lösung der Konfliktlage. Zudem werden die Vertreter der herrschenden Ansicht dem entgegen halten, dass diese einseitige Bindung durch den Eingriff in die Unternehmerfreiheit und den Nachteilsausgleich gerechtfertigt sei. In Bezug auf letzteren fragt sich deshalb, ob hierbei die Gefahr von Schutzlücken besteht. Dieses ist zum einen in dem Fallbespiel möglich, indem die Grenzwerte des § 112a BetrVG nicht überschritten werden und wirtschaftliche Nachteile damit nicht durch einen Sozialplan aufgefangen werden. Zum anderen droht eine Schutzlücke, wenn der Unternehmer von der Vereinbarung im Interessenausgleich abweicht, dem einzelnen gegenwärtigen Arbeitnehmer daraus aber kein wirtschaftlicher Nachteil im Sinne des § 113 BetrVG droht, weil es sich beispielsweise nur um eine Regelung für die Zukunftssicherung einer Abteilung durch Neueinstellungen im Rahmen einer Umstrukturierung handelt. Im ersten Fall muss beachtet werden, dass der Ausgleich wirtschaftlicher Nachteile grundsätzlich nicht im Interessenausgleich erfolgt und dieses Szenario hier daher nicht weiter interessiert. In der zweiten Situation könnte ein durchsetzbarer Leistungsanspruch des Betriebsrats dagegen durchaus für die Gerechtigkeitsidee Früchte tragen. Das führt zwangsläufig zu

642 Larenz, Methodenlehre, S. 348f.; Karpen, Folgenabschätzung, Rn. 45.
643 Details zum Gerechtigkeitsbegriff in der Folgenbetrachtung: Deckert, Folgenorientierung, S. 192ff.
644 Rieble, Folgenabschätzung im Arbeitsrecht, Rn. 58ff.
645 Siehe dazu, aber auch zu entsprechender Kritik unten S. 149ff.

der Frage, wie und woran die Gerechtigkeit beim Interessenausgleich zu messen ist. Die Besonderheit stellt sich hier nämlich derart dar, dass der Interessenausgleich zwar zwischen Unternehmer und Betriebsrat verhandelt und vereinbart wird, die inhaltlichen Regelungen aber Unternehmer und Belegschaft treffen. Entscheidend für die Frage der Gerechtigkeit können nur die inhaltlichen Regelungen des Interessenausgleichs sein. Folglich sind Unternehmer und Belegschaft zu betrachten. Diese Überlegungen zeigen, dass auch das zweite Szenario vorliegend keine Aussagekraft hat, weil die Arbeitnehmer in den Fällen, in denen sie durch die Abweichung vom Interessenausgleich wirtschaftliche Nachteile erleiden, einen Ausgleich für die einseitige Abweichungsmöglichkeit des Unternehmers in Form des Nachteilsausgleichs erhalten. Zudem kann ansonsten nicht pauschal davon ausgegangen werden, dass die Arbeitnehmer ein besonderes Interesse an dem Einhalten der Vereinbarung haben.

Im Ergebnis ist die Frage der Gerechtigkeit der Fallentscheidung, wie schon zu Beginn angedeutet, schwierig zu bewerten. Tendenziell erscheint der freiwillige Vertrag grundsätzlich als Indikator für einen gerechten Ausgleich geeignet. Bei der Entscheidung der Auslegungsfrage ist mit diesem Gedanken jedoch nichts Eindeutiges gewonnen.

III. Ungewollte Anreize

Des Weiteren gilt es zu untersuchen, ob durch eine Auslegungsvariante des Interessenausgleichs nicht ungewollte Anreize als Nebeneffekt für die beteiligten Parteien gebildet werden. Die Bewertung der Missbrauchsanfälligkeit ist ein wichtiger Punkt der Folgenbetrachtung.[646] Auch in der Literatur zum Interessenausgleich wird darauf hingewiesen, dass ein den Arbeitgeber bindender Interessenausgleich immer auch die Gefahr beinhalte, dass der Betriebsrat übermäßigen Druck auf die Unternehmer ausübt, indem er mit einer „Verzögerungstaktik“ die Betriebsänderung wirtschaftlich erschwert oder gar unmöglich macht.[647] Freilich besteht diese Gefahr immer, wenn der Unternehmer die Zahlung des Nachteilsausgleichs scheut und er sich auf Verhandlungen einlässt, um diese zu verhindern. Insofern ist zu bedenken, dass die Frage der Verzögerungstaktik vornehmlich nicht mit der Frage der Rechtsnatur des Interessenausgleichs zusammenhängt, sondern eher mit der davon unabhängig diskutierten Frage, ob dem Betriebsrat ein Unterlassungsanspruch zustehen soll, wenn der Unternehmer die Betriebsänderung ohne oder vor Beendigung des Interessenausgleichsverfahren vorzunehmen droht.[648] Allerdings kann man diesem Argument, unabhängig von der Frage nach einem Unterlassungsanspruch, bereits entgegnen, dass der Unternehmer das Vorankommen bei der Betriebsänderung durch rechtzeitige Wahrnehmung seiner

646 Rieble, Folgenabschätzung im Arbeitsrecht, Rn. 40.
647 Grünewald, Interessenausgleich und Sozialplan, S. 86.
648 Siehe hierzu ausführlicher unten S. 182ff.

betriebsverfassungsrechtlichen Pflichten grundsätzlich selbst „in der Hand“ hat.[649] Hiervon können freilich in besonderen, nicht vorhersehbaren Fällen Ausnahmen geboten sein. In solchen Fällen und auch allgemein kommt ein weiterer Punkt zum Tragen: Der Kooperationsgrundsatz im Betriebsverfassungsrecht durch das Gebot der vertrauensvollen Zusammenarbeit gem. § 2 I BetrVG. Betriebsrat und Arbeitgeber sind durch dieses Gebot zur Kooperation zum Wohle des Betriebs verpflichtet.[650] Dieses gilt insbesondere auch für die Ausübung der Mitbestimmungsrechte im weiteren Sinn.[651] Ein Konfrontationskurs, wie etwa eine Verzögerungstaktik wohl zwangsläufig darstellen würde, verträgt sich damit nicht.

Neben der Missbrauchsanfälligkeit spielt unter dem Aspekt der ungewollten Anreize auch der sog. „Bumerang“-Effekt eine wichtige Rolle. Dabei geht es um den konkreten Preis, der für eine Regelung zu zahlen ist, weil die Adressaten der Regelung versuchen, dessen belastender Wirkung auszuweichen.[652] Insofern gilt es jetzt aus der anderen Perspektive zu fragen: Welche Konsequenzen drohen bei Annahme eines bindenden Interessenausgleichs? Ging es zuvor um die möglichen Maßnahmen des Betriebsrats, rückt nun der Unternehmer in den Fokus. Hierbei treten mögliche Umgehungsmöglichkeiten ins Auge. Anders als die Unternehmensmitbestimmung, die an die Rechtsform des mitbestimmten Unternehmens anknüpft, ist die Betriebsverfassung hier weniger anfällig. Zumal das Gesetz mangels zwingender Ausgestaltung des Interessenausgleichsverfahrens schon einen Ausweg für den Unternehmer bereithält. Mag auch die Annahme eines bindenden Interessenausgleichs auf der Unternehmerseite weniger Zustimmung erlangen und die Akzeptanz der Betriebsverfassung nicht erhöhen, so droht daher dennoch kein sog. „Bumerang“-Effekt. Der Interessenausgleich kann nicht als nachteilig im Sinne der Setzung ungewollter Anreize verstanden werden, weil der Weg einer Betriebsänderung ohne Interessenausgleichsverfahren, dafür aber mit Nachteilsausgleich, bewusst vom Gesetzgeber geschaffen wurde. Festzuhalten bleibt damit, dass keine der Auslegungsvarianten die Gefahr ungewollter Anreize maßgeblich fördert.

---

649 Fauser/Nacken, NZA 2006, 1136 (1139): „Wenn nun aber der Unternehmer seinen Verpflichtungen nicht nachkommt, dann ergibt sich daraus die Kehrseite, dass er solange auch die Betriebsänderung nicht durchführen darf.“

650 Richardi/*Richardi*, § 2, Rn. 4ff., der von der „Magna Charta der Betriebsverfassung“ spricht.

651 Richardi/*Richardi*, § 2, Rn. 19.

652 Rieble, Folgenabschätzung im Arbeitsrecht, Rn. 26ff. mit dem Beispiel, dass das Bundesarbeitsgericht eine Abspaltung unwesentlicher Betriebsteile als Betriebsänderung anerkennt und der Unternehmer deshalb lieber gleich die Stilllegung des Betriebs anstrebt.

IV. Zusammenfassung der Bewertung der Folgenbetrachtung und Entscheidung

Die untersuchten Folgen verhalten sich im Ergebnis neutral bei der Frage, welche verbliebene Auslegungsvarianten zum Interessenausgleich vorzugswürdig erscheinen. Aus der Betrachtung und Bewertung der Folgen kann somit kein wesentlicher Erkenntnisgewinn für die vorliegende Auslegungsfrage gewonnen werden.

G. Zwischenergebnis

Die Auslegung des Interessenausgleichs gem. § 112 I 1 BetrVG hat gezeigt, dass ein normatives Verständnis im Sinne einer Betriebsvereinbarung für den Interessenausgleich gegen die Vorgaben des Gesetzgebers verstößt. Dieses zeigt sich deutlich in einem Umkehrschluss zu § 112 I 3 BetrVG. Ebenso legen der Wortlaut der Norm, Systematik und Sinn und Zweck der Regelung eine Einordnung als Vertrag im Sinne der §§ 145ff. BGB nahe. Die genaue Subsumtion des Interessenausgleichs unter die betrieblichen Einigungen konnte jedoch noch nicht erfolgen. Die Auffassung, der Interessenausgleich sei bloß eine tatsächliche Beschreibung, verträgt sich mit den bisherigen Feststellungen aber kaum. Inwiefern der Interessenausgleich als Vertrag eine eingeschränkte Verbindlichkeit hat, konnte durch die Auslegung nicht festgestellt werden. Es liegt aber in jedem Fall keine gesetzliche Anordnung einer unvollkommenen Verbindlichkeit vor. Zudem können einer schuldrechtlichen Bindung des Interessenausgleichs nicht die unternehmerischen Freiheiten aus den Artt. 12 I und 14 I GG entgegen gehalten werden. Das Interessenausgleichsverfahren führt auch bei einer Bindungswirkung des freiwillig abgeschlossenen Vertrags nicht zu einer unangemessen Belastung der unternehmerischen Freiheitsrechte. Mithin sind die im Meinungsbild vorgefundenen Argumente weniger überzeugend als vermutet. Zudem führt die Auslegung des § 112 I 1 BetrVG zu keinem eindeutigen Ergebnis bzgl. der Rechtsnatur des Interessenausgleichs. Dieses kann nur eine Untersuchung des Interessenausgleichs im Hinblick auf den rechtlichen Willen der Erklärenden bringen.

Kapitel 5 – Der Interessenausgleich im Gefüge des bürgerlichen Vertragsrechts

A. Voraussetzungen und Grenzen eines Rückgriffs auf das Bürgerliche Recht

I. Die Einordnung der Betriebsverfassung in die Rechtsordnung

Die Frage, inwiefern das Betriebsverfassungsrecht dem Privatrecht oder doch eher dem Öffentlichen Recht zuzuordnen ist wurde früher zwar durchaus diskutiert[653], dürfte heute aber als geklärt gelten. Das Arbeitsrecht ist dem Privatrecht zuzuordnen[654] und gleiches wird auch für das Betriebsverfassungsrecht angenommen.[655] Fraglich bleibt aber, ob und wie insbesondere das bürgerlich-rechtliche Vertragsrecht auf die Regelungsmodalitäten der Betriebsverfassung anzuwenden ist und inwiefern hier Grenzen oder Besonderheiten bestehen. Denn aus der erfolgten Abgrenzung zum öffentlichen Recht können noch keine Schlüsse auf mögliche Anleihen aus dem Bürgerlichen Recht gezogen werden.[656] Zudem riet zwar auch schon *Adomeit* zu einem Rückgriff auf die „Hilfsquellen der hochentwickelten Zivilrechtsdogmatik“, warnte gleichzeitig aber auch davor, dass bei deren Anwendung starke Modifizierungen zu beachten seien.[657] Auch *Däubler* mahnt vor der Gefahr von falschen Analogien und der Übernahme von Vorschriften aus dem Bürgerlichen Gesetzbuch im Wege rechtsdogmatischer Systembildung, weil aufgrund andersartiger Strukturprinzipien hierfür nicht immer Raum sei.[658] Mithin darf nicht allgemein von einer uneingeschränkten Anwendbarkeit des Vertragsrechts im Betriebsverfassungsrecht ausgegangen werden. Letzteres gilt erst recht für den Interessenausgleich, dessen dogmatische Einordnung für sich schon erhebliche Schwierigkeiten bereitet und derart umstritten ist. Der Rückgriff auf das Vertragsrecht des Bürgerlichen Gesetzbuchs zur Lösung der Frage nach der Rechtsnatur des Interessenausgleichs bedarf daher einer Begründung.[659] Dabei muss vor allem beachtet werden, dass mit der Wahl der „Regelungserzeugungsmethode“ noch kein

---

653 Adomeit, Rechtsquellenfragen, S. 7ff.; Richardi/*Richardi*, Einl., Rn. 127ff.
654 Statt vieler: ErfK/*Preis*, § 611a BGB, Rn. 1; MüKoBGB/*Säcker*, Einl., Rn. 1.
655 Siehe nur GK/*Wiese*, Einl., Rn. 89; Richardi/*Richardi*, Einl., Rn. 130 jeweils m. w. N.
656 Konzen, ZfA 1985, 469 (469ff.).
657 Adomeit, Rechtsquellenfragen, S. 7.
658 Däubler, AuR 1982, 6 (9).
659 Däubler, AuR 1982, 6 (9); C. Schulze, Betriebsänderungen, S. 152: „nur unter Wahrung der Eigenart der betriebsverfassungsrechtlichen Normzwecke“.

Rückschluss auf den Regelungstyp und damit die Rechtsnatur möglich ist, d. h. es muss sich nicht zwingend um einen schuldrechtlichen Vertrag handeln, auch wenn das Zustandekommen der Regelung entsprechend dessen Vorschriften erfolgt.[660]

II. Keine abschließende Regelung im Betriebsverfassungsgesetz

Ausgangspunkt der folgenden Überlegungen ist die allgemeine Kollisionsregel, dass das speziellere dem allgemeineren Gesetz vorgeht. Das allgemeine Bürgerliche Recht findet nur dann Anwendung, wenn es nicht durch einschlägiges Sonderprivatrecht verdrängt wird.[661] Konkret lautet die Frage hier, ob und inwiefern das Betriebsverfassungsgesetz als Sonderprivatrecht[662] eigene, selbstständige Regelungen für betriebsverfassungsrechtliche Vereinbarungen bereit stellt und diese einen abschließenden Charakter haben, so dass sie einen Rückgriff auf das allgemeine Bürgerliche Recht ausschließen.[663]

Insofern spricht gegen eine abschließende Regelung schon die bisherige Untersuchung. Die Auslegung der §§ 111ff. BetrVG hat gezeigt, dass es an einer klaren Regelung zur Rechtswirkung und -natur des Interessenausgleichs fehlt und auch keine mittelbaren Aussagen in den Regelungen getroffen wurden. Auch finden sich in der Betriebsverfassung keine Regelungen bzgl. der Einigungstechnik, des Zugangs von Erklärungen und auch nicht zu der Schriftform. Deswegen muss schon notgedrungen auf die Regelungen des Bürgerlichen Rechts in diesem Bereich zurückgegriffen werden.[664] Unterstützt wird diese Feststellung durch den Umstand, dass die grundsätzliche Regelung bzgl. der betrieblichen Einigungen in § 77 BetrVG nur die Betriebsvereinbarung ausdrücklich ausgestaltet und auch nur für diese eine bestimmte rechtliche Wirkung vorgibt. Zwar zeigt der Wortlaut des § 77 I BetrVG mit der Verwendung des Oberbegriffs der „Vereinbarung", dass es noch weitere betriebliche Einigungen neben der Betriebsvereinbarung gibt, jedoch fehlt es an weiteren Informationen zu deren rechtlicher Ausgestaltung. Auch hier finden sich somit keine Angaben, wie mit betriebsverfassungsrechtlichen Vereinbarungen abseits der Betriebsvereinbarung umzugehen ist. Es ist aber anerkannt, dass die Betriebsvereinbarung nur einen Unterfall der betrieblichen Einigungen darstellt und demnach die ausdrückliche Regelung in § 77 BetrVG keinen abschließenden Charakter hat.[665] Das „Recht der Vereinbarungen" ist damit im Betriebsverfassungsgesetz nur ansatzweise geregelt. Festzuhalten ist somit, dass keine abschließende Regelung des „Rechts der Vereinbarungen" im Betriebsverfassungsgesetz

---

660 Kreutz, Betriebsautonomie, S. 58 bzgl. der Betriebsvereinbarung.

661 MüKoBGB/*Säcker*, Einl., Rn. 1.

662 MüKoBGB/*Säcker*, Einl., Rn. 1; Reichold, Sozialprivatrecht.

663 Konzen, ZfA 1985, 469 (487).

664 ErfK/*Kania*, § 77, Rn. 19 (Schriftform und §§ 125ff. BGB); GK/*Kreutz*, § 77, Rn. 10 („Angebot-Annahme-Mechanik der §§ 145ff. BGB").

665 D/K/K/W/*Berg*, § 77, Rn. 161; Richardi/*Richardi*, § 77, Rn. 240.

zu erkennen ist und somit die Frage eröffnet ist, ob diesbezüglich auf allgemeine Regelungen des Bürgerlichen Rechts zurückgegriffen werden kann.[666]

III. Elementare Grundprinzipien des Bürgerlichen Rechts

Zur Beantwortung dieser Frage gilt es zunächst zu untersuchen, welche Strukturen und Prinzipien das Bürgerliche Recht im Wesentlichen prägen, so dass man diese als Voraussetzung für die Anwendbarkeit des Bürgerlichen Recht auf betriebsverfassungsrechtliche Vereinbarungen ansehen könnte.[667] Dabei gelten grundsätzlich die Vertragsfreiheit und das Eigentum als die Grundpfeiler einer liberalen Rechtsordnung.[668] Somit stellen Vertragsfreiheit bzw. Privatautonomie und Eigentum auch die Grundpfeiler des Bürgerlichen Gesetzbuchs dar.[669] Hierbei versteht man unter der verfassungsrechtlich geschützten Vertragsfreiheit die Möglichkeit innerhalb gewisser Grenzen, einen Vertrag abzuschließen und dessen Inhalt selbst bestimmen zu können.[670] Daneben umschreibt das Eigentum, vor allem auch in seiner bürgerrechtlichen Statuierung gem. § 903 BGB, ein umfassendes Herrschaftsrecht an einer Sache, mithin die Befugnis als alleiniger Rechtsinhaber, alle anderen Rechtssubjekte von der Nutzung und Verfügung über das Eigentum auszuschließen.[671] In der Folge stellt sich die Frage, ob diese elementaren Prinzipien des Bürgerlichen Rechts auch im Bereich der betriebsverfassungsrechtlichen Vereinbarungen vorliegen oder, falls dieses nicht der Fall sein sollte, inwiefern hier trotzdem eine Anwendung des allgemeinen Bürgerlichen Rechts möglich erscheint.

1. Eigentum

Das Eigentum dient im Bürgerlichen Recht als Grundlage der persönlichen Freiheit der Rechtssubjekte.[672] Der Eigentümer einer Sache kann nach seinem freien Willen über die Sache verfügen. Diese Dimension lässt sich nicht auf die

---

666 Ähnlich auch C. Schulze, Betriebsänderungen, S. 152 im Zusammenhang mit dem Einstweiligen Rechtsschutzverfahren.

667 Ähnlich Konzen, ZfA 1985, 469 (480) wenn dieser fordert: „Die Gemeinsamkeiten und Unterschiede von Betriebsverfassungsrecht und allgemeinem Privatrecht müssen schärfer herausgearbeitet werden."

668 Staudinger/*Honsell*, Einl. BGB, Rn. 33ff.

669 MüKoBGB/*Säcker*, Einl., Rn. 34ff.; im Ergebnis ebenso, wenn auch mit unterschiedlichen Begrifflichkeiten und Schwerpunkten: Lobinger, RdA 2011, 76 (77), der auf „Rechtszuweisungsprinzip", „Rechtsschutzprinzip"; „Legitimationsprinzip" verweist, die grundsätzlich aber Eigentum und Vertrag entspringen würden; Däubler, AuR 1982, 6 (7) mit zusätzlichem Hinweis auf die Rechtsfähigkeit; Konzen, ZfA 1985, 469 (481) der das Individuum in den Vordergrund stellt, welches sich der „Mittel" Eigentum und Vertrag bediene.

670 BeckOK-BGB/*Eckert*, § 145, Rn. 8ff; Maunz/*Di Fabio*, Art. 2 I GG, Rn. 101.

671 MüKoBGB/*Brückner*, § 903, Rn. 1ff.; Palandt/*Herrler*, Überblick vor § 903, Rn. 1ff.

672 Jauernig/*Berger*, § 903, Rn. 2.

Betriebsverfassung übertragen. Das zeigt sich schon daran, dass die Rechts- und Vermögensfähigkeit des Betriebsrats stark eingeschränkt ist[673] und nicht derart umfänglich besteht, dass der Betriebsrat Eigentum als freies Herrschaftsrecht über eine Sache und damit als Ausübung persönlicher Freiheit nutzen könnte. Insofern kann es aber auch kein Ausschlusskriterium für die Anwendbarkeit des allgemeinen Vertragsrechts auf betriebsverfassungsrechtliche Vereinbarungen sein. Aus dem Charakter als Grundpfeiler des Bürgerlichen Rechts folgt nicht zwangsläufig der Schluss, dass das Eigentum eine (Anwendungs-)Voraussetzung für alle Teile des Bürgerlichen Rechts darstellt. Zwischen dem hier fraglichen allgemeinen Vertragsrecht und dem Eigentum ist eine solche Beziehung jedenfalls nicht festzustellen. Für die vorliegende Frage der Anwendungsvoraussetzungen des Bürgerlichen Rechts auf die Betriebsverfassung ist das Eigentum nicht relevant.

2. *Privatautonomie und Vertragsfreiheit*

Der Vertrag ist die Hauptform der privatautonomen Gestaltung von Rechtsverhältnissen. Die Idee ist dabei, dass das Vereinbarte gilt, weil die Vertragspartner dieses selbstbestimmt vereinbart haben.[674] Der Vertrag ist wiederum ein direktes Mittel der Selbstbestimmung der Privatrechtssubjekte. In diesem Zusammenhang werden die Begriffe der Privatautonomie und der Vertragsfreiheit häufig synonym verwendet.[675] *Flume* sieht allerdings den Unterschied der Privatautonomie zur Vertragsfreiheit darin, dass letztere die Möglichkeit zur selbstbestimmten Gestaltung von Rechtsverhältnissen, des „Wie", gäbe, während die Privatautonomie allgemein das „Ob" der selbstbestimmten Gestaltung meine.[676] Letztlich hat sich diese Differenzierung aber nicht durchgesetzt. Überzeugender erscheint auch der Gedanke, dass die Vertragsfreiheit vielmehr eine von mehreren Ausübungsformen der Privatautonomie darstellt. Daneben werden von der Privatautonomie noch die Eigentums-, die Testier- und die Vereinigungsfreiheit umfasst.[677] Die durch die Privatautonomie gewährleistete Selbstbestimmung der Privatrechtssubjekte erschöpft sich nämlich nicht in der Vertragsfreiheit. Für die vorliegende Frage bleibt aber die Vertragsfreiheit der maßgebliche Aspekt der Privatautonomie.

Die Privatautonomie wird allgemein als Prinzip der Selbstgestaltung der Rechtsverhältnisse durch den Einzelnen nach seinem Willen definiert.[678] Präziser wäre es jedoch, wenn man auch die Grenzen der Privatautonomie mit einbezieht.

---

673 Siehe ErfK/*Koch*; § 1 BetrVG, Rn. 18; W/P/K/*Preis*, § 1, Rn. 44.

674 Flume, AT II, § 1/6, S. 7; Waltermann, Rechtsetzung, S. 62.

675 Busche, Privatautonomie, S. 13; Flume, AT II, § 1/7, S. 12; Maunz/*Di Fabio*, Art. 2, Rn. 101; MüKoBGB/*Busche*, Vor § 145, Rn. 2 mit dem Hinweis, dass dieses an der besonderen Bedeutung der Vertragsfreiheit für die Privatautonomie liege.

676 Flume, AT II, § 1/7, S. 12.

677 Maunz/*Di Fabio*, Art. 2, Rn. 101; MüKoBGB/*Busche*, Vor § 145, Rn. 2.

678 Flume, AT II, § 1/ 1, S. 1; Veit, Funktionelle Zuständigkeit, S. 39; Waltermann, Rechtsetzung, S. 62.

Demnach umfasst die Privatautonomie das Recht der Privatrechtssubjekte, ihre Rechtsverhältnisse untereinander in den Grenzen der Rechtsordnung frei zu gestalten.[679] Durch die daraus resultierende freiheitsrechtliche Dimension bedeutet Privatautonomie vor allem auch die Freiheit von Fremdbestimmung und eine Nichteinmischung der Rechtsordnung in den freien, selbstbestimmten Willen der Privatrechtssubjekte.[680] Sie stellt damit ein „Strukturelement einer freiheitlichen Gesellschaftsordnung“[681] dar und ist „sinnstiftende Idee“[682] des Bürgerlichen Rechts. Trotz dieser herausragenden Bedeutung findet sich allerdings keine ausdrückliche Gewährleistung der Privatautonomie im Grundgesetz.[683] Dennoch ist diese aber grundrechtlich durch Art. 2 I GG gewährleistet.[684] Teilweise wird zur Unterstützung auch Art. 1 GG herangezogen, denn die Privatautonomie ist aufgrund ihres Beitrags zur Selbstbestimmung des Individuums ein ganz wesentlicher Aspekt der Menschenwürde.[685] Daneben wird der Schutz der Privatautonomie auch noch durch speziellere Grundrechte, wie Artt. 9, 14 und 12 GG geleistet, sofern deren speziellere Schutzbereiche eröffnet sind.[686] Die fehlende ausdrückliche Regelung in der Verfassung stellt deshalb kein Manko dar.[687] Zu beachten ist aber in jedem Fall, dass es sich bei der Privatautonomie nur um eine Institutsgarantie handelt, deren Umfang ausgestaltungsbedürftig ist und die vor allem auch unter dem Vorbehalt der verfassungsmäßigen Ordnung steht.[688] Wie eben schon beschrieben wurde, ist die Vertragsfreiheit eine Ausübungsform der Privatautonomie. Die Vertragsfreiheit ist eines der Gestaltungsmittel der Privatautonomie.[689] Sie umfasst die Befugnis des einzelnen Privatrechtssubjekts, frei zu entscheiden, ob und mit wem es einen Vertrag schließt und welchen Inhalt dieser Vertrag haben soll.[690] Dabei lässt sich auch die Vertragsfreiheit wiederum in Teilaspekte untergliedern: Sie umfasst

---

679 So: Staudinger/*Honsell*, Einl. BGB, Rn. 113.

680 Lorenz, Schutz vor dem unerwünschten Vertrag, S. 15.

681 BVerfGE 81, 242 (254).

682 Kreutz, Betriebsautonomie, S. 100.

683 Anders noch als in der Weimarer Reichsverfassung, siehe: MüKoBGB/*Busche*, Vor § 145, Rn. 3.

684 BVerfGE 8, 274 (328); BVerfGE 72, 155 (170); BVerfGE 89, 214 (231); Maunz/*Di Fabio*, Art. 2 GG, Rn. 101. A. A.: Kreutz, Betriebsautonomie, S. 117f. mit dem Hinweis, dass die Privatautonomie die Rechtsordnung in einfachgesetzlicher Form als Korrelat benötige, welches gegen eine grundrechtliche Gewährleistung spreche. Geschütz sei dagegen die Selbstbestimmung des Einzelnen.

685 BVerfGE 89, 214 (231); Bieder, Kompensatorische Vertragsgestaltung, S. 122.

686 BVerfGE 8, 274, (328); Kreutz, Betriebsautonomie, S. 117 m. w. N.

687 Flume, AT II, § 1/10, S. 19.

688 Maunz/*Di Fabio*, Art. 2, Rn. 105ff.; Lorenz, Schutz vor dem unerwünschten Vertrag, S. 20.

689 Richardi, Kollektivgewalt, S. 42ff.

690 Staudinger/*Honsell*, Einl. BGB, Rn. 113.

Begründungsfreiheit, Gestaltungsfreiheit, Formfreiheit, Abänderungsfreiheit und Beendigungsfreiheit.[691]

Aus den bisherigen Ausführungen könnte man den Schluss ziehen, dass das allgemeine Vertragsrecht des Bürgerlichen Rechts im Wesentlichen auf der Selbstbestimmung der Rechtssubjekte aufbaut und diese mithin Voraussetzung für dessen Anwendbarkeit ist.[692] Das führt zu der Frage, ob und inwiefern die Betriebsverfassung die Selbstbestimmung der Betriebsparteien im Sinne der Vertragsfreiheit bzw. Privatautonomie zulässt bzw. auf dieser aufbaut und somit eine Anwendung des bürgerlich-rechtlichen Vertragsrechts möglich erscheint.

IV. Privatautonomes Handeln der Betriebsparteien?

Unterteilt man die Legitimation einer Regelung oder Regelungsmacht in die individuelle Selbstbestimmung, also die Privatautonomie, auf der einen Seite und die staatliche Fremdbestimmung auf der anderen Seite[693], dann gilt grundsätzlich der Vorzug der autonomen vor der heteronomen Gestaltung.[694] Insofern soll zunächst geklärt werden, um welchen Legitimationstyp es sich bei den betriebsverfassungsrechtlichen Regelungsmöglichkeiten handelt und ob der Betriebsverfassung ebenso der Gedanke der Privatautonomie zu Grunde liegt, wie dieses im Bürgerlichen Recht der Fall ist.

1. Betriebsautonomie

Im Zusammenhang mit der Regelungsmacht der Betriebsparteien ist regelmäßig von der Betriebsautonomie und nicht von der Privatautonomie die Rede.[695] Dabei fällt auf, dass der Begriff der Betriebsautonomie selbst nicht eindeutig geklärt scheint[696] und teilweise sehr unterschiedlicher Inhalt an diesem Begriff festgemacht wird.[697] Letztlich kann das kaum verwundern, da schon der Oberbegriff der „Autonomie“ sehr unterschiedlich verstanden wird.[698] Grundsätzlich ist mit der

---

691 Ausführlich zu diesen Teilaspekten und ihren Grenzen: MüKoBGB/*Busche*, Vor § 145, Rn. 10ff.

692 Ähnlich *Preis*, wenn dieser meint: „Das klassische bürgerliche Vertragsmodell funktioniert nur, wenn Selbstbestimmung des einzelnen und damit eine rechtsgeschäftliche Entscheidungsfreiheit gesichert sind.“ ErfK/*Preis*, 16. Auflage, § 611, Rn. 7.

693 E. Picker, NZA 2002, 761 (763).

694 Adomeit, Rechtsquellenfragen, S. 130.

695 E. Picker, NZA 2002, 761 (761ff.); Richardi/*Richardi*, § 77, Rn. 71f.

696 Siehe GK/*Kreutz*, § 77, Rn. 35.

697 Veit, Funktionelle Zuständigkeit, S. 203f.

698 E. Picker, NZA 2002, 761 (761f.); Kreutz, Betriebsautonomie, S. 1; Vertiefend: Adomeit, Rechtsquellenfragen, S. 128ff., der von bis zu neun verschiedenen Verständnisse ausgeht, die die Gefahr von Missverständnissen im Schrifttum erhöhen würden.

Betriebsautonomie die allgemeine Rechts- und Regelsetzung der Betriebsparteien, insbesondere durch die Betriebsvereinbarung gemeint.[699] Die Hervorhebung der Betriebsvereinbarung ist jedoch nicht zwingend. Insofern kann man mit *Waltermann* unter der Betriebsautonomie verstehen, dass es den Betriebsparteien nach Maßgabe des Betriebsverfassungsgesetzes überlassen wurde, die betrieblichen Angelegenheiten zu ordnen und dass der Staat diese Ordnung in der Folge auch anerkennt.[700] Der Begriff soll im Folgenden in diesem Sinne verwendet werden, wobei jedoch nicht vergessen werden darf, dass die meisten Ausführungen zur Betriebsautonomie und der entsprechenden Regelungsmacht in der Literatur ausdrücklich nur die Betriebsvereinbarung im Sinn haben.

2. Abgrenzung zur Privatautonomie

Allein die nebeneinander stehenden Definitionen von Privat- und Betriebsautonomie sind für sich genommen noch nicht aussagekräftig. Abhilfe könnten hier die Betrachtung und der Vergleich der Unterschiede in der Begründung, der Grenzen und den jeweils Handelnden der jeweiligen Autonomien bringen.

a) Legitimation der betrieblichen Rechts- und Regelungssetzung

Die Legitimation der Regelungssetzung durch die Privatautonomie ergibt sich aus dem selbstbindenden Konsens der Vertragspartner, dessen Anerkennung ein Ausfluss der Artt. 2 I, 1 I GG ist.[701] Die Privatautonomie und mit ihr die Vertragsfreiheit sind verfassungsrechtlich garantiert.[702] Im Gegensatz dazu besteht für die Betriebsautonomie keine verfassungsrechtliche Gewährleistung. Sie stellt auch keine kollektive Privatautonomie dar.[703] Gleichwohl bedarf sie als private Rechtsetzungsmacht, die in Form der normativ wirkenden Betriebsvereinbarung verbindliche Reglungen für Dritte ermöglicht, einer besonderen Legitimation.[704]

(1) Die verschiedenen Begründungsansätze

Insbesondere im Hinblick auf die Begründung der normativen Wirkung der Betriebsvereinbarung wird die Legitimation der Betriebsautonomie daher schon

---

699 Richardi/*Richardi*/§ 77, Rn. 71ff.; Kreutz, Betriebsautonomie, S. 1; Veit, Funktionelle Zuständigkeit, S. 204.

700 Waltermann, Rechtssetzung, S. 141.

701 Reichold, Sozialprivatrecht, S. 408, wobei der Bezug auf das Individuum im Bürgerlichen Gesetzbuch, auch als Bezug zum Rechtssubjekt verstanden werden sollte.

702 Maunz/*Di Fabio*, Art. 2, Rn. 101 m. w. N. aus Rechtsprechung und Literatur.

703 E. Picker, NZA 2002, 761 (769); Richardi/*Richardi*, § 77, Rn. 71f.; Ausführlich: Veit, Funktionelle Zuständigkeit, S. 150ff., die sogar zu dem Ergebnis kommt, dass eine Verankerung der Betriebsautonomie im Sinne einer kollektiven Privatautonomie unzulässig wäre, S. 191.

704 Käppler, FS Kissel, 474 (480).

lange diskutiert.[705] Vernachlässigen kann man insofern den Ansatz von *Reuter* und *Nebel*, die von einer sog. Verbandstheorie ausgehen und in der betriebsautonomen Rechts- und Regelungsmacht das Satzungsrecht eines Verbands sehen.[706] Dieser bestünde aus den beiden Betriebsparteien, wobei der Arbeitsvertrag primär als Beitrittsvertrag für die Arbeitnehmer zu diesem Verband fungiere und diese folglich der Betriebsautonomie unterwerfe.[707] Zu Recht wird insofern kritisiert, dass dieser Begründungsansatz nicht erklären kann, wieso in einem Betrieb mit Betriebsrat die Arbeitnehmer generell weiteren Eingriffsrechten Dritter ausgesetzt sein sollten, als dieses bei betriebsratlosen Betrieben der Fall ist.[708] Gegen die Verbandstheorie spricht zudem schon die bipolare Struktur der Betriebsverfassung.[709] Die Interessen von Arbeitgeber und Betriebsrat stehen sich regelmäßig konträr entgegen und verlangen einen Ausgleich, der nicht in das Bild eines Verbandes passt.[710] Beispielhaft zeigt dieses auch die Beteiligung bei Betriebsänderungen durch den Interessenausgleich, wo sich das Veränderungsinteresse des Unternehmers und das Bestandsinteresse des Betriebsrats bzw. der Arbeitnehmer gegenüberstehen.

Die Vertreter der Delegationstheorien gehen dagegen davon aus, dass eine Autonomie immer vom Gesetzgeber delegiert sei[711] oder der Staat die Macht zur Regelung der Arbeitsbedingungen teilweise und unter bestimmten Umständen an die Betriebsparteien übertragen habe im Sinne einer „echten" Delegation.[712] Dieser Ansatz wird ebenso auch für die tarifrechtliche Regelungsmacht diskutiert.[713] *Kreutz* stellt dem die Lehre vom privatheteronomen Rechtsgeschäft entgegen, nach der die Betriebsvereinbarung zwar ein Rechtsgeschäft darstelle, welches aber nicht selbstbestimmt, also privatautonom abgeschlossen sei, sondern fremdbestimmt, mithin heteronom.[714] Die Argumentation erfolgt dabei nach dem Ausschlussprinzip: Die Betriebsvereinbarung sei keine Ausübung der Privatautonomie, noch stelle sie Rechtsetzung dar, weil bei der Zuordnung von Hoheitsgewalt zu den Betriebsparteien ein Verstoß gegen das Rechtsstaatsprinzip vorliege. Gleichwohl

---

705 Ausführlichere Darstellungen u. a. bei Waltermann, Rechtssetzung, S. 125ff. und Kreutz, Betriebsautonomie, S. 51ff.

706 Nebel, Normen des Betriebsverbandes, S. 124ff.; Reuter, ZfA 1993, 221 (226ff.)

707 Nebel, Normen des Betriebsverbandes, S. 124ff.; Reuter, ZfA 1993, 221 (226ff.)

708 Käppler, FS Kissel, 474 (480, Fn. 24).

709 Fitting, § 77, Rn. 14; GK/*Kreutz*, § 77, Rn. 41. Weitere Kritik bei Waltermann, Rechtssetzung, S. 112f.

710 GK/*Kreutz*, § 77, Rn. 41 mit dem richtigen Hinweis, dass sich etwas anderes auch nicht aus den „Spielregeln" des § 2 BetrVG ergebe.

711 Säcker, Gruppenautonomie, S. 243, Fn. 24.

712 Adomeit, Rechtsquellenfragen, S. 136f.; E. Picker, NZA 2002, 761 (769).

713 Siehe Waltermann, Rechtsquellenfragen, S. 113ff. m. w. N. und ausführlicher Kritik zu den teils verschiedenen Ansätzen.

714 Begründet durch: Kreutz, Betriebsautonomie, S. 63ff. und insbesondere S. 99ff. Siehe auch GK/*Kreutz*, § 77, Rn. 238ff. m. w. N.

handele es sich um Fremdbestimmung.[715] Zudem sei die selbstbestimmte Herbeiführung kein zwingendes Wesensmerkmal eines Rechtsgeschäfts, wie z. B. auch die Normen zur gesetzlichen Vertretung im Bürgerlichen Gesetzbuch zeigen würden.[716] Mithin handele es sich bei der Betriebsvereinbarung um ein heteronomes Rechtsgeschäft, welches aufgrund des Willens der Handelnden und der Anerkennung dieses Willens als Fremdbestimmung durch die Rechtsordnung gelte.[717] Kritisiert wird diese Auffassung dahingehend, dass die pauschale Ablehnung einer Rechtssetzung durch Private zu eng sei. Dadurch würde die Möglichkeit verkannt, dass der Staat gesellschaftlichen Regelungen die Qualität materieller Gesetze verleihen könne.[718] Es gäbe zwar grundsätzlich „heteronome Rechtsgeschäfte"[719], diese stellten aber keine Rechtsfolge, sondern lediglich eine Beobachtung dar. Die Rechtsfolge ergebe sich daraus, dass das Gesetz die Möglichkeit rechtlicher Fremdbestimmung vorsehe.[720] Dementsprechend vertritt *Waltermann* die „Lehre vom staatlichen Geltungsbefehl". Danach liegt durch Vorgabe der normativen Wirkung in § 77 IV 1 BetrVG ein „staatlicher Geltungsbefehl" und somit eine demokratische Legitimation vor.[721] Die Betriebsvereinbarung entstehe durch die selbstbestimmte Einigung der Betriebsparteien und der daran anknüpfenden normativen Geltung durch § 77 IV 1 BetrVG.[722] Kritisiert wird insofern, dass öffentlich-rechtliche, dogmatische Begründungen für die Betriebsverfassung als Teil des Privatrechts nicht zulässig seien.[723] Dagegen verteidigt *Waltermann* seine Position, indem er sie dogmatisch auch dem Privatrecht zuordnet, weil die Betriebsparteien als Rechtssetzende auch Privatrechtssubjekte seien und es sich deshalb nur um Rechtssätze des Privatrechts handeln könne.[724]

Eine weitere Auffassung stellt Sinn und Zweck der betrieblichen Mitbestimmung und deren Auswirkung auf das Verhältnis der Arbeitsvertragsparteien in den Vordergrund. Innerhalb dieser Meinungsgruppe stellt vor allem *Reichold* auf den Vertrag als Legitimationsgrund ab. Danach sei die Betriebsverfassung „von unten" durch den Arbeitsvertrag strukturiert und dieser sei eine ausreichende,

---

715 Kreutz, Betriebsautonomie, S. 63ff., 99, 108ff.

716 Kreutz, Betriebsautonomie, S. 104f.

717 Kreutz, Betriebsautonomie, S. 105; wohl auch Veit, Funktionelle Zuständigkeit, S. 204f.

718 Waltermann, Rechtssetzung, S. 132.

719 Waltermann, Rechtssetzung, S. 134, der aber lieber von „rechtsgeschäftlichen Fremdbestimmungen" als von privatheteronomen Rechtsgeschäften sprechen möchte.

720 Waltermann, Rechtssetzung, S. 134.

721 Waltermann, Rechtssetzung, S. 142ff.

722 Waltermann, Rechtssetzung, S. 142ff.; Zustimmend: Konzen, ZfA 1985, 469 (475); Veit, Funktionelle Zuständigkeit, S. 204f. Ähnlich *Bieder*: Gestaltungsmacht eigener Art, die sich aus individueller Legitimation und vor allem staatlicher Anordnung ergebe, Bieder, Verhältnismäßigkeitsprinzip, S. 321f.

723 Franzen, NZA-Beilage 3/2006, 107 (108). Ähnlich: Lobinger, RdA 2011, 76 (87).

724 Waltermann, Rechtsetzung, S. 140f.

privatautonome Legitimation der Betriebsvereinbarung, sog. „Vertragsrechtsakzessorietät".[725] Andere sprechen lieber von einer „Bestimmungsrechtsakzessorietät" und stellen damit vordringlicher auf das Weisungsrecht des Arbeitgebers ab.[726] Beiden Varianten dieser Auffassung ist aber gemein, dass sie die Legitimation der Betriebsautonomie mit dem Zweck der Betriebsverfassung in Zusammenhang bringen. Der Ausgleich zwischen den Interessen der Arbeitsvertragsparteien soll durch Beschränkung des Leitungsrechts des Arbeitgebers zum Schutz der Arbeitnehmer erfolgen.[727] Die Betriebsautonomie trete daher an die Stelle der einseitigen Regelungsmacht des Arbeitgebers.[728] Der Idee des Vertrags als Legitimationsgrund folgt grundsätzlich auch *Franzen*, will diese aber mit dem Legitimationsgrund der Repräsentation anreichern.[729] Die betriebliche Rechtsetzung sei grundsätzlich nur insofern zulässig, soweit die Legitimationsgründe Arbeitsvertrag und Repräsentation gelten würden.[730] Die Ausgleichsfunktion der Betriebsverfassung und die Möglichkeit belastender betrieblicher Regelungen für die Arbeitnehmer könnten allein durch den Vertrag nicht erklärt werden und bedürften als Erklärungsgrund das Prinzip der Repräsentation durch Wahlen.[731]

(2) Stellungnahme

Der „Vertragstheorie" nach *Reichold* ist in diesem Sinne zugute zu halten, dass sie eine dogmatische Verknüpfung von der Legitimation der Betriebsautonomie hin zu der privatrechtlichen Ausgestaltung der Betriebsverfassung und insbesondere der betrieblichen Einigungen ermöglicht.[732] Ordnet man die Betriebsverfassung dem Privatrecht zu[733], erscheint dieses sinnvoll. Allerdings handelte es sich dann nicht um eine Fremdbestimmungsordnung, die besonders zu rechtfertigen wäre, weil durch die Rückführung auf den Arbeitsvertrag eine privatautonome Legitimation vorzuliegen scheint. Letztlich würde dann der Arbeitsvertrag den Unterwerfungsakt unter die Betriebsautonomie darstellen. Dass es sich dabei aber zwangsläufig um eine reine Fiktion handeln muss, wurde schon ausreichend bewiesen.[734] Auch

725 Reichold, Sozialprivatrecht, S. 486ff.
726 Begriff nach: Lobinger, RdA 2011, 76 (85); vorher schon Käppler, FS Kissel, S. 481 („direktionsbezogene Betriebsautonomie" bzw. akzessorische Betriebsautonomie).
727 Käppler, FS Kissel, S. 481; Lobinger, RdA 2011, 76 (85f.); Richardi, Kollektivgewalt, S. 294.
728 Käppler, FS Kissel, 474 (481).
729 Franzen, NZA-Beilage 3/2006, 107 (108).
730 Franzen, NZA-Beilage 3/2006, 107 (108 und 111).
731 Franzen, NZA-Beilage 3/2006, 107 (108).
732 So auch: Franzen, NZA-Beilage 3/2006, 107 (108).
733 So die absolut herrschende Ansicht, siehe oben Fn. 654.
734 Gegen einen solchen freiwilligen Unterwerfungsakt bereits: Bieder, Kompensatorische Vertragsgestaltung, S. 452; Kreutz, Betriebsautonomie, S. 63ff.; Veit, Funktionelle Zuständigkeit, S. 183. Einen solchen Unterwerfungsakt auch ablehnend: Richardi, Kollektivgewalt, S. 313f., die Unterwerfung durch den Arbeitsvertrag

die andere Spielart dieser Auffassung, die auf die Beschränkung des Direktionsrechts des Arbeitgebers abzielt, überzeugt nicht. Letztlich muss *Lobinger* selbst eingestehen[735], dass das Bestimmungsrecht allein nicht zur Legitimation ausreichend ist, sondern dass eine gesetzliche Ermächtigungsgrundlage hinzutreten muss, um die Beteiligung des Betriebsrats zu begründen.[736] Zumal die Betriebsverfassung auch nicht nur ein Instrument der Beschränkung der Weisungsbefugnis des Arbeitgebers ist, sondern darüber hinaus auch ein Instrument der Kooperation von Arbeitgeber und Betriebsrat. Wenn also auch eine rein vertragliche Anknüpfung dogmatisch wünschenswert wäre, kann diese allein nicht überzeugen. *Kreutz* hat aber richtigerweise den Vorwurf, alle anderen Erklärungsansätze wären nicht mit der privatrechtlichen Einordnung der Betriebsverfassung vereinbar, bereits mit dem Verweis auf die gesetzliche Vertretungsmöglichkeit bei Rechtsgeschäften widerlegt.[737] Hinzu kommt der berechtigte Einwand von *Waltermann*, dass es sich bei den Rechtsetzenden um Privatrechtssubjekte handelt und demnach eine privatrechtliche Strukturierung schon nicht ausgeschlossen ist.[738] Mithin ist eine vertragliche Begründung der Betriebsautonomie nicht zwingend Voraussetzung für die vertragsrechtliche Einordnung der betrieblichen Einigungen. Ein reiner, am Vertrag orientierter Begründungsansatz würde zudem auch der Betriebsverfassung als „korporatistische Zwangsordnung" nicht gerecht.[739] Damit ist nicht nur die Beeinträchtigung der unternehmerischen Entscheidungsfreiheit durch die Mitbestimmung des Betriebsrats gemeint. Auch auf der Arbeitnehmerseite ist der Regelungsurheber nicht der Regelungsadressat. Die Betriebsverfassung ist eine Fremdbestimmungsordnung.[740] Darüber hinaus erscheint die Legitimation der Betriebsautonomie in einer Kombination aus privater, aber heteronomer Rechts- bzw. Regelungssetzung und staatlicher Anerkennung derselben zu bestehen.

b) Gegenständliche Begrenzung der Betriebsautonomie

Nach der Frage der unterschiedlichen Legitimationen von Privatautonomie und Betriebsautonomie gilt es weiter zu klären, welche Grenzen für die beiden Autonomien jeweils bestehen. Denn auch die grundrechtliche Gewährleistung der

---

erfolge nur unter das Weisungsrecht des Arbeitgebers, nicht auch unter die betriebliche Rechtssetzung.

735 Lobinger, RdA 2011, 76 (86) dessen Einwand, der Ermächtigungsakt des Gesetzgebers sei wegen seiner geringen Eingriffswirkung „beinahe schon vernachlässigbar" überzeugt in dogmatischer Hinsicht wenig und verschleiert, dass allein in der „Lehre vom Bestimmungsrecht" keine ausreichende Legitimation liegt.

736 Ebenso: Veit, Funktionelle Zuständigkeit, S. 180f.

737 Kreutz, Betriebsautonomie, S. 102ff.

738 Waltermann, Rechtsetzung, S. 140f.

739 Bieder, Kompensatorische Vertragsgestaltung, S. 452; Richardi, Kollektivgewalt, S. 310ff.

740 Kreutz, Betriebsautonomie, S. 40.

Privatautonomie gilt nicht schrankenlos. Entsprechend Art. 2 I GG und dem Vorbehalt der verfassungsmäßigen Ordnung besteht die Privatautonomie nur im Rahmen der geltenden Gesetze.[741] Die Privatautonomie bedarf insoweit der Rechtsordnung als „Korrelat“[742]: Rechtsverhältnisse können nur insofern privatautonom gestaltet werden, soweit die Rechtsordnung hierfür den Rahmen schafft und hierzu der privatautonome Wille der Gestaltenden tritt.[743] Privatrechtsimmanente Grenzen finden sich z. B. in den §§ 134, 138, 226, 242, 826 BGB.[744]

In Bezug auf die Betriebsautonomie gilt allgemein, dass die Zuständigkeit des Betriebsrats auf gesetzlich geregelte Fälle begrenzt ist.[745] Im Einzelnen werden hieraus jedoch unterschiedliche Schlussfolgerungen gezogen, was zu einem divergierenden Meinungsbild führt.[746] Das Bundesarbeitsgericht und ein Teil der Literatur gehen von einer umfassenden, gegenständlich nicht beschränkten Regelungsmacht der Betriebsparteien im Bereich der materiellen und formellen Arbeitsbedingungen aus.[747] Aus einem Umkehrschluss von Wortlaut und Zweck des sog. Tarifvorbehalts in § 77 III BetrVG wird das Argument gewonnen, dass hierüber hinaus keine Schranken für die Regelungsmacht der Betriebsparteien bestünden.[748] Ein anderer Teil in der Literatur lehnt diesen Umkehrschluss zu Recht ab, weil es in § 77 III BetrVG lediglich um die Abgrenzung zur Tarifautonomie gehe. Belegt wird das durch die Gesetzesmaterialien und deshalb seien aus dieser Regelung keine weiteren Begründungen zu ziehen.[749] Zudem spricht gegen eine solche unbegrenzte Betriebsautonomie, dass damit eine unverhältnismäßige Verkürzung der verfassungsrechtlich gewährten Privatautonomie einherginge, indem z. B. die arbeitsvertragliche Regelung gegenüber der betrieblichen Regelung in den Hintergrund treten würde. Eine derart verstandene Betriebsautonomie würde die individuelle Vertragsfreiheit im Ergebnis fast vollständig verdrängen bzw. zu einem Vorrang der Betriebsautonomie führen.[750] Die Betriebsautonomie muss daher begrenzt sein. In Anlehnung an *Franzen*[751] könnte man z. B. nur in folgenden drei Bereichen

741 BVerfG NJW 1990, 1469 (1470).

742 Flume, AT II, § 1/ 1, S.1; Kreutz, Betriebsautonomie, S. 57; Waltermann, Rechtssetzung, S. 64.

743 Kreutz, Betriebsautonomie, S. 58.

744 Reichold, Sozialprivatrecht, S. 407; Schulze, Naturalobligation, S. 581 („Außengrenzen“ der Privatautonomie).

745 Heinze, NZA 1994, 580 (581); Richardi/*Richardi*, § 77, Rn. 54: jeweils mit dem Hinweis darauf, dass bzgl. der Betriebsvereinbarung keine Vertragsfreiheit bestehe.

746 Siehe z. B. auch Richardi/*Richardi*, § 77, Rn. 66ff.

747 BAG 19.7.1977 AP BetrVG 1972 § 77 Nr. 1; ErfK/*Kania*, § 77, BAG 18.8.1987 AP BetrVG 1972 § 77 Nr. 23, Rn. 46; GK/*Kreutz*, § 77, Rn. 84ff.

748 GK/*Kreutz*, § 77, Rn. 85.

749 Siehe ausführlich: Bieder, Kompensatorische Vertragsgestaltung, S. 449ff.; wiederholt: Bieder, ZfA 2016,1 (19ff.); ebenso: Richardi/*Richardi*, § 77, Rn. 74; sehr ausführlich auch: Veit, Funktionelle Zuständigkeit, S. 207ff.

750 Bieder, Kompensatorische Vertragsgestaltung, S. 451.

751 Franzen, NZA Beilage Nr. 3 2006, 107 (109ff).

(„Drei-Bereiche-Modell“)[752] von der Gewährleistung der Betriebsautonomie ausgehen: Bei Regelungen, die auch im Rahmen des Weisungsrechts nach § 106 GewO einseitig durch den Arbeitgeber möglich wären, weil die Betriebsverfassung dem Arbeitnehmerschutz dient und keine Ausweitung der Gestaltungsmöglichkeiten des Arbeitgebers bezweckt.[753] Zudem besteht die Betriebsautonomie uneingeschränkt bei rein vorteilhaften Regelungen.[754] Dahinter steht der Gedanke des im Arbeitsrecht allgegenwärtigen Günstigkeitsprinzips. Und zuletzt besteht sie bei kollektiv regelungsbedürftigen Fragen, bei denen eine individuelle Regelung keinen Erfolg verspricht.[755] Damit wäre auf der einen Seite eine sinnvolle betriebliche Gestaltungsmacht gegeben und auf der anderen Seite bestünde keine Gefahr, die Privatautonomie der Arbeitsvertragsparteien über Gebühr zu strapazieren. Weitere Begrenzungsansätze überzeugen dagegen nicht.[756] Letztlich geht es hier auch darum, einen Zusammenhang bzw. eine Übereinstimmung zwischen Legitimation und Grenzen der Betriebsautonomie herzustellen. Der Legitimationsgrund der rechtsgeschäftlichen, heteronomen Einigung ermöglicht Regelungen, die ansonsten aufgrund des Weisungsrechts auch einseitig durch den Arbeitgeber denkbar wären. Die Einigung tritt an die Stelle der Ausübung des Weisungsrechts, auf die für die konkrete Regelung verzichtet wird. Auch die Möglichkeit, rein vorteilhafte Regelungen betriebsautonom zu schaffen, ist durch die Legitimationswirkung der Einigung erklärbar, weil in diesen Fällen die an sich fremdbestimmte Einigung ohne Nachteile für die Arbeitnehmer ist. Zuletzt kann die Regelungsmacht für kollektiv regelungsbedürftige Fälle aus Sinn und Zweck der Betriebsverfassung und der Schaffung derselben durch den Gesetzgeber abgeleitet werden, weil diese Gruppe einer betrieblichen Regelung zwingend bedarf.

c) Der Betriebsrat als Repräsentant der Belegschaft

Die Besonderheiten der Betriebsautonomie zeigen sich auch bei der Stellung des Betriebsrats im Rahmen der betrieblichen Regelungssetzung. Der Betriebsrat ist der Träger der Mitbestimmungsrechte des Betriebsverfassungsgesetzes und auch Partei des Interessenausgleichs, nicht aber die Arbeitnehmer oder die Belegschaft selbst.[757] Er handelt daher im eigenen Namen kraft

752 Nicht zu verwechseln mit dem oben auf S. 50 angeführten sprachwissenschaftlichen Modell.

753 So auch schon Reichold, Sozialprivatrecht, S. 514f.; Veit, Funktionelle Zuständigkeit, S. 275.

754 Wiederum auch bei Veit, Funktionelle Zuständigkeit, S. 273f. zu finden.

755 Bieder, ZfA 2016, 1 (21f.) ders. ausführlicher: Kompensatorische Vertragsgestaltung, S. 457ff.

756 Siehe dazu: Bieder, Kompensatorische Vertragsgestaltung, S. 455f., wobei vor allem *Waltermann* zu nennen ist, der aufgrund des Vorbehaltes des Gesetzes explizite Erlaubnisvorbehalte zu fordern scheint, s. Waltermann, Rechtsetzung, S. 142ff, 185.

757 ErfK/*Koch*, § 1 BetrVG, Rn. 17f.; Kreutz, Betriebsautonomie, S. 30ff.; Richardi, Kollektivgewalt, S. 285; Richardi/*Richardi*, Einl., Rn. 108ff.; Veit, Funktionelle Zuständigkeit,

Amtes.[758] Bzgl. der Stellung des Betriebsrats gegenüber den Arbeitnehmern werden trotzdem verschiedene Positionen vertreten.[759] Gegen die Einordnung als eine Art gesetzlicher Vertreter oder Organ der Belegschaft spricht dabei, dass der Betriebsrat im eigenen Namen handelt und die Belegschaft kein Verband mit Organstruktur darstellt.[760] Eine Stellvertretung stellt bei Rechtsgeschäften immer Handeln in pflichtgemäßem Ermessen dar. Dieses steht im Gegensatz zum eigentlichen privatautonomen Handeln.[761] Im Interesse des Rechtsverkehrs wird das Handeln des Vertreters aber selbst als privatautonom angesehen.[762] Eine Übertragung dieser Gedanken auf das Verhältnis der Arbeitnehmer zum Betriebsrat scheitert, weil es schon am Handeln im fremden Namen fehlt. Bei rechtsgeschäftlichen Erklärungen des Betriebsrats handelt es sich vielmehr um eigene Willenserklärungen im eigenen Namen mit Wirkung für andere. Dabei ist die Wirkung für andere gesetzlich angeordnet. Handelt der Betriebsrat bei betrieblichen Einigungen also grundsätzlich im eigenen Namen für die Belegschaft, weil er von dieser in einer demokratischen Wahl dafür ausgewählt wurde, so spricht beides zusammen für eine Bezeichnung des Betriebsrats als „Repräsentant" der Belegschaft.[763] Letzteres darf aber nicht darüber hinwegtäuschen, dass der Betriebsrat zwar ein privates Amt innehat, dieses aber nur mit (gesetzlichen) Kompetenzen und ohne jegliche private Freiheit ausgestaltet ist.[764] Er handelt nicht im eigenen Interesse, sondern rein fremdnützig im Interesse der Belegschaft des Betriebs bzw. im Interesse des Betriebs an sich. Im Ergebnis ist mit der Einordnung des Betriebsrats als Repräsentant der Belegschaft rechtsdogmatisch nur wenig gewonnen.[765] Hieran knüpfen sich keine unmittelbaren Rechtsfolgen. Aber durch die vorstehenden Überlegungen kann wenigstens ausgeschlossen werden, dass bei den betrieblichen Einigungen eine Stellvertretung vorliegt. Daraus folgt auch, dass keine privatautonome Zurechnung des Betriebsrats zur Belegschaft vorliegt und letztere damit auch nicht selbstbestimmt im Rahmen der betrieblichen Einigung handeln kann. Folglich ergibt sich dadurch eine Zwangsrepräsentation der Arbeitnehmer[766], die mit der Einordnung der Betriebsautonomie als Fremdbestimmung korreliert.

S. 126ff. A. A.: Konzen, ZfA 1985, 469 (485): Belegschaft als Partei der betrieblichen Einigungen.

758 BeckOK-ArbR/*Besgen*, § 1 BetrVG, Rn. 53 m. w. N.

759 Zur Diskussion: Richardi/*Richardi*, Einl., Rn. 98ff.

760 Richardi/*Richardi*, Einl., Rn. 99f.

761 MüKoBGB/*Schubert*, § 164, Rn. 19f.

762 Flume, AT II, § 1/6, S. 9.

763 GK/*Franzen*, § 1, Rn. 65; Richardi/*Richardi*, Einl. Rn. 101; a. A.: Reichold, Sozialprivatrecht, S. 548f., weil dadurch die Legitimation durch Wahl unzulässig verallgemeinert würde.

764 Reichold, Sozialprivatrecht, S. 548f.: Betriebsrat als „Vertragshelfer für betriebliche Arbeitsbedingungen".

765 Konzen, ZfA 1985, 469 (486).

766 Richardi/*Richardi*, Einl. Rn. 105 m. w. N.

d) *Zusammenfassung der wesentlichen Unterschiede*

Die vergleichende Betrachtung von Legitimation und Schranken der Betriebsautonomie zeigt wesentliche Unterschiede zwischen Fremdbestimmungs- (Betriebsautonomie) einerseits und Selbstbestimmungsordnung (Privatautonomie) andererseits auf. Dieser Befund wird unterstützt durch die Stellung des Betriebsrats, der gerade kein Stellvertreter der Belegschaft ist. Im Ergebnis lässt sich daher erstens sagen, dass die Betriebsautonomie der Betriebspartner nicht mit der Privatautonomie von Arbeitgebern und Arbeitnehmer zu vergleichen ist.[767] Zweitens resultiert daraus, dass aufgrund dieser Wesensverschiedenheit die Anwendung des bürgerlichen Vertragsrechts in der Betriebsverfassung nicht ohne weiteres mit der Betriebsautonomie anstelle der Privatautonomie begründet werden kann.

3. *Keine Privatautonomie bei der betrieblichen Rechts- und Regelungssetzung*

Die betriebsverfassungsrechtliche Rechts- und Regelungssetzung ist aber auch kein direkter Ausfluss der Privatautonomie.[768] Dagegen spricht schon die Einordnung der Betriebsverfassung als „korporatistische Zwangsordnung"[769], denn Zwang und Privatautonomie sind miteinander nicht vereinbar. Zwar wird teilweise angenommen der Unternehmer oder Arbeitgeber handele privatautonom, weil er selbst Partei der betrieblichen Einigung ist und seinen entsprechenden Willen kundgetan hat.[770] Für die Arbeitnehmer gilt dieses aber schon deshalb nicht, weil sie keine eigenen Handlungsmöglichkeiten auf Betriebsebene, abgesehen von der Wahl des Betriebsrats, haben. Die Arbeitnehmer haben in der Regel keine eigenen Befugnisse im Zusammenhang mit der Mitbestimmung, sie sind lediglich Teil der Belegschaft,[771] die für sich genommen aber wiederum keine Partei der Vereinbarung ist. Eine Regelung ist aber schon dann nicht mehr privatautonom gestaltet, wenn die von der Regelung Betroffenen in keiner Form durch ihren Willen an der Regelung beteiligt sind.[772] Stattdessen ist der Betriebsrat Partei der betrieblichen Einigung und deren Zustandekommen hängt von dessen Erklärung(en) ab. Wie gesehen handelt es sich dabei aber nicht um ein privatautonomes Handeln, da der Betriebsrat nicht selbstbestimmt handeln kann. Einerseits fehlt es an der dafür notwendigen selbstbestimmten Gestaltungsmöglichkeit, weil für den Betriebsrat keine echte „Gegenmachtbildung" möglich ist, solange er auf das Wohl des Betriebes und das

767 Reichold, Sozialprivatrecht, S. 502 der von „Sozialautonomie" spricht.
768 MüHArbR/*Fischinger*, § 8, Rn. 31. A. A.: Konzen, ZfA 1985, 469 (487ff.), der meint die Privatautonomie sei auch in der Betriebsverfassung zumindest „am Rande" gegeben.
769 Richardi, Kollektivgewalt, S. 310ff.
770 Kreutz, Betriebsautonomie, S. 61; Reichold, Sozialprivatrecht, S. 511.
771 Richardi/*Richardi*, Einl., Rn. 85.
772 Kreutz, Betriebsautonomie, S. 58.

Arbeitskampfverbot verpflichtet ist.[773] Andererseits gestaltet er auch nicht sein eigenes rechtliches Schicksal, da er nicht zwangsläufig der Adressat der von ihm mit dem Arbeitgeber zusammen getroffenen Regelungen ist. Es liegt ein „Einwirken der Betriebsparteien auf die Rechtspositionen der einzelnen Arbeitnehmer" vor.[774] Der Betriebsrat handelt nach eigenem Recht zugunsten der Arbeitnehmer. Insofern greift auch ein Vergleich zur überwiegend als kollektive Privatautonomie verstandenen Tarifautonomie nicht[775], da es hier an einem dem Beitritt zur Gewerkschaft vergleichbaren, autonomen Unterwerfungsakt der Arbeitnehmer mangelt.[776]

Konkret für den Interessenausgleich ist zudem auch zu beachten, dass dieser keine normative Wirkung entfaltet, welche besonders legitimiert werden müsste. Es handelt sich gerade nicht um Rechtsetzung Privater die unmittelbar und zwingend die Arbeitsverhältnisse der Arbeitnehmer gestaltet. Die Beratung über einen Interessenausgleich und dessen Abschluss werden als betriebliche Beteiligungsrechte dem Betriebsrat zugeordnet. Vertragsparteien des Interessenausgleichs sind nur Unternehmer und Betriebsrat, während die Regelung für Unternehmer, Betriebsrat und Arbeitnehmer gilt. Insofern gilt hier bzgl. der willentlichen Beteiligung nichts anderes als bei der Betriebsvereinbarung und es ist keine selbstbestimmte Willensäußerung der Arbeitnehmer gegeben. Aber auch beim Interessenausgleich können Unternehmer und Betriebsrat verbindliche Regelungen für die Arbeitnehmer treffen, so dass Regelungsurheber und Regelungsadressat auseinanderfallen, mit der Folge, dass eine Fremdbestimmung der Arbeitnehmer vorliegt.[777] Die Regelungen des Interessenausgleichs erfolgen auch nicht privatautonom. Im Gegensatz zur Betriebsvereinbarung bestehen aber, mangels normativer Wirkung, auch weniger Schwierigkeiten, den Interessenausgleich als Rechtsgeschäft einzuordnen, weil aus einer vertraglichen Einigung keine normative Rechtssetzung erklärt werden muss. Wenn die Betriebsvereinbarung keinen Akt privatautonomer Selbstbestimmung darstellt und sich daher nicht automatisch in den Rahmen des Privatrechts, welches von der Privatautonomie beherrscht wird, einfügt[778], dann muss das auch für den Interessenausgleich gelten. Die Einordnung des Interessenausgleichsverfahrens in das Privatrechtssystem kann wie bei der Betriebsvereinbarung[779] nur als

773 Veit, Funktionelle Zuständigkeit, S. 106f.

774 Waltermann, Rechtssetzung, S. 147 zur Betriebsvereinbarung.

775 ErfK/*Linsenmaier*, Art. 9 GG, Rn. 55f.; Richardi, Kollektivgewalt, S. 164; Veit, Funktionelle Zuständigkeit, S. 100; Kritisch im Hinblick auf die Verfassungsmäßigkeit: Bieder, Verhältnismäßigkeitsprinzip, S. 318. Sowie ErfK/*Franzen*, § 1 TVG, Rn. 6f. der die mangelnde Erklärung objektiver Rechtssetzung beklagt.

776 Bieder, Kompensatorische Vertragsgestaltung, S. 452; Konzen, ZfA 1985, 469 (485); Veit, Funktionelle Zuständigkeit, S. 205.

777 GK/*Kreutz*, § 77, Rn. 241f.

778 So auch: Konzen, ZfA 1985, 469 (474); Waltermann, Rechtssetzung, S. 99.

779 Kreutz, Betriebsautonomie, S. 110f.

Fremdbestimmungsordnung erfolgen. Im Ergebnis ist daher auch der Interessenausgleich ein sog. heteronomes Rechtsgeschäft.[780]

V. Betriebsautonomie und Vertragsrecht

Damit geht die Frage einher, inwiefern trotzdem das auf der Privatautonomie aufbauende Vertragsrecht anwendbar sein kann, wenn es im Interessenausgleichsverfahren doch an einer privatautonomen Gestaltung mangelt. Allerdings hat schon *Kreutz* gefragt, ob tatsächlich jede vertragliche Rechtsgestaltung auf die Privatautonomie zurückzuführen sein müsse.[781] In der Regel wird sich mit dieser Frage auch gar nicht weiter aufgehalten. Die Betriebsvereinbarung wird mittlerweile nahezu allgemein als privatrechtlicher Vertrag im Sinne der §§ 145ff. BGB verstanden[782] und demnach erfolgt die grundsätzliche Einordnung in das Vertragsrecht.[783] Dabei muss aber dringend zwischen Zustandekommen und Wirkung der Betriebsvereinbarung getrennt werden.[784] Für das Zustandekommen einer Betriebsvereinbarung gelten grundsätzlich die §§ 145ff. BGB.[785] Gleiches gilt im Übrigen ebenso für die Regelungsabrede.[786] Auch bzgl. der Formanforderung an die Betriebsvereinbarung aus § 77 II 1 BetrVG kann somit auf die §§ 125, 126 BGB verwiesen werden.[787] Das heißt jedoch nicht, dass die vertragsrechtlichen Regelungen uneingeschränkt angewendet werden können. Grenzen finden sich insoweit z. B. bei der Frage der Rechtsfolgen einer Anfechtung oder eines Gesetzesverstoßes. Entgegen § 142 BGB wirkt die Anfechtung einer Betriebsvereinbarung nämlich nicht rückwirkend[788] und auch die Rechtsfolge der Teilnichtigkeit gem. § 139 BGB ist so nicht übertragbar.[789] Auch im Rahmen der Auslegung und der Umdeutung nach § 140 BGB sind Modifizierungen zu berücksichtigen. Die Auslegung des normativen

---

780 Ebenso wohl auch *Bieder* wenn dieser meint die Rechtsquellen der Betriebsverfassung seien allgemein heteronome Gestaltungen, Bieder, Kompensatorische Vertragsgestaltung, S. 452f.

781 Kreutz, Betriebsautonomie, S. 99.

782 Statt vieler: GK/*Kreutz*, § 77, Rn. 40ff.; Richardi/*Richardi*, § 77, Rn. 24 jeweils m. w. N.

783 Reichold, Sozialprivatrecht, S. 486: „Betriebsverfassung zeichnet sich dadurch als Bestandteil der privatrechtsgesteuerten Wirtschaftsverfassung aus, auch wenn es Sozialprivatrecht darstellt. Für die rechtsdogmatische Feinarbeit ist nicht ein vages und politikanfälliges Sozialprinzip prägend, sondern das Vertragsprinzip."

784 Kreutz, Betriebsautonomie, S. 15.

785 BeckOK-ArbR/*Werner*, BetrVG, § 77, Rn. 11, 25; Zu der früheren Debatte zur Rechtsnatur siehe z. B. GK/*Kreutz*, § 77, Rn, 40 und Richardi/*Richardi*, § 77, Rn. 23ff. jeweils m. w. N.

786 GK/*Kreutz*, § 77, Rn. 10 m. w. N.; a. A.: Adomeit, Regelungsabrede, S. 96ff.der von einem Beschluss ausgeht.

787 GK/*Kreutz*, § 77, Rn. 49; Richardi/*Richardi*, § 77, Rn. 35.

788 BeckOK-ArbR/*Werner*, BetrVG, § 77, Rn. 27 m. w. N.

789 GK/*Kreutz*, § 77, Rn. 66; Richardi/*Richardi*, § 77, Rn. 49.

Teils richtet sich nicht, wie sonst bei Rechtsgeschäften üblich, nach den §§ 133, 157 BGB (analog), sondern hat entsprechend der Auslegung von Gesetzen zu erfolgen. Der Grund hierfür liegt, wie bei dem Tarifvertrag, in der normativen Wirkung der Betriebsvereinbarung.[790] Trotzdem kann im Ergebnis festgehalten werden, dass für die Betriebsvereinbarung das bürgerlich-rechtliche Vertragsrecht gilt, wobei aber durchaus Modifizierungen zu beachten sind.

Ebenso wie Betriebsvereinbarung und Regelungsabrede wird auch der Interessenausgleich als Vertrag im Sinne der §§ 145ff. BGB verstanden.[791] Zu den Details der Anwendbarkeit einzelner vertragsrechtlicher Normen finden sich aber weniger Aussagen. Zumindest bzgl. der Schriftform des Interessenausgleichs sind jedoch auch die §§ 125, 126 BGB anwendbar.[792] Fraglich bleibt aber, inwiefern man diese und auch weitergehende Anwendungen des bürgerrechtlichen Vertragsrechts für den Interessenausgleich begründen könnte. Dabei gilt es zunächst festzustellen, dass die Betriebsverfassung in den meisten, sonst durch das bürgerliche Vertragsrecht geregelten Bereichen lückenhaft ist. Es finden sich gerade keine Regelungen über das Zustandekommen und die Wirkungen eines Interessenausgleichs. Mithin erscheint mangels eigenen Instrumentariums der Betriebsverfassung ein Rückgriff auf das allgemeine Vertragsrecht schon im Hinblick auf diese Lücken notwendig. Unterstützt wird dieser Gedanke dadurch, dass die Betriebsverfassung überwiegend und richtigerweise als Privatrecht eingeordnet wird.[793] Findet sich im speziellen betriebsverfassungsrechtlichen Recht keine aussagekräftige Regelung über Zustandekommen und Wirkung einer betrieblichen Vereinbarung, erscheint der Rückgriff auf das allgemeine privatrechtliche Vertragsrecht im Bürgerlichen Gesetzbuch naheliegend. Des Weiteren erscheint das Vertragsrecht bzw. noch grundsätzlicher das Vertragsprinzip als durchaus geeignet für den Interessenausgleich. Denn der Vertrag ist die klassische Form einer Einigung bzw. eines sachgerechten Interessenausgleichs im Wortsinn. Mit den Worten von *Lorenz*: „Als System ist das Prinzip der Vertragsfreiheit jedem anderen auch hinsichtlich der gewährleisteten Chance eines „gerechten" Interessenausgleichs überlegen."[794] Dem Vertrag wird eine „objektive Richtigkeitsgewähr" attestiert, solange auch die Vertragsparität bestehe, also beide Parteien nicht durch wirtschaftliche, situative oder intellektuelle Gründe daran gehindert sind, ihre Interessen durchzusetzen.[795] Allerdings ergibt sich aus der Vertragsfreiheit allein noch nicht die Richtigkeitsgewähr des Vertrages.[796] Voraussetzung hierfür ist ein Machtgleichgewicht zwischen den Vertragsparteien, welches die Gefahr des Missbrauchs der Vertragsfreiheit

790 ErfK/*Kania*, § 77 BetrVG, Rn. 30f.; Richardi/*Richardi*, § 77, Rn. 129.
791 Siehe oben S. 35ff.
792 W/P/K/*Preis/Bender*, §§ 112, 112a, Rn. 13.
793 Siehe oben S. 133.
794 Lorenz, Schutz vor dem unerwünschten Vertrag, S. 35.
795 MüKoBGB/*Busche*, Vor § 145, Rn. 6 m. w. N.
796 MüKoBGB/*Busche*, Vor § 145, Rn. 6.

verhindert.[797] Dieser Gedanke ist insbesondere im Arbeitsrecht relevant. Grundsätzlich baut das Vertragsrecht auf der Privatautonomie auf, welche wiederum ein Kräftegleichgewicht der Vertragspartner voraussetzt. Ansonsten kann durch den Vertrag kein sachgerechter Ausgleich der Interessen der Vertragsparteien erfolgen.[798] Wenn auch die Betriebspartner nicht privatautonom handeln, so kann doch von einem gewissen Kräftegleichgewicht in der Betriebsverfassung gesprochen werden. Die Betriebsverfassung dient ja gerade dazu, den strukturell schwächeren Arbeitnehmern mit Hilfe der kollektiven Interessenwahrnehmung durch den Betriebsrat und der gesetzlichen Sicherung der Beteiligungsrechte des Betriebsrats gegenüber dem Arbeitgeber ein Mächtegleichgewicht zwischen Arbeitgeber- und Arbeitnehmerseite mit dem Ziel eines sachgerechten Ausgleichs der Arbeitsbedingungen zu ermöglichen. Das für den Ausgleichsgedanken des Vertrags notwendige Machtgleichgewicht besteht mithin, unabhängig davon, dass die Betriebspartner nicht privatautonom handeln. Letzteres ist für die Annahme einer rechtsgeschäftlichen Regelung und der entsprechenden vertragsrechtlichen Grundlagen auch nicht zwingend notwendig.[799] Auch ist der Stellenwert der Privatautonomie bei klassischen Austauschverträgen, die das vertragliche Ausgangsmodell des Bürgerlichen Gesetzbuches waren, wichtiger als bei den arbeitsrechtlichen Dauerbeziehungen der Betriebsverfassungsorgane.[800] Im Ergebnis ist daher von einer Anwendung des bürgerrechtlichen Vertragsrechts auf das Interessenausgleichsverfahren auszugehen.

VI. Einordnung des Interessenausgleichs in das bürgerlich-rechtliche Vertragsrecht

Darauf aufbauend kann nun die weitere Einordnung des Interessenausgleichs in das bürgerlich-rechtliche Vertragsrecht erfolgen. Das mündet in der Frage, ob es sich bei dem Interessenausgleich nicht nur um einen Vertrag i. S. d. §§ 145ff. BetrVG handelt, sondern ob es sich auch um einen Schuldvertrag handelt. Auch wenn privatrechtliche Schuldverhältnisse ihren Ursprung „außerhalb“ des Bürgerlichen Rechts haben, können die §§ 241ff. BGB grundsätzlich anwendbar sein.[801] Schuldverhältnisse können grundsätzlich vertragliche oder gesetzliche Entstehungsgründe haben.[802] Vorliegend erscheint aber nur ein vertraglicher Entstehungsgrund möglich. Für den Fall, dass eine Einordnung als Schuldvertrag zweckmäßig erscheint, sind die Rechtswirkungen damit noch nicht abschließend

797 Flume, AT II, § 1/7, S. 10: Ungleiche Machtverteilung sei “Dilemma der Privatautonomie”.
798 BVerfGE 81, 242 (255).
799 Siehe wiederum Kreutz, Betriebsautonomie, S. 106.
800 Reichold, Sozialprivatrecht, S. 502ff.
801 MüKoBGB/*Ernst*, Einl. Vor § 241, Rn. 6.
802 BeckOK-BGB/*Sutschet*, § 241, Rn. 5; MüKoBGB/*Ernst*, Einl. vor § 241, Rn. 36.

festgelegt, da es Verträge mit starken und mit schwachen Rechtswirkungen gibt.[803] Bei der Frage, ob der Interessenausgleich einen Schuldvertrag darstellt, kommt es letztlich darauf an, ob ein entsprechender Rechtsbindungswille der Vertragspartner besteht und ob einer solchen Bindung rechtliche Vorgaben entgegenstehen. Bei letzterem gilt es dann zu differenzieren, ob das schuldrechtliche Forderungsrecht generell ausgeschlossen sein soll oder ob dieses nur nicht durchsetzt werden soll.[804]

1. Rechtsbindungswillen der Vertragsparteien des Interessenausgleichs

Der Rechtsbindungswille wird auch als „Tatbestandsvoraussetzung" für das Rechtsgeschäft und damit zwangsläufig auch für den Vertrag bezeichnet.[805] Er ist das „Kernstück" eines schuldbegründenden Vertrags.[806] Er wird allgemein definiert als der Wille der Vertragsparteien, dass das Gewollte in der Willenserklärung rechtlich verbindlich ist.[807] Entscheidend für die Feststellung des Rechtsbindungswillens ist im Einzelfall die Auslegung der empfangsbedürftigen Erklärung und wie diese nach Treu und Glauben bzw. der Verkehrsauffassung zu verstehen ist.[808] Die Frage ist also, ob aus der Sicht eines verständigen Adressaten von dem Willen zur rechtlichen Verbindlichkeit des Erklärten auszugehen ist oder nicht. Der Erklärende muss keine klaren Vorstellungen von den Rechtsfolgen seiner Erklärung haben, insbesondere mangelt es nicht schon an einem Rechtsbindungswillen, wenn nur ein tatsächlicher wirtschaftlicher Effekt ins Auge gefasst wird. Die erforderlichen Rechtsfolgen können dann als gewollt angesehen werden.[809] Problematisch ist insofern, dass der Rechtsbindungswille beim Interessenausgleich in jedem Einzelfall vorliegen muss und damit einer allgemeinen und dazu noch theoretischen Bewertung grundsätzlich nicht zur Verfügung steht.[810] Trotzdem soll nachfolgend versucht werden, eine Aussage zu treffen, ob der Rechtsbindungswille regelmäßig gegeben zu sein scheint oder eher nicht. Im Anschluss sollen hierzu typologische Fallgruppen gebildet werden, bei denen die Annahme oder Ablehnung des Rechtbindungswillens nahezuliegen scheint.

---

803 Reuss, AcP 154, 485 (490f.).
804 So Schwegler, Interessenausgleich, S. 74ff.
805 Schulze, Naturalobligation, S. 618.
806 Soergel/*Hefermehl*, Vor § 116, Rn. 19.
807 MüKoBGB/*Armbrüster*, Vor § 116, Rn. 28; MüKoBGB/*Busche*, § 145, Rn. 7.
808 BGHZ 103, 275 (280).
809 Soergel/*Hefermehl*, Vor § 116, Rn. 19.
810 Fitting, §§ 112, 112a, Rn. 45; GK/*Oetker*, §§ 112, 112a, Rn. 73; Richardi/*Annuß*, § 112, Rn. 45.

a) *Keine unvollkommene Verbindlichkeit durch Vereinbarung der Betriebsparteien*

Eine gesetzlich festgeschriebene, unvollkommene Verbindlichkeit des Interessenausgleichs wurde bereits widerlegt.[811] Unabhängig davon, ob eine gesetzliche Ausnahmeregelung gegeben ist, steht es den Vertragsparteien aber frei, die Verbindlichkeit ihrer Vereinbarung abzubedingen und somit eine unvollkommene Verbindlichkeit kraft Vereinbarung der Parteien zu kreieren.[812] Voraussetzung wäre hierfür aber zunächst der Verpflichtungswille der Parteien. Nur wenn eine vertragliche Bindung grundsätzlich gewollt ist, kann diese auch rechtsgeschäftlich durch eine unvollkommene Verbindlichkeit abbedungen werden.[813] Fraglich ist, wie die konkreten Gestaltungsmöglichkeiten der Parteien diesbezüglich aussehen. Ein Rechtswegausschluss kann allgemein nicht wirksam vereinbart werden.[814] Vielversprechender wäre wohl die Vereinbarung eines Klageverzichts, der dahingehend auszulegen wäre, dass der materiell-rechtliche Anspruch als unvollkommene Verbindlichkeit zurückbleibt.[815] Eine solche Auslegung ist freilich einzelfallabhängig. Allerdings hat *Schulze* einige Leitlinien für eine solche unvollkommene Verbindlichkeit kraft Parteivereinbarung herausgearbeitet. Zu beachten sei, dass für eine solche Vereinbarung ein Rechtfertigungsgrund vorliegen müsse, der z. B. bei verbesserten Erfüllungschancen, wirtschaftlichem Nutzen oder einem besonderen Geheimhaltungsinteresse gegeben sei.[816] Ausgeschlossen sei ein Klageverzicht zudem bei deliktischen und vorsätzlichen Pflichtverletzungen, womit man bei einem Vergleich zu den Haftungsfreizeichnungen angelangt ist.[817] Zudem wird eine klare Festschreibung der Abbedingung gefordert.[818]

Diese Leitlinien werden beim Interessenausgleich regelmäßig nicht erfüllt sein.[819] Ein notwendiger und ausreichender Rechtfertigungsgrund findet sich hier nicht. Der von *Schulze* genannte Grund der verbesserten Erfüllungschancen macht in der Regel nur bei höchstpersönlichen Rechtsgeschäften Sinn[820] und ist hier damit nicht ergiebig. Das Beispiel des wirtschaftlichen Nutzens wäre zwar hier insofern denkbar, als die Kooperation der Betriebsparteien bei einer Betriebsänderung sich durchaus kostensparend auswirken kann. Dieser Gedanke würde aber andererseits auch eine Bindungswirkung rechtfertigen und schlägt hier nicht wirklich durch.

---

811 Siehe oben S. 60ff.

812 Siehe: Reuss, AcP 154, 485 (504) m. w. N.

813 Schulze, Naturalobligation, S. 577.

814 Schulze, Naturalobligation, S. 582ff., „Die Parteien können nicht staatliche Anerkennung ohne jegliche staatliche Kontrolle erlangen.“, (S. 583).

815 Schulze, Naturalobligation, S. 585 unter Verweis auf BGH BeckRS 2006, 05541.

816 Nicht abschließende Darstellung bei Schulze, Naturalobligation, S. 586ff.

817 Schulze, Naturalobligation, S. 588f.

818 Schwegler, Interessenausgleich, S. 71.

819 So auch, aber ohne Begründung: Schwegler, Interessenausgleich, S. 71

820 Schulze, Naturalobligation, S. 589f.

Schulze sagt selbst, dass der Schuldner grundsätzlich ebenso durch die Erfüllung einer erzwingbaren Pflicht an Glaubwürdigkeit und Vertrauen gewinnen kann.[821] Dieser Umstand allein kann daher vorliegend nicht als Rechtfertigung dienen. Ein Geheimhaltungsinteresse bzgl. der Betriebsänderung ist zumindest auf Seiten der Unternehmer sicherlich durchaus relevant und auch zur Rechtfertigung geeignet. Unabhängig von der Frage, ob und wie dieses Geheimhaltungsinteresse durch eine unvollkommene Verbindlichkeit geschützt werden könnte, ist die Erforderlichkeit vorliegend zu verneinen. Durch die in der Betriebsverfassung geregelten Geheimhaltungspflichten des Betriebsrats sind diese schon ausreichend geschützt und kommen damit nicht als ausreichender Rechtfertigungsgrund in Betracht. Sonstige Rechtfertigungsgründe sind auch nicht ersichtlich. Mithin erscheint die Abbedingung der Bindungswirkung durch die Parteien unwahrscheinlich, zumal auch ein entsprechender Wille des Betriebsrats schwer vorstellbar ist. Der Verzicht auf die Bindung des Unternehmers wäre eigentlich nur durch eine gesetzliche Anordnung zu erklären, welche aber nicht vorliegt. Zumal die von der herrschenden Ansicht vertretene, einseitige Bindungswirkung nur für den Betriebsrat, nach der nur die Verpflichtungen des Unternehmers nicht erzwingbar sind, wohl als sittenwidrig einzustufen wäre.[822] Folglich kann beim Interessenausgleich regelmäßig auch keine unvollkommene Verbindlichkeit kraft Parteivereinbarung vorliegen.

b) Weitere vertragliche Regelungen ohne Durchsetzbarkeit

Neben den Fallgruppen der unvollkommenen Verbindlichkeiten sind weitere Rechtsinstitute oder vertragliche Regelungen denkbar, bei denen es an der (einseitigen) Durchsetzbarkeit des Vertragsinhalts mangelt.

(1) Unverbindlichkeit

Nach §§ 74 und 74a HGB ist ein Wettbewerbsverbot insoweit für den Gehilfen unverbindlich, als es eine nur unangemessene Entschädigungsregelung enthält, nicht einem berechtigten geschäftlichen Interesse des Prinzipals dient oder das berufliche Fortkommen des Gehilfen unbillig erschwert. Gem. § 110 S. 2 GewO gilt die Vorschrift für alle Arbeitnehmer. Verstößt eine Vereinbarung gegen diese Voraussetzungen, so hat der Arbeitnehmer insoweit ein Wahlrecht, ob er sich an das Wettbewerbsverbot hält oder nicht, mithin ob es verbindlich gilt oder nicht.[823] Die Unverbindlichkeit schafft auf der Rechtsfolgenseite einen gesetzlichen Ausnahmefall, der als Abmilderung einer sonst gebotenen Nichtigkeit der Vereinbarung verstanden werden kann. Diese Ausnahme stellt aber einen erheblichen Eingriff in den Grundsatz der Vertragstreue dar, da Rechtssicherheits- und Bindungsinteresse

821 Schulze, Naturalobligation, S. 591.
822 Zu der grundsätzlichen Sittenwidrigkeit einseitiger Klageverzichte: Schulze, Naturalobligation, S. 587.
823 ErfK/*Oetker*, § 74a HGB, Rn. 5.

des Vertragspartners beeinträchtigt werden.[824] Gerechtfertigt wird dieser Eingriff jedoch durch den Zweck der Regelungen, der in dem Schutz der Berufsfreiheit der Arbeitnehmer liegt.[825]

Lorenz sieht in der Unverbindlichkeit ein besonderes Rechtsinstitut, welches für eine Ausweitung auf andere Fälle anhand dessen Schutzfunktion grundsätzlich offen sei.[826] Unabhängig von der Frage, inwiefern man dieser Einschätzung folgt und welche dogmatischen Hürden dabei in der Folge entstehen würden, kann der Interessenausgleich in jedem Fall nicht unter eine solche Unverbindlichkeit subsumiert werden. Zwar argumentiert die herrschende Ansicht hier letztendlich auch damit, dass beim Interessenausgleich der Schutz von Grundrechten, namentlich der Unternehmerfreiheit der Arbeitgeber, eine Einschränkung auf der Rechtsfolgenseite gebiete.[827] Ansonsten werde gegen die Unternehmerfreiheit verstoßen und entsprechende Vereinbarungen müssten mithin unwirksam sein. Allerdings liegt hier eine umgekehrte Schutzrichtung vor, weil der „starke" Arbeitgeber in seiner Berufsfreiheit geschützt wird und nicht der „schwache" Arbeitnehmer. Der Arbeitgeber bedarf aber viel weniger eines Schutzes durch eine gesetzlich angeordnete Verbindlichkeit, insbesondere wenn man berücksichtigt, dass die Einigung im Interessenausgleich freiwillig erfolgt. Insofern erscheint die Vergleichbarkeit des Schutzzwecks schon fraglich. Hinzu kommt, dass die Schlussfolgerung, der Interessenausgleich müsse wegen des Gewährleistungsinhalts der unternehmerischen Freiheiten auf der Rechtsfolgenseite beschränkt werden, durchaus fraglich ist.[828] Zumal eine genaue Betrachtung der Rechtsfolgenregelung bei den gesetzlichen Fällen der Unverbindlichkeit zeigt, dass diese hier im Sinne der herrschenden Ansicht wenig zweckmäßig erscheint. In den Fällen der §§ 74, 74a HGB erhält der Gehilfe ein Wahlrecht bzgl. der verbindlichen Geltung der Vereinbarung. Allerdings steht dabei jeweils nur die beidseitige Verbindlichkeit bzw. Unverbindlichkeit zur Wahl. D. h. entscheidet sich der Arbeitnehmer für die Verbindlichkeit der Vereinbarung, hat er diese auch einzuhalten.[829] Beim Interessenausgleich soll nach der herrschenden Meinung dagegen nur der Betriebsrat an die Vereinbarung gebunden sein, während der Unternehmer grundsätzlich weiter frei entscheiden können soll, ob er sich an die Vereinbarung hält oder nicht. Der Interessenausgleich kann daher auch vom Standpunkt der herrschenden Ansicht aus gesehen, keine, den Wettbewerbsverboten vergleichbare, Unverbindlichkeit zur Rechtsfolge haben.

824 Lorenz, Schutz vor dem unerwünschten Vertrag, S. 86f.
825 MüKoHGB/*v. Hoyningen-Huene*, § 74, Rn. 1f.
826 Lorenz, Schutz vor dem unerwünschten Vertrag, S. 87.
827 Siehe oben S. 96ff.
828 Siehe dazu schon oben S. 116ff.
829 BeckOK-HGB/*Wetzel*, § 74a, Rn. 13; MüKoHGB/*v. Hoyningen-Huene*; § 74a, Rn. 19.

(2) Sog. „gentlemen agreement"

Eine weitere Abrede, der es an verbindlichen Vertragswirkungen fehlen soll, ist das sog. „gentlemen agreement".[830] Dabei sagen sich die Parteien zwar gegenseitige Leistungen zu, legen dieser Abrede aber keine rechtliche Verbindlichkeit zugrunde.[831] Es fehlt mithin an einem Rechtsbindungswillen der Parteien. Das Verabredete soll allein durch das Vertrauen in den Anstand der Beteiligten eintreten und ansonsten nicht erzwungen werden können.[832] Das ist insofern problematisch, als das Urteil über die Rechtserheblichkeit einer Vereinbarung grundsätzlich der Rechtsordnung zu obliegen hat und nicht den Parteien der Abrede.[833] Dieses führt u. a. zu der Frage der Zulässigkeit sog. Rechtsabwahlklauseln und ähnlicher Gestaltungen.[834] Nach *Schulze* sind hier folgende dogmatische Einordnungen in das Schuldrecht zu diskutieren: Es könne sich bei einem „gentlemen agreement" um ein Nicht-Rechtsgeschäft, ein unwirksames Rechtsgeschäft, einen Vertrag ohne primäre Leistungspflicht (mit Rechtsabwahlklausel) oder um eine Naturalobligation handeln.[835] *Reuss* diskutiert dagegen die Einordnung des „gentlemen agreement" als Gefälligkeitsabrede, Naturalobligation oder Vertrag.[836] Unabhängig von der dogmatischen Einordnung wäre aber zunächst zu klären, ob ein Rechtsbindungswille der Parteien vorliegt oder nicht. Der Rechtsbindungswille der Vertragsparteien schließt ein „gentlemen agreement" regelmäßig aus.[837] Hierbei handelt es sich letztlich um eine Frage des Einzelfalls. Diese wird vorliegend aber kaum anders zu beurteilen sein, als bei der Frage nach der Möglichkeit einer rechtsgeschäftlich vereinbarten, unvollkommenen Verbindlichkeit. Insofern kann auf die dortige Argumentation verwiesen werden. Das gilt selbstverständlich erst recht, wenn man der Einordnung des „gentlemen agreement" als Naturalobligation folgt.[838] Zudem ist anzumerken, dass auch keine Vergleichbarkeit mit den für das „gentlemen agreement" diskutierten Fallbeispielen insbesondere aus dem Bereich

---

830 Reuss, AcP 154, 485 (489); Soergel/*Hefermehl*, Vor § 116, Rn. 28.

831 Soergel/*Hefermehl*, Vor § 116, Rn. 28; Staudinger/*Bork*, Vorbem. §§ 145ff. BGB, Rn. 3.

832 Erman/*Armbrüster*, Vor § 145, Rn. 8; Staudinger/*Bork*, Vorbem. §§ 145ff. BGB, Rn. 3.

833 Schulze, Naturalobligation, S. 615ff.: „Die Grenzen der Privatautonomie können nicht privatautonom verschoben werden." Auch: Soergel/*Hefermehl*, Vor § 116, Rn. 28.

834 Dazu Schulze, Naturalobligation, S. 623ff.

835 Schulze, Naturalobligation, S. 618ff.

836 Reuss, AcP 154, 485 (521 und 526).

837 Soergel/*Hefermehl*, Vor § 116, Rn. 28.

838 Schulze, Naturalobligation, S. 618ff. Dieser sieht diese Einordnung auch „[...] als Grenze zulässiger rechtgeschäftlicher Gestaltung" an. Wobei anzumerken ist, dass in dem vorliegenden Fall des Interessenausgleichs die drei weiteren Einordnungsmöglichkeiten aufgrund der gesetzlichen Anordnung des Interessenausgleichsverfahrens unwahrscheinlich erscheinen.

der wirtschaftlichen Kartelle besteht.[839] Auch die Einordnung des Interessenausgleichs als ein solches „gentlemen agreement" scheitert damit.

(3) Sonstiger Ausschluss des Forderungsrechts

Schwegler spricht noch die Möglichkeit eines gesetzlichen Ausschlusses des Forderungsrechts an, wie es beim Eheversprechen nach § 1297 I BGB der Fall ist.[840] Er zeigt dann aber selbst schlüssig auf, weshalb ein solcher beim Interessenausgleich nicht vorliegt. Anders als im Fall des § 1297 I BGB findet sich beim Interessenausgleich kein expliziter Ausschluss im Gesetz und dieser ergibt sich hier auch nicht eindeutig aus § 113 BetrVG.[841] Die Argumentation deckt sich insofern weitestgehend mit derjenigen zur Frage, ob eine unvollkommene Verbindlichkeit anzunehmen ist.

c) Typologische Betrachtung des Rechtsbindungswillens der Parteien des Interessenausgleichs

Der Ausschluss der vorgenannten unverbindlichen Rechtsinstitute hat zur Folge, dass es für die Frage der Verbindlichkeit des Interessenausgleichs auf das Vorliegen eines Rechtsbindungswillen und dessen Reichweite ankommt. Bei der Frage nach dem Rechtsbindungswillen einer empfangsbedürftigen Willenserklärung, wie es Angebot und Annahme beim Vertrag sind, handelt es sich letztlich um eine Auslegungsfrage. Liegt nach dem objektiv-rechtlichen Erklärungswert[842] der Wille zur rechtlichen Verbindlichkeit des Erklärten[843], also hier des Inhalts des Interessenausgleichs, vor? Mittel der Auslegung der Willenserklärung sind dabei vor allem auch die äußeren Umstände der Erklärung, wie z. B. Zeit, Ort und Begleitumstände der Erklärung oder auch besondere Beziehungen zwischen den Erklärenden.[844] Aus dem Problemkreis der Abgrenzung von Rechtsgeschäften und Gefälligkeiten, bei denen auch das Vorliegen des Rechtsbindungswillen maßgeblich ist, können weitere Indizien gewonnen worden. Dort werden die wirtschaftliche und rechtliche Bedeutung sowie Art, Grund und Zweck der Angelegenheit als Kriterien für oder gegen den Rechtsbindungswillen genannt.[845] Hinzu kommt die Interessenlage im Hinblick auf mögliche Schäden und Gefahren bei einer fehlerhaften Leistung oder Nichtleistung auf der einen und die Frage der Zumutbarkeit der vertraglichen Bindung im Hinblick auf die Unentgeltlichkeit auf der anderen Seite.[846] Der

---

839 Details zu diesen bei: Reuss, AcP 154, 485 (485ff.).
840 Schwegler, Interessenausgleich, S. 74.
841 Schwegler, Interessenausgleich, S. 74ff.
842 BGHZ 47, 75 (78); BGHZ 103, 275 (280).
843 MüKoBGB/*Busche*, § 145, Rn. 7.
844 Bamberger/Roth/*Wendtland*, § 133, Rn 25; Jauernig/*Mansel*, § 133 BGB, Rn. 3.
845 BGHZ 88, 382, (384); BGHZ 92, 164 (168).
846 BGH NJW 1974, 1705 (1706); BGH NJW 1992, 498 (498).

Indizienkatalog ist damit aber noch lange nicht abgeschlossen, sondern kann als offen für weitere Aspekte angesehen werden.[847]

Bei der Betrachtung der äußeren Umstände, die den Abschluss eines Interessenausgleichs regelmäßig begleiten, fällt zunächst das formalisierte Verfahren nach den §§ 111f. BetrVG auf, welches die Einigung im Interessenausgleich vorbereitet und begleitet. Hinzu kommt das Schriftformerfordernis für den Interessenausgleich nach § 112 I 1 BetrVG. Beides wird teilweise als Indiz für einen Verpflichtungswillen der Parteien gesehen, weil den Parteien aufgrund der Formalisierung des Verfahrens bewusst sein müsse, dass eine rechtliche Verpflichtung eingegangen werde.[848] Käme es vor diesem Hintergrund zu einer freiwilligen Einigung, spräche das erst recht für einen Rechtsbindungswillen.[849] Dagegen wird eingewandt, dass allein die Einigung der Betriebsparteien noch kein Indiz für den Rechtsbindungswillen darstellen könne, weil diese zunächst einmal nur die tatsächliche Willensübereinstimmung wiedergibt, ohne zwingend auch die rechtlichen Auswirkungen festzustellen, die an diese Willensübereinstimmung gebunden sein sollen.[850] Dem ist grundsätzlich zuzustimmen. Natürlich führt das formalisierte Verfahren den Beteiligten die rechtliche Relevanz ihrer Willensäußerungen in gewisser Weise vor, aber gerade vor dem Hintergrund der verschiedenen Mitbestimmungsarten der Betriebsverfassung, kann die daraus resultierende Einigung auch nur als Ausübung der Mitbestimmung wahrgenommen werden, ohne einen darüber hinausgehenden, schuldrechtlichen Verpflichtungswillen festzulegen. Ebenso wenig kann das Schriftformerfordernis des Interessenausgleichs etwas Eindeutiges über den Verpflichtungswillen der schriftlichen Einigung beisteuern. Zwar mag es zutreffen, dass den Erklärenden bei einer schriftlichen Fixierung ihrer Erklärung eine mögliche rechtliche Bedeutung tendenziell eher bewusst ist als bei einer mündlichen Einigung. Hierfür ist es auch nicht notwendig, dass der Zweck der Schriftform beim Interessenausgleich nicht in einem Übereilungsschutz besteht, sondern vor allem der Klarstellung des Inhalts des Interessenausgleichs dient.[851] Denn auch in diesem Fall kann die schriftliche Fixierung den Parteien der Einigung „den Ernst der Lage" klar machen. Allein aus der Einhaltung einer bestimmten Form kann aber noch nicht ein bestimmter Verpflichtungswille abgleitet werden.[852] Aus der Kenntnis, etwas Rechtserhebliches zu erklären, kann nicht auch auf den Willen geschlossen werden, etwas Rechtsverbindliches zu erklären. Dementsprechend hat die Schriftform in der Privatrechtsordnung mitunter auch die Aufgabe, nur einen

847 Jauernig/*Mansel*, § 133, Rn. 3 („unendlich").

848 Molkenbur/Schulte,DB 1995, 269 (270); Siemes, ZfA 1998, 183 (192ff.); Zwanziger, BB 1998, 478(478).

849 Siemes, ZfA 1998, 183 (194); Schwegler, Interessenausgleich, S. 60f.

850 Richardi/*Annuß*, § 112, Rn. 42.

851 Siehe schon oben S. 54.

852 So auch: Foldenauer, Interessenausgleich, S. 200; Richardi/*Annuß*, § 112, Rn. 41.

Nachweis rechtlicher oder tatsächlicher Umstände zu erbringen und kann deswegen kein eindeutiges Indiz für einen Rechtsbindungswillen sein.[853]

Unternehmer und Betriebsrat verhandeln aufgrund des gesetzlichen Auftrags in § 112 I BetrVG über den Interessenausgleich und nicht aus reiner Eigeninitiative, wie dieses in der Regel im Privatrechtsverkehr der Fall sein sollte. Es besteht ihrerseits daher keine Wahl bzgl. eines anderen Vertragspartners. Die Privatautonomie ist hier durch die „Zwangsgemeinschaft" der Betriebsverfassung eingeschränkt. Aus dieser besonderen Beziehung der Parteien lässt sich letztlich aber keine Tendenz hinsichtlich des Rechtsbindungswillen erkennen, weil der Abschluss der Vereinbarung den Betriebspartnern trotzdem offen steht und somit freiwillig erfolgt, auch wenn der Vertragspartner hierbei vorgegeben ist.

Auf den ersten Blick sollte die Interessenlage bzgl. wirtschaftlicher und rechtlicher Bedeutung der Erklärung auf Seiten des Unternehmers eindeutig sein und dieser wirtschaftlich wie rechtlich kein Interesse an einer Verpflichtung durch den Interessenausgleich haben. Der Unternehmer würde sonst zum einen unternehmerischen Handlungsspielraum aufgeben und zum anderen mit den zugesagten Leistungen u. U. auch zusätzliche Kosten auf sich zukommen sehen. Bei genauerer Betrachtung ergibt sich aber ein differenzierteres Bild. Der Unternehmer hat durchaus ein wirtschaftliches Interesse an dem Abschluss eines verbindlichen Interessenausgleichs.[854] Zum einen können die, mit dem Interessenausgleich einhergehenden, finanziellen Belastungen geringer sein als die Kosten für einen Sozialplan.[855] Zum anderen kann der häufig kostenintensive[856] Sozialplan sogar ganz entfallen, wenn die Regelungen des Interessenausgleichs den Eintritt von wirtschaftlichen Nachteilen für die Belegschaft effektiv verhindern können.[857] Denn letztlich hat auch der Betriebsrat ein zumindest mittelbares Interesse an einem gesunden, funktionierenden Unternehmen und wird sich folglich an einer betriebswirtschaftlich vertretbaren Lösung im Sinne des Betriebes beteiligen.[858] Das gilt umso mehr, wenn er auf die Verbindlichkeit der Vereinbarung vertrauen kann. Zudem kann die Beteiligung des Betriebsrats über den Interessenausgleich ganz allgemein zu einer höheren Akzeptanz der Betriebsänderung auf Arbeitnehmerseite führen[859], welches sich letztendlich auch wiederum wirtschaftlich auswirken kann.[860] Neben diese wirtschaftlichen Anreize tritt für den Unternehmer aber auch eine vorteilhafte,

853 Foldenauer, Interessenausgleich, S. 200; Richardi/*Annuß*, § 112, Rn. 41 („petito principii").
854 So auch: Fitting, §§ 112, 112a, Rn. 15; Löwisch, RdA 1989, 216 (216f.); W/H/H/S/*Schweibert*, Kap. C, Rn. 209; Siemes, ZfA 1998, 183 (196).
855 Siemes, ZfA 1998, 183 (196).
856 Fitting, §§ 112, 112a, Rn. 15.
857 Fitting, §§ 112, 112a, Rn. 14.
858 Fitting, §§ 112, 112a, Rn. 15. Zur allgemeinen Interessenlage des Betriebsrats auch: W/H/H/S/*Schweibert*, Kap. C, Rn. 195ff.
859 Fitting, §§ 112, 112a, Rn. 15.
860 Siemes, ZfA 1998, 183 (196) m. w. N.

rechtliche Bedeutung des Interessenausgleichs. Dass der Betriebsrat ihm zustehende Mitbestimmungsrechte, wie z. B. aus § 102 BetrVG, mit in den Interessenausgleich einbringen kann, stellt einen erheblichen Anreiz für den Unternehmer da. Die Durchführung der Betriebsänderung kann insgesamt deutlich beschleunigt werden, wenn der Betriebsrat aufgrund der inhaltlichen Vereinbarungen eines verbindlichen Interessenausgleichs weitere, ihm zustehende Mitbestimmungsrechte zügig wahrnimmt oder diese sogar Teil des Interessenausgleichs werden. So kann z. B. auch durch die verbindliche Wirkung des Interessenausgleichs ein konkreter Anreiz für den Betriebsrat bestehen, einen Interessenausgleich mit Namensliste abzuschließen.[861] Dieses rechtliche Interesse des Unternehmers wird noch dadurch verstärkt, dass der Betriebsrat sich nicht widersprüchlich zu seinen Erklärungen im Interessenausgleich bei der Ausübung weitere Beteiligungsrechte verhalten darf.[862] Durch eine Einbindung des Betriebsrats kann der Unternehmer somit eine gefürchtete „Blockadepolitik“[863] des Betriebsrats eigenhändig verhindern.[864]

Aus Sicht des Betriebsrats gilt es auch zu bewerten, inwiefern etwaige Schäden oder Nichtleistungen ein Risiko darstellen würden und damit ein Indiz für den Rechtsbindungswillen wären. Dabei ist zwar zum einen die Ausgleichung wirtschaftlicher Nachteile der Arbeitnehmer infolge der Betriebsänderung grundsätzlich über den Sozialplan und eventuell auch über den § 113 BetrVG gesichert. Zum anderen hat der Betriebsrat aber das Risiko, dass etwaige Zusagen des Unternehmers im Interessenausgleich gegenüber dem Betriebsrat, die nicht unmittelbar die Arbeitnehmer betreffen, nicht erfüllt bzw. sanktioniert werden.[865] Der Gedanke der Unzumutbarkeit der Verpflichtung kann dagegen aus zweierlei Gründen vorliegend nicht relevant sein: Mangels Unentgeltlichkeit des Interessenausgleichs ist dieser im Zusammenhang mit der Abgrenzung von Gefälligkeit und Vertrag gewonnene Gedanke schon nicht direkt übertragbar. Beim Interessenausgleich liegt aufgrund einer vereinbarten Gegenleistung regelmäßig ein Entgelt vor.[866] Zudem wurde bereits festgestellt, dass ein bindender Interessenausgleich nicht unangemessen in die unternehmerischen Freiheitsrechte eingreift.[867] Mithin kann hier nicht wieder mit der Unzumutbarkeit der Verpflichtung argumentiert werden.

Die herrschende Ansicht zur Frage von Rechtsnatur und -wirkung des Interessenausgleichs verneint die Verpflichtung des Unternehmers durch die Vereinbarung. Aufgrund der höchstrichterlichen Rückendeckung[868] stellt diese Ansicht

---

861 Roloff, RdA 2015, 252 (253).

862 D/K/K/W/*Däubler*, §§ 112, 112a, Rn. 25 mit dem Hinweis auf das Initiativrecht des Betriebsrats bzgl. der Kurzarbeit; Siemes, ZfA 1998, 183 (195); W/P/K/*Preis/Bender*, §§ 112, 112a, Rn. 5 (Zustimmung zu Versetzungen gemäß dem Interessenausgleich).

863 Siehe dazu ausführlich oben S. 130ff.

864 Siemes, ZfA 1998, 183 (195).

865 Mit Beispielen: W/H/H/S/*Schweibert*, Kap. C, Rn. 210.

866 Siehe zu dem Begriff der Unentgeltlichkeit: MüKoBGB/*Häublein*, § 598, Rn. 21.

867 Siehe oben S. 124.

868 Siehe Fn. 129.

die aktuelle Rechtslage in Deutschland dar. Insofern stellt sich die Frage, wie es sich auf die Annahme des Rechtsbindungswillens der Betriebsparteien auswirkt, dass der Unternehmer nach aktueller Rechtslage nicht zwingend von einer eigenen Bindung ausgehen muss. Nach der Rechtsprechung des Bundesgerichtshofs fehlt es schon an einer Willenserklärung, wenn die Parteien wissen, dass sie etwas rechtlich Unverbindliches vereinbaren, weil die Rechtsordnung ihren Erklärungen keine Rechtswirkung beimisst.[869] Dagegen wird aber auch eingewendet, dass der Rechtsbindungswille mit der Frage, ob die Rechtsordnung diesen Willen als rechtlich relevant anerkennt, nichts zu tun hat.[870] Vorliegend kann diese Frage letztlich dahinstehen, da den Erklärungen der Betriebsparteien hier in jedem Fall eine Rechtswirkung zuerkannt wird. In jedem Fall erkennt die Rechtsordnung nämlich deren betriebsverfassungsrechtliche Wirkung als Ausübung der betrieblichen Mitbestimmung und auch als Grundlage für den Nachteilsausgleich in § 113 BetrVG an.[871] Damit stellt sich nur die Frage nach dem konkreten Ausmaß der Rechtswirkung der Erklärungen und ob diese eine schuldrechtliche Verpflichtung begründen. Trotzdem kann die Kenntnis einer gesetzlichen Schranke als Indiz gegen das Vorliegen eines Rechtsbindungswillen gedeutet werden.[872] Eine ausdrückliche gesetzliche Schranke liegt aber hier gerade nicht vor. Andererseits entfällt der Rechtscharakter einer Vereinbarung nicht allein dadurch, dass die Parteien die Verpflichtung als nicht klagbar betrachten.[873] Gleiches gilt entsprechend auch für die subjektive Vorstellung der Betriebspartner, dass die Nichteinhaltung des Interessenausgleichs abschließend durch den § 113 I BetrVG sanktioniert sei.[874] Es wurde eingangs bereits gesagt, dass die Kenntnis von den konkreten Rechtsfolgen für den Rechtsbindungswillen keine Voraussetzung ist. Mithin kann im Umkehrschluss aus der Vorstellung der Parteien, dass die Rechtsordnung eine volle, rechtliche Verbindlichkeit ihrer Erklärung nicht annimmt, auch nicht pauschal der Rechtsbindungswille verneint werden. Der Zweck des Interessenausgleichs, den Ausgleich des Veränderungsinteresses des Unternehmers und des Bestandsinteresses der Arbeitnehmerseite in Verbindung mit der Betriebsänderung zu ermöglichen[875], spricht grundsätzlich für die Annahme eines Rechtsbindungswillens.[876] Ein Ausgleich verschiedener Interessen zweier Parteien beruht im Allgemeinen auch auf einer Vertrauensbasis, die durch eine verbindliche Wirkung geschaffen werden

---

869 BGHZ 45, 376 (379).

870 Soergel/*Hefermehl*, Vor § 116, Rn. 20.

871 So auch Zwanziger, BB 1998, 478 (478).

872 Soergel/*Hefermehl*, Vor § 116, Rn. 20.

873 Soergel/*Hefermehl*, Vor § 116, Rn. 28.

874 Siemes, ZfA 1998, 183 (198).

875 D/K/K/W/*Däubler*, §§ 112, 112a, Rn. 3; Löwisch, RdA 1989, 216 (216f.).

876 So auch GK/*Oetker*, §§ 112, 112a, Rn. 73 mit der Einschränkung, dass bzgl. des „ob" der Betriebsänderung regelmäßig kein Verpflichtungswille, bzgl. des „wie" aber schon bestehe, GK/*Oetker*, §§ 112, 112a, Rn. 79. A. A.: Richardi/*Annuß*, § 112, Rn. 46.

kann. Ein Ausgleich der Interessen kann tendenziell nur bei einer Behandlung der jeweiligen Beteiligten auf „Augenhöhe" erfolgreich sein, weswegen eine einseitige Bindung zulasten des Betriebsrats dem Zweck der §§ 111f. BetrVG nicht zuträglich ist. Die verpflichtende Wirkung von Schuldverträgen hat grundsätzlich einen zukünftigen Leistungsaustausch zum Sinn und Zweck.[877] Sollen divergierende Interessen durch gegenseitige (Leistungs-)Zusagen effektiv ausgeglichen werden, so impliziert dieses eine verpflichtende Wirkung der Vereinbarung. Folglich ist auch beim Interessenausgleich in der Regel von einem Willen zur Verpflichtung, gerade auch im Hinblick auf die Gegenleistung, auszugehen.

Diese Aussagen gelten mehr oder weniger abstrakt für viele Fallgestaltungen, in denen der Rechtsbindungswille der Betriebspartner beim Interessenausgleich fraglich ist. Darüber hinaus können aber für einzelne Fallbeispiele oder –gruppen auch konkretere Betrachtungen erfolgen. So besteht z. B. bei dem bereits skizzierten Fallbeispiel, in dem der Interessenausgleich Regelungen zur Qualifizierung der Arbeitnehmer enthält[878], ein besonderes wirtschaftliches Interesse beider Seiten. Der Unternehmer spart durch das Angebot der Weiter- oder Umqualifizierung womöglich Sozialplankosten, da auf der Arbeitnehmerseite durch den Erhalt der Beschäftigung infolge der Qualifizierung weniger oder sogar keine wirtschaftlichen Nachteile eintreten. Auf der Arbeitnehmerseite gilt es daneben in diesem Zusammenhang auch drohende immaterielle Nachteile zu beachten. Diese sind nicht sozialplanausgleichspflichtig, gleichwohl können sie die Arbeitnehmer härter treffen als materielle Nachteile, z. B. durch den Verlust speziellen fachlichen Wissens[879], welches an einem anderen Arbeitsplatz nicht mehr eingebracht werden kann. Hinzu tritt wiederum auch ein spezielles rechtliches Interesse, wenn spezielle Beteiligungsrechte des Betriebsrats, z. B. aus den §§ 96ff. BetrVG, Bestandteil des Interessenausgleichs werden. Die Vereinbarung solcher Qualifizierungsprogramme geht daher in der Regel mit dem Willen der Betriebsparteien einher, dass diese auch verbindlich sind.[880] Ein weiteres Beispiel bilden Folgeregelungen in einem Interessenausgleich, in denen der Betriebsrat dem Unternehmer bei der Durchführung der Betriebsänderung entgegen kommt und dafür im Gegenzug eine Standortsicherung zugesagt bekommt.[881] Auch hier gilt es bei der Frage, ob die Parteien mit Rechtsbindungswillen handeln wieder zu berücksichtigen, dass ein besonderes rechtliches Interesse des Betriebsrats gegeben ist, weil in diesem Fall bei Nichteinhaltung der Standortzusage durch den Unternehmer keine Sanktion über § 113 I BetrVG erfolgen kann.[882] In der Nichteinhaltung der Standortzusage liegt

877 Weller, Vertragstreue, S. 196 m. w. N.
878 Siehe oben S. 30.
879 ErfK/*Kania*, §§ 112, 112a, Rn. 12.
880 So auch Röder/Gebert, NZA 2017, 1289 (1292).
881 GK/*Oetker*, §§ 112, 112a, Rn. 8, 82 der mit diesem Beispiel für die Gestaltungsmöglichkeiten der Betriebsparteien wirbt, so dass auch eine Regelungsabrede mit Wirkung „inter partes" möglich sei.
882 Ein ähnliches Beispiel findet sich bei W/H/H/S/*Schweibert*, Kap. C, Rn. 207.

zwar eine Abweichung vom Interessenausgleich, jedoch besteht kein Bezug mehr zu den von der ursprünglichen Betriebsänderung betroffenen Arbeitnehmern, so dass bei Nichterfüllung des Interessenausgleichs auch kein Nachteilsausgleich für die derzeit im Unternehmen Beschäftigten gegeben wäre.[883] Zum Abschluss gilt es noch auf Fallgestaltungen hinzuweisen, bei denen die Betriebspartner beim Abschluss des Interessenausgleichs keinen Rechtsbindungswillen haben. Dieses ist z. B. dann der Fall, wenn der Interessenausgleich lediglich Organisationsregelungen enthält, die die Betriebsänderung nur beschreiben, ohne weitere inhaltliche Regelungen zum Ablauf u. ä. zu enthalten.[884] Ein Leistungsaustausch, der eine Verpflichtung der Parteien zweckmäßig erscheinen lassen würde, liegt in diesem Fall gerade nicht vor.

2. Ergebnis

Aus diesen Überlegungen lässt sich abschließend folgern, dass die Betriebspartner aufgrund des Zwecks des Interessenausgleichs und der wirtschaftlichen und rechtlichen Interessenlage regelmäßig mit Rechtsbindungswillen handeln. Ein Automatismus bei der Auslegung des Einzelfalls besteht in dieser Hinsicht jedoch nicht.

B. Schlussfolgerungen für den Interessenausgleich

I. Rechtsnatur

1. Vertragsart

Der Interessenausgleich ist ein privatrechtlicher Vertrag im Sinne der §§ 145ff. BGB. Dieser überwiegend geteilte[885] Befund ist jedoch nur Ausgangspunkt für eine detaillierte Einordnung des Vertragstyps. Die herrschende Ansicht geht insoweit von einer „Kollektivvereinbarung besonderer Art“ aus.[886] Dagegen finden sich aber auch Stimmen, die einen Schuldvertrag annehmen oder im Interessenausgleich eine betriebsverfassungsrechtliche Regelungsabrede sehen. Die Wahl der Begrifflichkeit der herrschenden Ansicht, den Interessenausgleich als „Kollektivvereinbarung besonderer Art“ zu bezeichnen erscheint als inkonsequent. Da es sich, insoweit von der herrschenden Ansicht auch nicht bestritten, bei dem Interessenausgleich um eine Einigung mit Vertragscharakter zwischen Arbeitgeber und Betriebsrat handelt, läge die Einordnung des Interessenausgleichs in die betrieblichen

883 W/H/H/S/*Schweibert*, Kap. C, Rn. 207.
884 D/K/K/W/*Däubler*, §§ 112, 112a, Rn. 21. Das heißt freilich noch nicht, dass der Interessenausgleich nur aus solchen “tatsächlichen Beschreibungen” bestehen muss, so aber: Ehmann, FS Kissel, S. 179.
885 Siehe oben S. 35ff.
886 Siehe oben S. 35f.

Einigungen des § 77 I BetrVG nahe. Folglich müsste von einer „betrieblichen Einigung besonderer Art" gesprochen werden. Den betrieblichen Einigungen im Sinne des § 77 I BetrVG, die keine Betriebsvereinbarungen sind, wird eine verbindliche[887], wenn nicht sogar schuldrechtliche Wirkung zugesprochen.[888] Die typologische Betrachtung der Willenssituation beim Abschluss eines Interessenausgleichs hat gezeigt, dass in der Regel auf beiden Seiten von dem Vorliegen eines Rechtsbindungswillen auszugehen ist. Folge hiervon ist die grundsätzlich schuldrechtliche Wirkung des Interessenausgleichs. Auch wenn die Betriebsverfassung Sonderprivatrecht darstellt, ist das allgemeine bürgerliche Vertragsrecht hier grundsätzlich anwendbar. In der Folge liegt eine Einordnung als Schuldvertrag nahe. Das Feld der verschiedenen Arten von schuldrechtlichen Verträgen ist jedoch aufgrund der Vertragsfreiheit weit[889] und eine nähere Zuordnung des Interessenausgleichs insoweit wünschenswert. Zudem fragt sich als Konsequenz der Kritik an der herrschen Meinung, ob nicht eine Einordnung des Interessenausgleichs in die betrieblichen Einigungen aus § 77 I BetrVG möglich ist.

a) *Austauschcharakter des Interessenausgleichs*

In der Diskussion um die Rechtsnatur der Betriebsvereinbarung wird darauf verwiesen, dass die Betriebspartner nicht nebeneinander gleichgerichtete Interessen verfolgen, sondern die Betriebsverfassung „bipolar" strukturiert ist, d. h. dass die Betriebspartner gegeneinander um einen Ausgleich unterschiedlicher Interessen bemüht sind und deshalb der rechtsgeschäftliche Vertrag die Rechtsnatur der Betriebsvereinbarung am besten wieder gäbe.[890] Folgt man *Weller* und unterteilt die verschiedenen schuldrechtlichen Vertragstypen nach Interessengegensatz-, Interessengemeinschafts- und Interessenwahrungsverträge[891], so ergibt sich für den Interessenausgleich die Einordnung als Interessengegensatzvertrag.[892] Dieser stellt das grundsätzliche Vertragsleitbild des Bürgerlichen Gesetzbuchs dar[893] und ist dadurch gekennzeichnet, dass jeder Vertragspartner seine Leistung gerade wegen der zu erwartenden Gegenleistung erbringt.[894] Mithin ist dieser Vertragstyp von dem gegenseitigen Versuch geprägt, die eigenen Interessen

---

887 So Kielkowski, Betriebliche Einigungen, S. 144.
888 Fitting, § 77, Rn. 217 m. w. N.
889 MüKoBGB/*Ernst*, Einl. Vor § 241, Rn. 40ff.
890 Fitting, § 77, Rn. 14 („zweipolig"); GK/*Kreutz*, § 77, Rn. 41.
891 Weller, Vertragstreue, S. 197 m.w.N.
892 A. A. wohl Raab, ZfA 1997, 183 (203) der meint, Zweck des (gesetzlichen) Schuldverhältnisses sei nicht der Leistungsaustausch, sondern die organisationsrechtliche Beziehung bzw. die Schaffung eines Machtgleichgewichts zwischen den Betriebsparteien. Dabei wird aber die schuldrechtliche Beziehung der Betriebspartner mit der gesetzlichen Grundlage derselben verwechselt.
893 Weller, Vertragstreue, S. 197.
894 Weller, Vertragstreue, S. 198.

durchzusetzen.[895] Diese Interessendurchsetzung darf jedoch nicht schrankenlos ausgeübt bzw. versucht werden. Insbesondere besteht ein Gebot zur Rücksichtnahme nach Treu und Glauben gem. § 242 BGB gegenüber der anderen Vertragspartei.[896] Bei Verhandlung und Abschluss des Interessenausgleichs geht es den Betriebsparteien primär um die Durchsetzung eigener Interessen im Zusammenhang mit dem Ob und Wie der Betriebsänderung. Die Betriebsparteien stehen sich in der Betriebsverfassung grundsätzlich gegenüber und nicht nebeneinander, die Betriebsverfassung ist bipolar strukturiert.[897] Warum bzgl. des Interessenausgleichs etwas anderes gelten sollte ist nicht ersichtlich. Schon die Betitelung als „Interessenausgleich" spricht für einen Interessengegensatzvertrag und gegen eine anderweitige Einordnung, weil, sobald gemeinsame Interessen verfolgt würden, das Bedürfnis eines Ausgleichs verschiedener Interessen denklogisch nicht mehr nötig wäre. Daran ändert auch der Umstand nichts, dass in der Betriebsverfassung keine rücksichtslose Interessenverfolgung gilt, sondern das Gebot der vertrauensvollen Zusammenarbeit nach § 2 I BetrVG. Hierbei handelt es sich wiederum um eine Konkretisierung des Gebots von Treu und Glauben gem. § 242 BGB, welches die Betriebsparteien in ihrer Ausübung begrenzt.[898] Denn das Interesse, im Gemeinwohl des Betriebes zu handeln, ist höchstens Motivation für eine bestimme Regelung eines Interessenausgleichs, nicht aber deren Inhalt an sich. Es hebt auch die teils gegenseitige Interessenlage nicht grundsätzlich auf. Letztlich liegt daher eine synallagmatische Zusage von Leistungen bzw. Verpflichtungen zu einem Tun oder Unterlassen vor. Auf der einen Seite wird eine bestimmte Art und Weise der Vornahme der Betriebsänderung und deren Begleitmaßnahmen gegen die Kooperation des Betriebsrats bei der (mitbestimmungsrechtlichen) Umsetzung auf der anderen Seite zugesagt. Gegen eine Interessengemeinschaft spricht zudem, dass es an einer Vergleichbarkeit zu der erforderlichen gesellschaftsähnlichen Treuepflicht, als Förderpflicht des gemeinsamen Ziels[899], fehlt. Die Betriebsänderung ist zwar Gegenstand des Interessenausgleichs, aber nicht zwingend auch das beiderseitige, vorrangige Ziel. Als Indiz kann insoweit auch gewertet werden, dass der Betriebsrat im Rahmen der Verhandlungen über den Interessenausgleich den Unternehmer auch von einem Ablassen von der Betriebsänderung überzeugen kann. Gegen die Fallgruppe der Interessenwahrnehmung spricht beim Interessenausgleich, dass der Betriebsrat zwar grundsätzlich immer die Interessen der Belegschaft fremdnützig wahrnimmt[900], aber dass es sich gerade nicht um eine Geschäftsbesorgung mit einseitiger Interessenausrichtung auf den Geschäftsherrn[901] handelt.

895 Weller, Vertragstreue, S. 198 („do ut des").
896 Weller, Vertragstreue, S. 198.
897 GK/*Kreutz*, § 77, Rn. 41.
898 Richardi/*Richardi/Maschmann*, § 2, Rn. 6f.; W/P/K/*Preis*, § 2, Rn. 5.
899 Weller, Vertragstreue, S. 199.
900 Siehe oben S. 145f.
901 Zu diesem Erfordernis: Weller, Vertragstreue, S. 201.

Der Unternehmer und dessen Interessen sind ebenso im Vertrag involviert. Im Ergebnis ist die Situation beim Interessenausgleich damit von einem Interessengegensatz der Betriebsparteien gekennzeichnet, der sich in dem Versuch, die unterschiedlichen Interessen auszugleichen, niederschlägt. Der Interessenausgleich ist damit grundsätzlich, bei entsprechendem Rechtsbindungswillen, als schuldrechtlicher Austauschvertrag zu verstehen.

b) Dauerregelungen im Interessenausgleich

Im Hinblick auf mögliche Beendigungstatbestände des Interessenausgleichs fragt sich, ob es sich hierbei um einen Schuldvertrag mit dauerndem Charakter handelt oder ob vielmehr ein einfaches Schuldverhältnis vorliegt. Ein Dauerschuldverhältnis wird durch einen zeitlichen Moment gekennzeichnet, weil während der Laufzeit des Schuldvertrags fortwährend neue Leistungs- und Schutzpflichten entstehen. Das führt dazu, dass die Hauptleistungspflichten erst mit der Zeit quantifizierbar sind.[902] Das Dauerschuldverhältnis grenzt sich vom „einfachen Schuldverhältnis" also anhand des zeitlichen Moments und einer ständigen Pflichtanpassung ab.[903] Letzteres ist ein Symptom der Entkoppelung von Leistungserfolg und Vertragsbeendigung, welches die Besonderheit des Dauerschuldverhältnisses darstellt, weil das Eintreten eines Leistungserfolgs nicht zwingend den Vertrag beendigt.[904] *Siemes* lehnt die Subsumtion des Interessenausgleichs unter die Definition des Dauerschuldverhältnisses pauschal ab. Mit dem Abschluss eines Interessenausgleichs werde kein Dauerschuldverhältnis begründet, weil sich der Interessenausgleich auf eine konkrete Betriebsänderung beziehe und ihm die zeitliche Begrenzung durch die Durchführung der Betriebsänderung immanent sei, selbst wenn sie eine geraume Zeit dauere.[905] Dagegen lässt sich einwenden, dass die Anknüpfung an die Betriebsänderung als einmaligem Ereignis zwar naheliegend, aber allein nicht ausreichend ist. Maßgeblich muss vielmehr sein, welche Regelungen in diesem Zusammenhang konkret getroffen werden, ob also der Interessenausgleich Verpflichtungen zu dauernden Handlungen oder Unterlassungen enthält oder nicht. Es muss also eine Differenzierung nach der Art der inhaltlichen Regelung des Interessenausgleichs erfolgen[906] und nicht danach, was Auslöser und Bezugspunkt der Regelungen sind. Wann genau danach eine Dauerregelung vorliegt, lässt sich mit der Rechtsprechung des Bundesarbeitsgerichts zum Sozialplan konkretisieren. Der Sozialplan enthalte nämlich nicht schon deswegen Dauerregelungen, weil sich die geplante Betriebsänderung über einen längeren Zeitraum erstrecke und im Zuge dessen immer wieder neue Ansprüche der, durch die Betriebsänderung betroffenen

---

902 BeckOK-BGB/*Sutschet* § 241, Rn. 27; MüKoBGB/*Gaier*, § 314, Rn. 5.
903 Bamberger/Roth/*Sutschet*, § 241, Rn. 27.
904 Oetker, Dauerschuldverhältnis, S. 115ff.
905 Siemes, ZfA 1998, 183 (206f.).
906 Siehe auch GK/*Oetker*, §§ 112, 112a, Rn. 83ff.

Arbeitnehmer entstehen würden. Dauerregelungen wären nur dann gegeben, wenn ein einmal entstandener, wirtschaftlicher Nachteil der Arbeitnehmer nicht durch eine einmalige Leistung, sondern durch auf bestimmte oder unbestimmte Zeit laufende Leistungen ausgeglichen oder abgemildert werden soll.[907] Übertragen auf den Interessenausgleich bedeutet das, dass eine Dauerregelung nur dann vorliegt, wenn ein drohender wirtschaftlicher Nachteil der Arbeitnehmer durch auf (un)bestimmte Zeit laufende Leistungen verhindert werden soll. In der Tendenz sind solche Regelungen beim Interessenausgleich sicher eher die Ausnahme, da die Organisationsregelungen sich regelmäßig in einem Bezug zu der konkreten und geplanten Betriebsänderung erschöpfen und denkbare Folgeregelungen meistens in einmaligen Leistungen, wie z. B. einem Qualifizierungsangebot bestehen werden. Ein gewisses Zeitmoment mag zwar in manchen Fällen noch gegeben sein, aber die ständige Pflichtanpassung sollte die Ausnahme sein. Damit bestätigt sich der Grundsatz, dass nicht jeder langfristige Vertrag auch ein Dauerschuldverhältnis darstellt.[908] Im Ergebnis wird daher im Interessenausgleich in der Regel kein Dauerschuldverhältnis liegen. Die Möglichkeit von Dauerregelungen besteht jedoch, so dass es letztendlich auf die konkreten Regelungen im Einzelfall und deren Auslegung ankommt.

c) Der Interessenausgleich als Regelungsabrede

Ist der Interessenausgleich in der Regel als schuldrechtlicher Vertrag einzuordnen, fragt sich in einem zweiten Schritt nun, wie er sich in die betrieblichen Einigungen des § 77 I BetrVG einfügt. Da eine Einordnung als Betriebsvereinbarung ausscheidet,[909] führt das zu der Frage, ob der Interessenausgleich eine sog. Regelungsabrede[910] darstellt. Problematisch ist insoweit, dass es an einer griffigen Definition für die Regelungsabrede fehlt und damit auch die Subsumtion des Interessenausgleichs unter die Regelungsabreden erschwert wird. Grundsätzlich ist allerdings von einem weiten Verständnis der Regelungsabrede auszugehen. Die Regelungsabrede wird vorwiegend über eine Abgrenzung zur Betriebsvereinbarung definiert. Danach ist Regelungsabrede jede verbindliche Einigung, die nicht eine Betriebsvereinbarung ist.[911] Oder anders gesagt, jede formlose Absprache zwischen Arbeitgeber und Betriebsrat in betrieblichen Angelegenheiten stellt grundsätzlich eine Regelungsabrede dar.[912] Die Formlosigkeit der Regelungsabrede ist

---

907 BAG 10.08.1994, AP Nr. 86 zu § 112 BetrVG 1972, unter B II. 3. b).

908 Oetker, Dauerschuldverhältnis, S. 113ff.

909 Siehe oben S. 58. Zur Möglichkeit der Betriebspartner den Interessenausgleich freiwillig als Betriebsvereinbarung zu schließen, siehe unten S. 175.

910 Grundsätzlich: Adomeit, Die Regelungsabrede.

911 Fitting, § 77, Rn. 216; GK/*Kreutz*, § 77, Rn. 8.

912 Richardi/*Richardi*, § 77, Rn. 241ff.

allerdings kein zwingendes Charakteristikum.[913] Dafür spricht, dass der Grundsatz der Formfreiheit nicht per se gesetzliche Ausnahmen bzgl. Formvorgaben ausschließt, wie dieses beim Interessenausgleich nach § 112 I 1 BetrVG der Fall ist.[914] Davon unabhängig wird die Schriftform auch für die Regelungsabrede regelmäßig zweckmäßig sein und daher in der Praxis aus Beweis- oder Klarstellungsgründen unabhängig von der Möglichkeit der Formfreiheit gewählt werden.[915] Auch bei der Regelungsabrede handelt es sich um einen Vertrag im Sinne der §§ 145ff. BGB.[916] Die Abgrenzung der Regelungsabrede von der Betriebsvereinbarung erfolgt auch nicht über das Formerfordernis in § 77 II 1 BetrVG, sondern über die unterschiedliche Wirkung der beiden Einigungsformen. Die Regelungsabrede hat keine normative, sondern lediglich eine rein schuldrechtliche Wirkung.[917] Damit gehen unterschiedliche Funktionen und Anwendungsbereiche der Regelungsabrede einher.[918] Eine wesentliche, speziell betriebsverfassungsrechtliche Wirkung liegt in der Feststellung der Legitimation der, in der Abrede geregelten, Maßnahmen.[919] Im Hinblick auf den Interessenausgleich stellt sich nun die Frage, ob dieser unter die genannten Eigenschaften der Regelungsabrede subsumiert werden kann oder ob er vielmehr eine eigene Art der betrieblichen Einigung im Sinne des § 77 I BetrVG darstellt. Dass der Interessenausgleich grundsätzlich eine betriebliche Einigung im Sinne des § 77 I BetrVG ist, folgt schon aus dem weiten Verständnis der betrieblichen Einigungen allgemein[920] und dem Umstand, dass der Interessenausgleich eine vertragliche Einigung im Sinne der §§ 145ff. BGB der Betriebspartner darstellt. Des Weiteren kann auch eine Legitimationsfunktion entsprechend der Regelungsabrede

913 Zu weiteren Charakteristika der Regelungsabrede siehe Kielkowski, Betriebliche Einigungen, S. 131ff.

914 GK/*Kreutz*, § 77, Rn. 13.

915 Fitting, § 77, Rn. 219.

916 H. M., siehe statt vieler: GK/*Kreutz*, § 77, Rn. 10; Richardi/*Richardi*, § 77, Rn. 243. A. A.: Adomeit, Regelungsabrede, S. 96ff. (Beschluss); Kielkowski, Betriebliche Einigungen, S. 130f. der von einer materiellen Einigung ausgeht, und damit ein weiteres als das rein vertragliche Verständnis zugrunde legt.

917 Fitting, § 77, Rn. 217 m. w. N.; a. A. Kielkowski, Betriebliche Einigungen, S. 144 der von einer verbindlichen Einigung ohne grundsätzliche schuldrechtliche Wirkung ausgeht.

918 Details dazu bei GK/*Kreutz*, § 77, Rn. 12ff; Kielkowski, Betriebliche Einigungen, S. 205ff.

919 Schon *Adomeit* spricht von der „Legitimationsfunkton der betrieblichen Einigung“, darüber hinaus sei eine weitergehende verpflichtende Wirkung nur bei ausdrücklicher Vereinbarung oder bei Vorlage qualifizierter Umstände anzunehmen, siehe Adomeit, Rechtsquellenfragen, S. 152; Zur Legitimation auch: GK/*Kreutz*, § 77, Rn. 20.

920 Siehe nur GK/*Kreutz*, § 77, Rn. 6: „Betriebliche Einigungen sind die rechtlich bindenden Vereinbarungen zwischen Arbeitgeber und Betriebsrat an die § 77 I 1 BetrVG anknüpft.“

bejaht werden. Der Interessenausgleich legitimiert betriebsverfassungsrechtlich die Vornahme der Betriebsänderung durch den Unternehmer, ohne dass dieser sich nachteilsausgleichspflichtig macht. Sofern im Einzelfall ein entsprechender Rechtsbindungswille angenommen werden kann, ist auch von einer schuldrechtlichen Wirkung des Interessenausgleichs auszugehen. Ein wesentlicher Unterscheid zwischen Interessenausgleich und der Regelungsabrede besteht nur hinsichtlich des Formerfordernisses nach § 112 I 1 BetrVG. Dieses spricht aber nicht pauschal gegen die Einordnung des Interessenausgleichs als Regelungsabrede.[921] Grund des Formerfordernisses ist nämlich das Bedürfnis nach Rechtsklarheit für die von der Betriebsänderung betroffenen Arbeitnehmer.[922] Dieses entspringt den im Zusammenhang mit dem Interessenausgleich stehenden gesetzlichen Rechtsfolgen und hängt nicht mit der Einigung selbst zusammen.[923] Auch andere Anhaltspunkte, die gegen eine Einordnung des Interessenausgleichs als Regelungsabrede sprechen, sind nicht ersichtlich. Insbesondere spricht für eine solche Einordnung auch der Umstand, dass die dogmatische Ordnung im Bereich der betrieblichen Einigungen nicht verkompliziert wird, indem man auf einen eigenen Rechtstyp des Interessenausgleichs in Form einer „betrieblichen Einigung besonderer Art“ verzichtet. Schlussendlich stellt der Interessenausgleich daher grundsätzlich eine Regelungsabrede mit schuldrechtlicher Wirkung dar.[924]

2. Zustandekommen und Auslegung

Aus der Einordnung als schuldrechtlich wirkende Regelungsabrede ergeben sich auch Vorgaben bzgl. des Zustandekommens und der Auslegung eines Interessenausgleichs. Der Interessenausgleich kommt als Schuldvertrag durch eine Einigung der Betriebspartner im Sinne einer Angebot-Annahme-Mechanik zustande, entsprechend den §§ 145ff. BGB.[925] Eine Regelungsabrede kann grundsätzlich nicht nur durch eine Einigung der Betriebspartner in Vertragsform entstehen, sondern auch durch bloße, aber ausdrückliche[926] Zustimmung des Betriebsrats zu einer Maßnahme des Arbeitgebers.[927] Das gilt jedoch nicht für den Interessenausgleich. Dagegen spricht schon, dass die Regelung des Interessenausgleichs in § 112 I 1 BetrVG keinen Vergleich zu den Zustimmungstatbeständen im

---

921 So wohl auch GK/*Kreutz,* § 77, Rn. 13, wenn er die Formvorgabe beim Interessenausgleich als Ausnahme der formfreien Regelungsabrede bezeichnet.

922 Fitting, §§ 112, 112a, Rn. 24; Goebel, Durchführungsanspruch, S. 225.

923 Kielkowski, Betriebliche Einigungen, S. 134f.

924 So auch: Kaba, Probleme des Interessenausgleichs, S. 75; Kielkowski, Betriebliche Einigung, S. 201.

925 Siehe für die Regelungsabrede allgemein: GK/*Kreutz,* § 77, Rn. 10.

926 Ob auch eine konkludente Zustimmung des Betriebsrats zulässig ist, ist umstritten, siehe GK/*Kreutz,* § 77, Rn. 11 m. w. N., der dieses mit Hinweis auf das formalisierte Willensbildungsverfahren zu Recht ablehnt.

927 GK/*Kreutz,* § 77, Rn. 10; W/P/K/*Preis*; § 77, Rn. 94.

Betriebsverfassungsgesetz, namentlich den §§ 99, 102 und 103 BetrVG zulässt, weil dort keine Regelung des Verfahrens und der Details der Zustimmung erfolgt, sondern ausdrücklich von einer Einigung die Rede ist. Die betriebsverfassungsrechtliche Zustimmung ist auch nicht mit der Zustimmung nach den §§ 182ff. BGB zu vergleichen.[928] Das zeigt sich schon daran, dass die nachträgliche Zustimmung, also die Genehmigung nach den §§ 182ff. BGB, insbesondere bei Beteiligungsrechten, die auf eine Unterrichtung und Beratung mit dem Betriebsrat ausgerichtet sind, keinen Sinn macht. Entsprechend passen die §§ 182ff. BGB auch von ihrem Schutzzweck her ganz allgemein nicht in die Betriebsverfassung.[929] Bei der vertraglichen Einigung gilt es zu beachten, dass verfahrensrechtlich der Willenserklärung des Betriebsrats ein entsprechender ordnungsgemäßer Beschluss gem. § 33 BetrVG vorhergehen muss.[930]

Ausgangspunkt für die Frage der Auslegung des Interessenausgleichs ist der Vergleich zur Betriebsvereinbarung. Zumindest der normative Teil der Betriebsvereinbarung wird objektiv, wie ein Gesetz, ausgelegt.[931] Mangels entsprechender normativer Wirkung des Interessenausgleichs wird dieser nicht objektiv ausgelegt. Für die Frage der Auslegung ist weiterhin maßgeblich, ob es einen homogenen Erklärungsempfänger gibt.[932] Bzgl. des Interessenausgleichs ist dieses aufgrund des Vertragscharakters grundsätzlich zu bejahen. Insofern könnte man zu dem Schluss kommen, dass sich die Auslegung hier nach den §§ 133, 157 BGB richtet, da diese die allgemeinen Regeln für die Auslegung von empfangsbedürftigen Willenserklärungen bzw. privatrechtlichen Verträgen darstellen.[933] Demnach kommt es bei der Auslegung von Verträgen maßgeblich darauf an, wie der Erklärungsempfänger die Erklärung nach Treu und Glauben verstehen musste.[934] Der wirkliche Wille ist dahingehend zu erforschen, wie ihn der Empfänger verstehen konnte, weswegen man auch von dem maßgeblichen objektiven Empfängerhorizont spricht.[935] Problematisch erscheint vorliegend aber, dass in Hinblick auf das gesamte Interessenausgleichsverfahren nicht nur die Vertragsparteien des Interessenausgleichs, also Unternehmer und Betriebsrat, sondern auch die Arbeitnehmer vom Regelungsinhalt des Interessenausgleichs betroffen sind. Der Empfängerhorizont ist damit hier nicht so eindeutig wie man meinen könnte. Der als Kompensation der

928 BAG 04.03.2004 AP Nr. 50 zu § 103 BetrVG 1972; ErfK/*Kania*, § 103 BetrVG, Rn. 9; MüKoBGB/*Bayreuther*, Vor § 182, Rn. 15 m. w. N. A. A. Fitting, § 103, Rn. 31 m. w. N.

929 Siehe hierzu MüKoBGB/*Bayreuther*, Vor § 182, Rn. 15.

930 Fitting, § 77, Rn. 219; GK/*Kreutz*, § 77, Rn. 11; W/P/K/*Preis*; § 77, Rn. 94.

931 Fitting, § 77, Rn. 15; GK/*Kreutz*, § 77, Rn. 71, der aber auch darauf hinweist, dass im Ergebnis kaum Differenzen zwischen den Auslegungswegen bestehen, vgl. GK/*Kreutz*, § 77, Rn. 72.

932 MüKoBGB/*Busche*, § 133, Rn. 27f.; Palandt/*Ellenberger*, § 133, Rn. 9.

933 MüKoBGB/*Busche*, § 133, Rn. 27ff.; Jauernig/*Mansel*, § 133, Rn. 1ff.

934 BGHZ 36, 30 (33); 103, 275 (280); BAG NJW 1994, 3372 (3373). Palandt/*Ellenberger*, § 133, Rn. 9, 20; MüKoBGB/*Busche*, § 157, Rn. 3.

935 MüKoBGB/*Busche*, § 133, Rn. 12ff.; v. Westphalen/*Thüsing*, Auslegung, Rn. 1.

Arbeitnehmer ausgestaltete Nachteilsausgleichsanspruch gem. § 113 BetrVG setzt tatbestandlich eine Abweichung vom Interessenausgleich voraus. Ob eine solche Abweichung vom Interessenausgleich vorliegt, ist letztendlich auch eine Frage der Auslegung der Vereinbarung. Daher fragt sich, ob die Arbeitnehmer hier dadurch nur reflexartig betroffen sind oder ob es sich bei dem Interessenausgleich vielmehr um eine Regelung mit einer Vielzahl faktischer Adressaten handelt. Letzteres ist z. B. aus dem Recht der allgemeinen Geschäftsbedingungen durchaus bekannt.[936] Allgemeine Geschäftsbedingungen sind per Definition für eine mehrmalige Verwendung vorgesehen und werden nicht individuell zwischen den Vertragsparteien ausgehandelt. Sie richten sich deshalb an eine Vielzahl faktischer Adressaten, was bei der Auslegung berücksichtigt werden muss.[937] Für die Auslegung bedeutet das, dass zwar grundsätzlich die allgemeinen Regeln der §§ 133, 157 BGB angewendet werden, gleichzeitig aber auch der Grundsatz der objektiven Auslegung angewendet wird.[938] D. h., dass Allgemeine Geschäftsbedingungen so auszulegen sind, wie sie nach ihrem objektiven Inhalt und typischem Sinn von einem verständigen und redlichen, durchschnittlichen Vertragspartner zu verstehen sind.[939]

Gegen einen Vergleich zur vorliegenden Frage der Auslegung des Interessenausgleichs spricht zwar, dass der Interessenausgleich im Gegensatz zu den Allgemeinen Geschäftsbedingungen nicht für eine Vielzahl von Verwendungen vorgesehen ist, sondern es sich um einen individuell ausgehandelten Vertrag handelt. Gleichwohl überwiegen aber die Ähnlichkeiten: Der Sinn und Zweck des Interessenausgleichs liegt zumindest auch darin, eine tatbestandliche Grundlage für den Nachteilsanspruch der betroffenen Arbeitnehmer aus § 113 BetrVG darzustellen.[940] Die Relevanz des Interessenausgleichs erledigt sich also nicht in der Relativität der schuldrechtlichen Beziehung zwischen den Vertragspartnern, sondern berührt darüber hinaus eine Vielzahl faktischer Adressaten. Die Auslegung des Interessenausgleichs ist wegen des Tatbestandsmerkmals der Abweichung in § 113 wesentlich für einen individuellen Anspruch der Arbeitnehmer.[941] Hierbei handelt es sich nicht mehr nur um eine reflexartige Betroffenheit der Arbeitnehmer.

Im Ergebnis ist damit klar, dass der Interessenausgleich nicht entsprechend einer Betriebsvereinbarung objektiv ausgelegt wird, da er keinen normativen Teil beinhaltet, sondern in der Regel ein schuldrechtlicher Vertrag ist. Die Auslegung richtet sich deshalb grundsätzlich nach den §§ 133, 157 BGB. Um das Problem der

936 Ausführlich siehe z. B. v. Westphalen/*Thüsing*, Auslegung, Rn. 3ff.

937 MüKoBGB/*Busche*, § 133, Rn. 24.

938 Einzelheiten, z. B. inwieweit die §§ 133, 157 BGB anwendbar sind, sind jedoch umstritten, siehe v. Westphalen/*Thüsing*, Auslegung, Rn. 4f. m. w. N und dem Ergebnis, dass sich die verschiedenen Ansichten kaum in der Auslegungspraxis auswirken.

939 MüKoBGB/*Busche*, § 133, Rn. 24; v. Westphalen/*Thüsing*, Auslegung, Rn. 3.

940 Siehe zum Zweck des Interessenausgleichs ausführlich oben S. 90.

941 Zur Relevanz des Interessenausgleichs hierbei auch GK/*Oetker*, § 113, Rn. 22f.

Vielzahl faktischer Adressaten nicht zu ignorieren, ist es aber erforderlich, auch einen objektiven Bezugspunkt in die Auslegung mit einzubeziehen. Für die Auslegung des Interessenausgleichs heißt das konkret, dass es darauf ankommt, wie ein durchschnittlicher Adressat, worunter insbesondere auch die Arbeitnehmer des Unternehmens fallen, die Vereinbarung nach Treu und Glauben zu verstehen hatte.

3. *Abschlussmängel*

Die Einordnung als grundsätzlich verbindliche Regelungsabrede wirkt sich auch darauf aus, wann Abschlussmängel bei der Vereinbarung des Interessenausgleichs vorliegen und wie sich diese auswirken.

a) Fehlende Regelungsmacht der Betriebsparteien

Ein solcher Abschlussmangel liegt insbesondere vor, wenn die Betriebsparteien die Grenzen ihrer Regelungsmacht überschreiten. Wie auch die Betriebsvereinbarung[942] ist der Interessenausgleich nichtig, wenn die Schranken der Betriebsautonomie der Betriebsparteien missachtet werden. Die Betriebspartner verletzen dann die Grenzen ihrer Regelungsmacht. Daraus wird für den Organisationsbereich des Interessenausgleichs zum Teil geschlossen, dass die begrenzte Regelungsmacht des Betriebsrats hier einer verbindlichen Vereinbarung entgegenstehe.[943] Es ließe sich nicht eindeutig zwischen einem „Ob" und „Wie" der Betriebsänderung trennen, so dass bei einem verbindlichen Interessenausgleich mit entsprechendem Regelungsinhalt eine unangemessene Beschränkung der Entscheidungsfreiheit des Unternehmers drohe.[944] Das erscheint nicht nur in Anbetracht des klaren gesetzlichen definierten Zuständigkeitsbereichs des Betriebsrats zweifelhaft.[945] Betrachtet man nämlich die konkreten Grenzen der Betriebsautonomie, besteht u. a. solange eine Regelungsmacht der Betriebsparteien, wie der Regelungsgegenstand auch einseitig durch Weisung des Arbeitgebers geregelt werden könnte.[946] Steht es dem Unternehmer daher aufgrund seiner unternehmerischen Freiheit offen, letztendlich über das Ob und Wie einer Betriebsänderung zu entscheiden, so kann dieses auch Inhalt einer betrieblichen Regelung sein. In diesem Zusammenhang kommt grundsätzlich auch ein Verstoß gegen die §§ 134, 138 BGB in Betracht, so dass der Interessenausgleich insbesondere nicht gegen höherrangiges Recht, wie z. B. eine tarifliche Regelung, verstoßen darf. Letztlich wird auch dadurch eine ausreichende Gewährleistung der Unternehmerfreiheit gesichert.[947]

---

942 GK/*Kreutz*, § 77, Rn. 63.
943 Ehmann FS Kissel, 1994, 175 (185 ff.); Richardi/*Annuß*, § 112, Rn. 45.
944 Richardi/*Annuß*, § 112, Rn. 45.
945 Das erkennt *Annuß* selbst an: Richardi/*Annuß*, § 112, Rn. 45.
946 Siehe oben S. 143ff.
947 Meyer, BB 2001, 882 (883,886).

Eine weitere Besonderheit ergibt sich aus dem Umstand, dass der Betriebsrat Vertragspartei des Interessenausgleichs ist. Grundsätzlich gilt, dass sofern das Handeln des Betriebsratsvorsitzenden durch Beschluss gedeckt ist, die allgemeinen Regeln über den Zugang und die Abgabe von Willenserklärungen gelten.[948] Handelt der Vorsitzende ohne den Beschluss, liegt ein Handeln ohne Vertretungsmacht vor.[949] Bleibt die Genehmigung dieses Handelns durch den Betriebsrat aus, ist die Erklärung nichtig. Gleiches kann freilich auch auf der Unternehmerseite unter Berücksichtigung etwaiger gesellschaftsrechtlicher Vertretungsregeln zu beachten sein.[950]

b) Formmangel

Gem. § 112 I 1 BetrVG ist ein zwischen den Betriebspartnern zustande gekommener Interessenausgleich schriftlich niederzulegen. Wird die Schriftform nicht eingehalten, kann der Interessenausgleich nach ganz herrschender Ansicht keine Rechtsverbindlichkeit erlangen.[951] Überwiegend wird daher die Einhaltung der Schriftform als Wirksamkeitsvoraussetzung für den Interessenausgleich angesehen.[952] Teilweise wird aber auch eine entsprechende Anwendung von § 125 BGB propagiert, die zur der Folge hat, dass die Vereinbarung nichtig ist.[953] Eine dritte Meinung differenziert gar nicht erst zwischen den anderen beiden Ansätzen.[954] *Oetker* weist darauf hin, dass die hinter dieser Frage stehende dogmatische Problematik größtenteils gar nicht realisiert werde.[955] Die Einordnung als Wirksamkeitsvoraussetzung ändere zwar nichts an der Frage der Rechtsverbindlichkeit, könne aber Auswirkungen auf die Verteilung der Beweislast haben.[956] Als Wirksamkeitsvoraussetzung wäre die Schriftform als rechtsbegründender Tatbestand von der Partei zu beweisen, welche sich auf die Wirksamkeit der Vereinbarung beruft. Während bei einer rechtsvernichtenden Einwendung die Beweislast bei der Seite liegt, die sich auf die Nichtigkeit der Vereinbarung beruft.[957] Allerdings hat auch im Rahmen von § 125 BGB derjenige, der Rechte aus der Vereinbarung geltend machen möchte, die Einhaltung der vorgeschriebenen Form zu beweisen.[958] Somit

948 GK/*Kreutz*, § 77, Rn. 11.
949 GK/*Kreutz*, § 77, Rn. 11.
950 Siehe grundsätzlich hierzu: MüKoBGB/*Schubert*, § 164, Rn. 11ff.
951 Statt vieler: GK/*Oetker*, §§ 112, 112a, Rn. 58; Richardi/*Annuß*, § 112, Rn. 28 m. w. N.
952 BAG 9.7.1985, AP BetrVG 1972 § 113 Nr. 13; BAG 26.10.2004, AP BetrVG 1972 § 113 Nr. 49; Fitting, §§ 112, 112a, Rn. 24; Richardi/*Annuß*, § 112, Rn. 28 m. w. N.
953 GK/*Oetker*, §§ 112, 112a, Rn. 59; v. Hoyningen-Huene, § 15, Rn. 30; Schaub, FS Däubler, S. 347; W/H/S/S/*Schweibert*, Kap. C, Rn. 200.
954 OLG Hamm LAGE § 113 BetrVG 2001 Nr. 2; Siemes, ZfA 1998, 183 (194).
955 GK/*Oetker*, §§ 112, 112a, Rn. 59; aufgegriffen auch von Wiesner, Schriftform, S. 78ff.
956 GK/*Oetker*, §§ 112, 112a, Rn. 59.
957 Wiesner, Schriftform, S. 111.
958 ErfK/*Preis*, § 127, Rn. 23; MüKoBGB/*Einsele*, § 125, Rn. 35.

handelt es sich bei der Formnichtigkeit des § 125 BGB nicht um eine rechtsvernichtende Einwendung[959], sondern die Formerfordernisse der §§ 125ff. BGB stellen grundsätzlich auch Wirksamkeitserfordernisse dar.[960] Derjenige, der sich auf die Regelungen eines Interessenausgleichs berufen möchte, muss daher grundsätzlich auch dessen Wirksamkeit beweisen.[961] Somit verbleibt im Ergebnis kein Unterschied mehr zwischen der Einordnung als Wirksamkeitsvoraussetzung oder einer Anwendung des § 125 BGB bzgl. der Beweislast.[962] Unter Zugrundelegung der hier vertretenen vertragsrechtlichen Lösung bietet sich aber eine Anwendung des § 125 BGB auf das Schriftformerfordernis des Interessenausgleichs an.[963] Die Nichteinhaltung der Schriftform führt damit zur Nichtigkeit des Interessenausgleichs gem. § 125 BGB.

c) Anfechtung

Grundsätzlich hat auch die Anfechtung gem. § 142 BGB die rückwirkende Nichtigkeit zur Rechtsfolge.[964] Allerdings können Beschlüsse des Betriebsrats grundsätzlich nicht angefochten werden.[965] In Frage kommt nur eine Anfechtung der Stimmabgabe des einzelnen Mitglieds des Betriebsrats, der zur Unwirksamkeit des gesamten Beschlusses führen kann.[966] Voraussetzung ist insofern ein Anfechtungsgrund in Form eines Irrtums, einer Täuschung oder einer Drohung, vgl. §§ 119ff. BGB. Auf den Unternehmer sind die §§ 119ff. BGB ebenso anwendbar, so dass z. B. eine Anfechtung für möglich gehalten wird, wenn der Unternehmer sich bei der Abgabe einer Standortgarantie im Interessenausgleich über das Vorliegen einer Betriebsgenehmigung geirrt hat.[967] Relevant wird hier zudem auch die Frage, ob Dauerregelungen im Interessenausgleich vereinbart wurden, weil deren rückwirkende Anfechtung grundsätzlich abzulehnen ist.[968]

---

959 ErfK/*Preis*, § 127, Rn. 23; MüKoBGB/*Einsele*, § 125, Rn. 35.
960 Staudinger/*Hertel*, § 125, Rn. 97.
961 Bzgl. einer Namensliste nach § 1 V 2 KSchG a. F. i. V. m. § 112 I 1 BetrVG: BAG 6.12.2001 NJOZ 2003, 1206 (1209). Ebenso: Wiesner, Schriftform, S. 111f. unter Berufung auf den Zweck und den Zusammenhang von Formerfordernis und Zustandekommen des Vertrags.
962 So auch Wiesner, Schriftform, S. 111f.
963 So im Ergebnis auch GK/*Oetker*, §§ 112, 112a, Rn. 59; Wiesner, Schriftform, S. 112f.
964 Siehe hierzu grundsätzlich: MüKoBGB/*Busche*, § 142, Rn. 15ff.
965 Fitting, § 33, Rn. 51 m. w. N.
966 ErfK/*Koch*, § 33 BetrVG, Rn. 4.
967 So zumindest Meyer, BB 2001, 882 (883), wobei aber fraglich ist, ob es sich hierbei nicht um einen unbeachtlichen Motivirrtum handelt.
968 Ausführlich: Oetker, Dauerschuldverhältnis, S. 248ff.

4. *Möglichkeiten der Betriebsparteien im Hinblick auf die Rechtsqualität des Interessenausgleichs*

Daneben fragt sich, ob die Betriebspartner dem Interessenausgleich eigenständig auch eine weitergehende Rechtsqualität zukommen lassen können. Dabei geht es insbesondere darum, ob sie den Interessenausgleich freiwillig als Betriebsvereinbarung schließen können und ob dieser in der Konsequenz auch eine normative Wirkung besitzt. Relevant wird diese Frage, sofern der Interessenausgleich inhaltlich sog. Folgeregelungen umfasst, wie z. B. Regelungen über Fortbildungs- oder Qualifizierungsmaßnahmen und Kündigungsverbote, bei denen eine unmittelbare Geltung für die jeweiligen Arbeitsverträge zweckmäßig wäre.[969] Die Regelungsmöglichkeit als normativ wirkende Betriebsvereinbarung hätte dabei den Vorteil, dass aufgrund der dann geltenden, unmittelbaren Wirkung keine individualrechtliche Umsetzung durch eine entsprechende arbeitgeberseitige Weisung oder eine Vertragsänderung der Arbeitsvertragsparteien notwendig wäre.

a) *Freiwillige, normativ wirkende Betriebsvereinbarung*

Der überwiegende Teil der Literatur spricht sich wegen des soeben dargestellten Geltungsproblems von Folgeregelungen für diese Möglichkeit aus.[970] Eine dogmatische Begründung erfolgt dabei leider selten. Teilweise wird diese aber in einer entsprechenden Anwendung des § 88 BetrVG gesehen.[971] Eine freiwillige Betriebsvereinbarung soll demnach schon immer dann vorliegen, wenn im Interessenausgleich Leistungen an die Arbeitnehmer vorgesehen sind.[972] Vereinzelt wird eine solche Möglichkeit aber unter dem Hinweis auf die unternehmerische Entscheidungsfreiheit auch für gänzlich ausgeschlossen gehalten.[973] *Schwegler* differenziert zwischen einer freiwilligen „Betriebsvereinbarung über den Interessenausgleich“, womit der Interessenausgleich im engeren Sinne gemeint ist, also Regelungen, die das Ob und Wie des Interessenausgleich betreffen[974], und der „Ergänzenden Betriebsvereinbarung“, die die genannten Folgeregelungen als Ergänzung zum Interessenausgleich enthält.[975] Bzgl. der Vereinbarung als Betriebsvereinbarung fehle es für ersteres an einer zwingend notwendigen Ermächtigungsgrundlage, weil § 88 BetrVG hier nicht anwendbar sei. Der Gesetzgeber habe durch einen

---

969 Fitting, §§ 112, 112a, Rn. 47.

970 ErfK/*Kania*, §§ 112, 112a BetrVG, Rn. 9; Fitting, §§ 112, 112a, Rn. 47; GK/*Oetker*, §§ 112, 112a, Rn. 75 („Gemischte Vereinbarung“ mit der Rechtsnatur einer Betriebsvereinbarung hinsichtlich der Folgenbestimmungen); Richardi/*Annuß*, § 112, Rn. 46; W/P/K/*Preis*, §§ 112, 112a, Rn. 16.

971 Richardi/*Annuß*, § 112, Rn. 46; W/P/K/*Preis*, §§ 112, 112a, Rn. 16.

972 Richardi/*Annuß*, § 112, Rn. 46.

973 Willemsen/Hohenstatt, NZA 1997, 345 (351).

974 Schwegler, Interessenausgleich, S. 97ff. m. w. N.

975 Schwegler, Interessenausgleich, S. 100ff.

Umkehrschluss aus der Regelung des § 112 I 3 BetrVG für das Interessenausgleichsverfahren die Entscheidung getroffen, dass nur der Sozialplan die Wirkung einer Betriebsvereinbarung habe und eine solche damit für den Interessenausgleich über den § 88 BetrVG ganz allgemein ausgeschlossen.[976] Werde ein Interessenausgleich trotzdem als Betriebsvereinbarung betitelt, handele es sich um eine sog. „falsa demonstratio", mit der Folge, dass tatsächlich ein schuldrechtlicher Interessenausgleich gegeben sei.[977] Dagegen sei eine den Interessenausgleich ergänzende Betriebsvereinbarung für Folgeregelungen möglich, müsse aber rechtlich klar vom Interessenausgleich an sich unterschieden werden.[978]

(1) Keine entsprechende Anwendung des § 88 BetrVG

Der Wortlaut des § 88 BetrVG besagt, dass über die zwingenden Mitbestimmungstatbestände des § 87 I BetrVG hinaus freiwillige Betriebsvereinbarungen in sozialen Angelegenheiten durch die Betriebsparteien geschlossen werden können. Überwiegend wird daraus eine umfassende Regelungskompetenz durch freiwillige Betriebsvereinbarungen für die Betriebsparteien angenommen.[979] Teilweise wird diese sogar über den sozialen Bereich hinaus befürwortet und als umfassende Kompetenz zur Regelung betrieblicher Fragen gesehen.[980] Entsprechend wird die Anwendung des § 88 BetrVG auch auf die Möglichkeit ausgedehnt, einen Interessenausgleich nach § 112 I 1 BetrVG als freiwillige Betriebsvereinbarung abzuschließen.[981] Dabei wird jedoch verkannt, dass der Anwendungsbereich des § 88 BetrVG hierbei zu weit interpretiert wird.[982] Schon die systematische Stellung im dritten Abschnitt des vierten Teils des Betriebsverfassungsgesetzes spricht eindeutig für eine Begrenzung des § 88 BetrVG auf soziale Angelegenheiten.[983] § 88 BetrVG stellt auch ganz grundsätzlich keine ausreichende Grundlage für belastende Eingriffe in die Rechtspositionen der Arbeitnehmer dar, die aber bei einem so weiten Anwendungsbereich im Zusammenhang mit der normativen Wirkung einer Betriebsvereinbarung drohen.[984] Das heißt jedoch nicht, dass außerhalb der sozialen Angelegenheiten keine freiwilligen Betriebsvereinbarungen geschlossen werden können. Doch bedürfen sie dann entweder einer ausdrücklichen gesetzlichen

976 Schwegler, Interessenausgleich, S. 97f.
977 Schwegler, Interessenausgleich, S. 100.
978 Schwegler, Interessenausgleich, S. 100f.
979 Statt vieler: GK/*Kreutz*, § 88, Rn. 7ff. m. w. N.
980 BAG 7.11.1989 AP BetrVG 1972 § 77 Nr. 46; BAG 12.12.2006 AP BetrVG 1972 § 77 Nr. 94; Fitting, § 88, Rn. 2 m. w. N. A. A.: GK/*Kreutz*, § 88, Rn. 10; Richardi/*Richardi*, § 88, Rn. 3 jeweils m. w. N.; Veit, Funktionelle Zuständigkeit, S. 278ff.
981 Richardi/*Annuß*, § 112, Rn. 46.
982 Ausführlich siehe hierzu auch Veit; Funktionelle Zuständigkeit, S. 265ff.
983 So auch GK/*Kreutz*, § 88, Rn. 10; Richardi/*Richardi*, § 88, Rn. 3; Veit, Funktionelle Zuständigkeit, S. 266f.
984 Veit, Funktionelle Zuständigkeit, S. 275f.

Regelung, wie es z. B. in § 112 I 3 BetrVG geschehen ist[985] oder müssen nach den allgemeinen Grundsätzen der Betriebsautonomie zulässig sein.[986]

(2) Betriebsautonome Gestaltung des Interessenausgleichs als normativ wirkende Betriebsvereinbarung

Da es an einer entsprechenden ausdrücklichen gesetzlichen Regelung für den Interessenausgleich mangelt, ist für die Möglichkeit einer freiwilligen Betriebsvereinbarung demnach maßgeblich, ob sich vorliegend eine Regelungsbefugnis aufgrund der Grundsätze der Betriebsautonomie ergibt.[987] Danach gibt es zwar keine allgemeine Vertragsfreiheit für die Betriebspartner[988], aber diese können in den Grenzen der Betriebsautonomie Vereinbarungen schließen. Eine Regelungsmacht ist insofern dann anzunehmen, wenn eine Regelung auch durch Weisungsrecht des Arbeitgebers möglich wäre, wenn es sich um rein vorteilhafte Regelungen handelt oder wenn es sich um einen Umstand handelt, der nur kollektiv regelungsfähig ist.[989] Die Entscheidung über das Ob und das Wie, also die Art und Weise der Betriebsänderung obliegt im Hinblick auf die Berücksichtigung der unternehmerischen Entscheidungsfreiheit dem Arbeitgeber, auch wenn ein Beteiligungsrecht des Betriebsrats besteht. Mithin können die entsprechenden Regelungen in einem Interessenausgleich grundsätzlich auch durch das Weisungsrecht des Arbeitgebers getroffen werden. Für die Folgeregelungen gilt jedoch, dass sie nicht auch durch eine Weisung des Arbeitgebers geregelt werden können, da es sich, siehe z. B. im Zusammenhang mit möglichen Qualifizierungs- und Fortbildungsansprüchen nach den §§ 96ff. BetrVG, um mitbestimmungspflichtige Regelungen handeln kann. Folgeregelungen fallen aber insoweit unter die betriebliche Regelungsmacht, als dass sie einerseits rein vorteilhafte, weil Leistungsansprüche zugunsten der Arbeitnehmer beinhaltende Regelungen darstellen und/oder einer kollektiven Regelung bedürfen. Letzteres gilt insbesondere auch für den Interessenausgleich insgesamt, stellt dieser doch ein Paradebeispiel für die Ausgleichsfunktion der Betriebsverfassung dar.[990] Die Regelung dieses Ausgleichs kann zweckmäßig nur kollektiv erfolgen, auch um Verteilungsprobleme unter der Belegschaft hinsichtlich der weiteren Beschäftigung nach der Betriebsänderung gerecht zu lösen. Demnach besteht für den Interessenausgleich allgemein eine betriebsautonome Regelungsmacht und die Möglichkeit, die Regelungen in einer Betriebsvereinbarung mit

---

985 GK/*Kreutz*, § 88, Rn. 10 m. w. N.; Schwegler, Interessenausgleich, S. 97ff.

986 GK/*Kreutz*, § 88, Rn. 10; *Schweglers* Ansicht, dass ausschließlich eine tatbestandliche Ermächtigungsgrundlage freiwillige Betriebsvereinbarungen legitimieren könne, ist insoweit zu eng, so aber Schwegler, Interessenausgleich, S. 97ff.

987 So im Ergebnis wohl auch Franzen, NZA-Beilage 3/2006, 107 (111f.).

988 Siehe Richardi/*Richardi*, § 77, Rn. 71.

989 Siehe oben S. 147.

990 Siehe zur Ausgleichsfunktion der Betriebsverfassung: Franzen, NZA-Beilage 3/2006, 107 (113).

normativer Wirkung zu vereinbaren. Für die originären Regelungen des Ob und Wie der Betriebsänderung besteht freilich das eingangs geschilderte Geltungsproblem nicht: Eine unmittelbare Geltung dieser Regelungen für das Arbeitsverhältnis ist, mangels Leistungszusagen o. ä., nicht notwendig und die mögliche Geltung zwischen den Vertragsparteien vollkommen ausreichend. Mithin erscheint eine freiwillige Betriebsvereinbarung für diesen Bereich nicht zweckmäßig.[991]

Aber auch für das Geltungsproblem bzgl. der Folgeregelungen stellt sich noch die Frage der Notwendigkeit der freiwilligen, normativ wirkenden Betriebsvereinbarung. So könnte ein alternativer Lösungsansatz darin bestehen, aufbauend auf der schuldrechtlichen Einordnung des Interessenausgleichs, von einem Vertrag mit Wirkung zugunsten Dritter im Sinne des § 328 BGB auszugehen. Damit wäre das Geltungsproblem insofern überwunden, als dass keine Transformation der Folgeregelung in die jeweiligen Arbeitsverhältnisse notwendig wäre, sondern die Arbeitnehmer unmittelbar aus dem Interessenausgleich als Dritte berechtigt wären. Die grundsätzliche Möglichkeit einer Regelungsabrede mit Wirkung zugunsten Dritter nach § 328 BGB wird teilweise bejaht.[992] Vorliegend spricht für diese Lösung, dass sie eine konsequent schuldrechtliche Lösung des Problems darstellt, welches im Hinblick auf die hier erfolgte Einordnung des Interessenausgleichs erstrebenswert erscheint. Zumal auch der Interessenausgleich das in einem solchen Fall als notwendig angesehene Schriftformerfordernis[993] schon beinhaltet. Das Bundesarbeitsgericht[994] und auch Stimmen in der Literatur[995] lehnen diese Gestaltungsmöglichkeit jedoch zu Recht ab. Die normative Wirkung der Betriebsvereinbarung nach § 77 IV BetrVG als spezielles Regelungsinstrument der Betriebsverfassung lässt kein Bedürfnis für eine solche Option entstehen.[996] Soll eine betriebliche Einigung unmittelbar Einfluss auf die Arbeitsverhältnisse im Betrieb haben, ist das primäre Instrument der Betriebsverfassung hierfür die normative Wirkung der Betriebsvereinbarung. Damit droht auch keine Umgehung des Tarifvorbehalts in § 77 III BetrVG durch die Vereinbarung als Regelungsabrede.[997] Zumal bei Folgereglungen, die zumindest für Teile der Arbeitnehmer auch nachteilig sind, das schwerwiegende Problem besteht, dass die Figur des Vertrags zu Lasten Dritter zu Recht in der Privatrechtsordnung abgelehnt wird.[998] Da die Wirksamkeitsvoraussetzungen einer Betriebsvereinbarung beim Interessenausgleich in

---

991 So auch Schwegler, Interessenausgleich, S. 98.

992 ErfK/*Kania*, § 77, Rn. 132; GK/*Kreutz*, § 77, Rn. 13.

993 GK/*Kreutz*, § 77, Rn. 13.

994 BAG NZA 1998, 661 (663).

995 W/P/K/*Preis*, § 77, Rn. 93.

996 BAG NZA 1998, 661 (663); W/P/K/*Preis*, § 77, Rn. 93.

997 BAG NZA 1998, 661 (663); W/P/K/*Preis*, § 77, Rn. 93 (Umgehungsgeschäft). A. A. GK/*Kreutz*, § 77, Rn. 13, da die Schranke des § 77 III BetrVG nicht für Regelungsabreden gelte.

998 Siehe MüKoBGB/*Gottwald*, § 328, Rn. 258ff.; Staudinger/*Klumpp*, Vorbem. zu §§ 328ff., Rn. 53 m. w. N.

der Regel erfüllt sind[999], kann die Vereinbarung als freiwillige Betriebsvereinbarung geschlossen werden. Letztlich bleibt es aber dabei, dass die Vereinbarung der Betriebsparteien darauf hin ausgelegt werden muss, ob eine freiwillige Betriebsvereinbarung geschlossen wurde oder nicht.[1000]

b) Freiwillige, nur schuldrechtlich wirkende Betriebsvereinbarung

Ob es hingegen Betriebsvereinbarungen mit rein schuldrechtlicher Wirkung und ohne jeglichen normativen Teil überhaupt geben kann, ist umstritten.[1001] Zweifel sind hier geboten, da die normative Wirkungsweise gerade das relevante Abgrenzungsmerkmal zwischen Betriebsvereinbarung und Regelungsabrede ist. Aber unabhängig von dieser grundsätzlichen Frage, hat *Schwegler* bereits überzeugend dargelegt, dass eine rein schuldrechtlich wirkende Betriebsvereinbarung zumindest beim Interessenausgleich nicht vorliegen kann.[1002] Die mit der Einordnung als Betriebsvereinbarung nach § 77 V BetrVG einhergehende Kündigungsmöglichkeit widerspricht der abschließenden Funktion des Interessenausgleichs[1003], insbesondere weil eine rein schuldrechtliche Betriebsvereinbarung keine Nachwirkung erzeugt, welche nämlich im engen Zusammenhang mit der unmittelbaren Wirkung der Betriebsvereinbarung steht.[1004] Zudem stellt sich von dem hier vertretenen Standpunkt, nach dem der Interessenausgleich grundsätzlich schuldrechtliche Wirkung hat, die Frage nach dem Sinn einer freiwilligen Regelung als rein schuldrechtlich wirkende Betriebsvereinbarung.

c) Ergebnis

Den Betriebspartnern steht es frei, den Interessenausgleich als normative wirkende Betriebsvereinbarung zu regeln, sofern sie das für notwendig erachten sollten und entsprechende Regelungsmacht besitzen. Das ist vor allem dann der Fall, wenn es um Folgeregelungen im Interessenausgleich geht, die unmittelbar auf die Arbeitsverhältnisse wirken sollen. Die Regelungsmacht folgt für die Betriebspartner insofern aus der Betriebsautonomie und nicht aus einer entsprechenden Anwendung des § 88 BetrVG. Entsprechend sind auch die Grenzen der Betriebsautonomie zu beachten. Wenn durch Auslegung ermittelt wird, dass es sich um eine Betriebsvereinbarung handelt, dann gelten für sie auch die allgemeinen Rechtsfolgen der

---

999 Schwegler, Interessenausgleich, S. 100.

1000 Allgemein: BeckOK-ArbR/*Werner*, § 77 BetrVG, Rn. 77. Für den Interessenausgleich: Franzen, NZA- Beilage 3/2006, 107 (112).

1001 Ablehnend z. B. Fitting; § 77, Rn. 50; GK/*Kreutz*, § 77, Rn. 209 m. w. N. A. A.: ErfK/*Kania*, § 77 BetrVG, Rn. 10; Richardi/*Richardi*, § 77, Rn. 63ff.

1002 Siehe Schwegler, Interessenausgleich, S. 99.

1003 Schwegler, Interessenausgleich, S. 99; Siemes, ZfA 1998, 183 (206).

1004 GK/*Kreutz*, § 77, Rn. 443 m. w. N.

Betriebsvereinbarungen. Eine rein schuldrechtlich wirkende Betriebsvereinbarung als Interessenausgleich ist dagegen abzulehnen.

II. Rechtswirkung

1. Erfüllungsanspruch aus dem Interessenausgleich

Aus der hier vertretenen Auffassung, dass der Interessenausgleich grundsätzlich eine schuldrechtliche wirkende Regelungsabrede ist, folgt in der Konsequenz auch, dass die Vertragsparteien einen Erfüllungsanspruch aus dem Interessenausgleich erlangen.[1005] Der Interessenausgleich stellt hierfür die Anspruchsgrundlage dar. Wenn auch in § 77 I BetrVG von der „Durchführung" der Vereinbarung die Rede ist, so ist aufgrund der Einordnung der betrieblichen Einigungen ins Vertragsrecht der Begriff des Erfüllungsanspruchs dem des Durchführungsanspruch vorzuziehen.[1006] Dieser Erfüllungsanspruch steht, ebenso wie das Mitbestimmungsrecht, dem Betriebsrat zu und nicht dem einzelnen Arbeitnehmer.[1007] Zur Begründung des Anspruchs kann unterstützend auch auf die entsprechende Frage nach einem Erfüllungsanspruch bei der Regelungsabrede verwiesen werden.[1008] Dieser wird allgemein bejaht.[1009] Dafür spricht neben der schuldrechtlichen Wirkung auch der Wortlaut von § 77 I BetrVG und die Systematik, wonach die Norm grundsätzlich alle betrieblichen Vereinbarungen umfasst.[1010] Umstritten ist jedoch, ob sich der Erfüllungsanspruch aus der Vereinbarung selbst oder aus der gesetzlichen Anordnung ergibt.[1011] Die Erfüllung des Anspruchs kann grundsätzlich durch

---

1005 Ebenso D/K/K/W/*Däubler*, §§ 112, 112a, Rn. 23; Roloff, RdA 2015, 252 (253); Siemes, ZfA 1998, 183 (198); W/H/H/S/*Schweibert*, Kap. C, Rn. 206ff.; Zwanziger, BB 1998, 478 (482); Bejahend, trotz Zweifel im Hinblick auf die Regelung des § 113 BetrVG auch Ahrendt, NZA 2011, 774 (774). A. A.: ErfK/*Kania*, §§ 112, 112a BetrVG, Rn. 9; GK/*Oetker*, §§ 112, 112a, Rn. 87ff. mit umfassender Darstellung des Meinungsbildes in Rspr. und Lit. und der modifizierten Auffassung, zusammen mit Fitting, §§ 112, 112a, Rn. 45, dass zwar grundsätzlich kein kollektiver Erfüllungsanspruch bestehe, die Vertragsparteien aber die Befugnis haben einen solchen zu vereinbaren; Goebel, Durchführungsanspruch, S. 226f.

1006 So Roloff, RdA 2015, 252 (252). Die herrschende Gegenansicht spricht jedoch vom Durchführungsanspruch: GK/*Kreutz*, § 77, Rn. 24; Goebel, Durchführungsanspruch, S. 17ff.; Fitting, § 77, Rn. 7, jeweils m. w. N.

1007 Roloff, RdA 2015, 252(253).

1008 Detailliert hierzu: Goebel, Durchführungsanspruch, S. 17ff.

1009 Aus der Rechtsprechung: BAG 23.6.1992 NZA 1992, 1098 (1099). Aus der Literatur: Adomeit, Regelungsabrede, S. 110f.; BeckOK-ArbR/*Werner*, § 77 BetrVG, Rn. 2 m. w. N.; ErfK/*Kania*, § 77 BetrVG, Rn. 130; GK/*Kreutz*, § 77, Rn. 15.

1010 Goebel, Durchführungsanspruch, S. 25; Roloff, RdA 2015, 252 (253), der auch noch weitere Argumente, wie z. B. „pacta sunt servanda", den Vergleich zum Tarifvertrag und das Effizienzgebot nennt.

1011 Zur Diskussion siehe die Darstellung bei Noebel, Durchführungsanspruch S. 17ff.

einen Leistungsantrag im Beschlussverfahren vor den Gerichten geltend gemacht werden.[1012] Für den Interessenausgleich wird dieser Anspruch dagegen nicht allgemein anerkannt.[1013] Das überrascht nach den bisherigen Überlegungen, denn auch eine fehlende zwingende Mitbestimmung berührt die Frage der Erfüllung einer Verpflichtung aus einer getroffenen, schuldrechtlichen Vereinbarung allgemein nicht.[1014] In Fortsetzung der bisherigen Argumentation[1015] und der Einordnung des Interessenausgleichs als schuldrechtliche wirkende Regelungsabrede ergibt sich daher, dass keine Sonderbehandlung für den Interessenausgleich gerechtfertigt ist. *Oetker* meint dagegen, der Nachteilsausgleich gem. § 113 I BetrVG spreche gegen einen solchen Anspruch, weil dadurch zum einen keine Notwendigkeit eines eigenen Erfüllungsanspruchs des Betriebsrats bestehe und zum anderen ein solcher dem Vorbehalt widerspreche, dass ein Nachteilsausgleich nicht zu leisten ist, wenn ein wichtiger Grund vorliegt.[1016] Dass ein individueller Nachteilsausgleich und ein kollektiver Erfüllungsanspruch des Betriebsrats sich nicht gegenseitig ausschließen, wurde allerdings schon dargelegt und auch das zweite Argument überzeugt letztendlich nicht. Insofern widerspricht sich *Oetker* selbst, wenn er einerseits meint, ein Erfüllungsanspruch widerspreche dem Vorbehalt in § 113 BetrVG, aber andererseits die Möglichkeit einer entsprechenden freiwilligen Vereinbarung der Betriebspartner bejaht.[1017] Auch regelt § 113 BetrVG die Rechtsfolgen von Verstößen gegen den Interessenausgleich nicht abschließend.[1018] Der Interessenausgleich stellt ebenso wie alle anderen betriebsverfassungsrechtlichen Vereinbarungen im Sinne des § 77 I BetrVG die Anspruchsgrundlage für einen Erfüllungsanspruch dar. Es gilt deshalb jeweils im Wege der Auslegung zu ermitteln, welche Qualität und welchen Inhalt der Interessenausgleich hat.[1019] In der Regel wird danach allerdings ein Erfüllungsanspruch der Vertragsparteien zu bejahen sein.

2. Durchsetzbarkeit

Bzgl. des Unterrichtungs- und Beratungsrechts bei Betriebsänderungen im Zusammenhang mit § 111 BetrVG wird angenommen, dass diese Rechte grundsätzlich Anspruchsqualität haben und mithin im arbeitsgerichtlichen Beschlussverfahren

---

1012 Adomeit, Regelungsabrede, S. 111; ErfK/*Kania*, § 77 BetrVG, Rn. 130; GK/*Kreutz*, § 77, Rn. 15.

1013 Siehe die Darstellung bei GK/*Oetker*, §§ 112, 112a, Rn. 87ff.

1014 Roloff, RdA 2015, 252 (253).

1015 Den Zusammenhang zwischen den Streitfragen nach der Bindungswirkung des Interessenausgleichs und dem Durchführungsanspruch aus dem Interessenausgleich sieht auch Goebel, Durchführungsanspruch, S. 224.

1016 GK/*Oetker*, §§ 112, 112a, Rn. 89. Ähnlich: Goebel, Durchführungsanspruch, S. 226f. A. A. W/H/H/S/*Schweibert*, Kap. C, Rn. 206ff.

1017 Siehe GK/*Oetker*, §§ 112, 112a, Rn. 90.

1018 Siehe schon oben S. 56.

1019 So im Grunde auch Fitting, §§ 112, 112a, Rn. 45; GK/*Oetker*, §§ 112, 112a, Rn. 90.

durch einen Leistungsantrag oder mittels der Erwirkung einstweiliger Verfügung gem. § 85 II ArbGG durchgesetzt werden können.[1020] Hinzu kommt die Möglichkeit, gem. § 121 I BetrVG eine Geldbuße wegen einer Ordnungswidrigkeit zu verhängen, sollte der Unternehmer gegen seine Verpflichtungen aus § 111 BetrVG verstoßen.[1021] Gem. § 121 II BetrVG beträgt die Geldbuße maximal 10.000 €. Hierdurch ist in der Praxis nicht wirksam zu erreichen, dass Unternehmen Verstöße gegen die Beteiligungsrechte des Betriebsrats unterlassen.[1022] Bei der hier vertretenen Einordnung des Interessenausgleichs als schuldrechtlichem Vertrag bzw. als Regelungsabrede und der damit verbundenen Bindungswirkung bestehen aber regelmäßig gegenseitige Erfüllungsanspruche der Parteien. Diese Ansprüche müssen dann im arbeitsgerichtlichen Beschlussverfahren gerichtlich geltend gemacht werden können. Das arbeitsgerichtliche Beschlussverfahren gem. §§ 2a I Nr. 1, II, 80ff. ArbGG ist das gerichtliche Verfahren zur Durchsetzung von Durchführungsansprüchen des Betriebsrats aus betrieblichen Einigungen.[1023]

3. *Unterlassungsbegehren*

Die Wahrnehmung und gerichtliche Durchsetzung der Ansprüche im Beschlussverfahren birgt in der Praxis jedoch die Gefahr, dass der Unternehmer die Betriebsänderung vornimmt, bevor die Unterrichtung, die Beratung oder gar der Abschluss eines Interessenausgleichs erfolgt sind. Der Unternehmer könnte somit vollendete Tatsachen schaffen.[1024] Die gesetzlich vorgesehene Beteiligung des Betriebsrats würde folglich leer laufen.[1025] Dabei muss der Arbeitgeber nicht zwangsläufig die Beteiligung des Betriebsrats böswillig unterlaufen, sondern er handelt womöglich nur im Hinblick auf einen besonderen, gerade in der wirtschaftlichen Krise vermutlich präsenten, Zeitdruck.[1026] Insofern ist die Frage wichtig, ob der Betriebsrat dann die Unterlassung der Betriebsänderung im Wege einer Unterlassungsverfügung im einstweiligen Rechtsschutz verhindern kann. Der betriebsverfassungsrechtliche Unterlassungsanspruch nach § 23 III BetrVG wird dabei, aufgrund des recht strengen Tatbestandserfordernisses des groben Verstoßes gegen eine gesetzliche Pflicht, nicht in allen Fällen eine Abhilfe schaffen können.[1027] Zumal umstritten ist,

---

1020 ErfK/*Kania*, § 111 BetrVG, Rn. 26; Fitting, § 111, Rn. 130; GK/*Oetker*, § 111, Rn. 267ff. mit dem Hinweis, dass dieses trotz Schwierigkeiten auch für das Beratungsrecht gilt.

1021 ErfK/*Kania*, § 111 BetrVG, Rn. 26.

1022 W/H/H/S/*Schweibert*, Kap. C, Rn. 365.

1023 GK/*Kreutz*, § 77, Rn. 27; Richardi/*Richardi*, § 77, Rn. 254.

1024 Forst, ZESAR 2011, 107 (107), der zudem darin die Gefahr sieht, dass die Verhandlungsposition des Betriebsrats geschwächt wird; Gruber, NZA 2011, 1011 (1011).

1025 GK/*Oetker*, § 111, Rn. 284.

1026 Gruber, NZA 2011, 1011 (1011).

1027 Ausführlich auch W/H/H/S/*Schweibert*, Kap. C, Rn. 363f. mit weiteren Gründen für die mangelnde Effektivität des § 23 III BetrVG. Auf die deshalb geringe praktische

ob dieser Anspruch im Wege des einstweiligen Rechtsschutzes verteidigt werden kann.[1028] Die Regelung des Unterlassungsanspruchs in § 23 III BetrVG ist aber nicht abschließend. Bei der Verletzung eines Mitbestimmungsrechts des Betriebsrats ist auch ein allgemeiner Unterlassungsanspruch denkbar.[1029] Eine insoweit erfolgversprechende[1030] einstweilige Verfügung setzt gem. § 85 II ArbGG i. V. m. §§ 935, 940 ZPO zunächst ganz allgemein voraus, dass ein Verfügungsanspruch und ein Verfügungsgrund gegeben sind.[1031] Fraglich ist daher primär, ob dem Betriebsrat vorliegend ein Unterlassungsanspruch zusteht, der als Verfügungsanspruch die Grundlage der einstweiligen Verfügung bilden könnte.[1032] Im Folgenden muss dabei zwischen den Unterrichtungs- und Beratungsrechten der §§ 111f. BetrVG und den Ansprüchen aus dem Interessenausgleich als Vertrag unterschieden werden. Zu beachten ist, dass es nicht um einen Unterlassungsanspruch gegen die Betriebsänderung an sich geht, sondern lediglich darum, ob der Unternehmer solange mit der Betriebsänderung warten muss, bis der Betriebsrat ordnungsgemäß beteiligt worden ist.[1033]

a) Unterlassungsanspruch gegen die Durchführung der Betriebsänderung vor dem Abschluss des Unterrichtungs- und Beratungsverfahrens des § 111 BetrVG

Die Frage, ob dem Betriebsrat ein solcher Unterlassungsanspruch aus seinem Unterrichtungs- und Beratungsrecht gem. § 111 BetrVG zusteht und er diesen im einstweiligen Rechtsschutz geltend machen kann, ist eine der meist diskutierten Fragen des Betriebsverfassungsrechts.[1034] Dementsprechend zahlreich sind auch die Stellungnahmen von instanzgerichtlicher Rechtsprechung und Literatur.[1035] Eine höchstrichterliche Äußerung gibt es hierzu allerdings nicht und wird es auch

---

Relevanz des § 23 III BetrVG weisen auch Fitting, § 111, Rn. 139 und C. Schulze, Betriebsänderungen, S. 127ff. hin.

1028 Siehe auch W/H/H/S/*Schweibert*, Kap. C, Rn. 364. Verneinend: Richardi/*Thüsing*, § 23, Rn. 105 m. w. N.; a. A. GK/*Oetker*, § 23, Rn. 262f. m. w. N.

1029 Grundlegend: BAG NZA 1995, 40 (41f.). Details u. a. bei Lobinger, ZfA 2004, 101 (130ff.), Schulze, Betriebsänderungen, S. 126ff.

1030 Eine einstweilige Verfügung ist auch im arbeitsgerichtlichen Beschlussverfahren grundsätzlich zulässig, siehe Schulze, Betriebsänderungen, S. 67.

1031 ErfK/*Koch*, § 85 ArbGG, Rn. 4ff.; MüKoZPO/*Drescher*, § 935, Rn. 6ff., 132.

1032 C. Schulze, Betriebsänderungen, S. 126; MüKoZPO/*Drescher*, § 935, Rn. 150 (verneinend).

1033 Insofern klarstellend schon: GK/*Oetker*, § 111, Rn. 284; Fauser/Nacken, NZA 2006, 1136 (1139).

1034 So Gruber, NZA 2011, 1011 (1011) „arbeitsrechtlicher Dauerbrenner“ und auch Lobinger, ZfA 2004, 101 (102); W/H/H/S/*Schweibert*, Kap. C, Rn. 366.

1035 Übersicht z. B. bei GK/*Oetker*, § 111, Rn. 278ff. oder auch Richardi/*Annuß*, § 111, Rn. 166ff.

in absehbarer Zeit nicht geben, da der Instanzenzug in einstweiligen Verfügungsverfahren nicht bis zum Bundesarbeitsgericht führt.[1036]

(1) Erste Auffassung: Ablehnung des Unterlassungsanspruchs wegen Qualität und Struktur der Beteiligung nach § 111 BetrVG

Der überwiegende Teil der Literatur[1037] und eine erheblicher Teil der Rechtsprechung[1038] lehnen einen Unterlassungsanspruch des Betriebsrats gegen die Durchführung der Betriebsänderung und damit auch einen einstweiligen Rechtsschutz ab. Zur Begründung wird in erster Linie die Struktur und Qualität der Beteiligungsrechte der §§ 111ff. BetrVG angeführt. Diese stellten gerade keine erzwingbare Mitbestimmung dar und sähen eine Sanktion auf individueller Ebene durch § 113 BetrVG vor.[1039] Die abschließende Regelung der Sanktion durch einen individuellen Ausgleich schließe im Umkehrschluss subjektive Rechte des Betriebsrats aus.[1040] Für einen zusätzlichen Unterlassungsanspruch fehle es an einem ausreichenden Anhaltspunkt im Gesetz.[1041] Mangels entsprechenden Anspruch seitens des Betriebsrats bestehe schon kein Verfügungsanspruch im Sinne des § 935 ZPO.[1042] Bei Gewährung eines solchen Unterlassungsanspruchs drohe zudem eine „Überbefriedigung“[1043], da der Unterlassungsanspruch im einstweiligen Rechtsschutz weiter reiche als der Unterrichtungs- und Beratungsanspruch im Hauptverfahren.[1044]

1036 Richardi/*Annuß*, § 111, Rn. 166; W/H/H/S/*Schweibert*, Kap. C, Rn. 366. Ausführlich zu den Hindernissen, die einer Befassung des BAG mit dem Problem entgegenstehen, siehe: Forst, ZESAR 2011, 107 (107f.).

1037 ErfK/*Kania*, § 111 BetrVG, Rn. 27; Fitting, § 111, Rn. 135, der die effektive Durchsetzung der Rechte des Betriebsrats aber durch Erlass einstweiliger Verfügung, z. B. auch ein Handlungsverbot nach § 938 II ZPO gesichert sehen will, siehe Rn. 138; GK/*Oetker*, § 111, Rn. 284ff. m. w. N.; Lipinski/Reinhardt, NZA 2009, 1184 (1188f.); Raab, ZfA 1997, 183 (243); Völksen, RdA 2010, 354ff.; W/H/H/S/*Schweibert*, Kap. C, Rn. 368f.; W/P/K/*Preis/Bender*, § 111, Rn. 38.

1038 LAG Düsseldorf DB 1984, 511; LAG München NZA-RR 2004, 536 (536f.), für weitere Fundstellen der Rechtsprechung von Landesarbeitsgerichten und Arbeitsgerichten siehe die Nachweise bei GK/*Oetker*, § 111, Rn. 278ff.

1039 GK/*Oetker*, § 111, Rn. 284; Richardi/*Annuß*, § 111, Rn. 168; LAG München NZA-RR 2004, 536 (536f.); Raab, ZfA 1997, 183 (246f.); Völksen, RdA 2010, 354(356).

1040 GK/*Oetker*, § 111, Rn. 284; Richardi/*Annuß*, § 111, Rn. 168. Leicht widersprüchlich W/H/H/S/*Schweibert*, Kap. C, Rn. 368, wenn hier der Unterlassungsanspruch durch die ausdrückliche Rechtsfolgenregelung in § 113 BetrVG verneint wird, aber zuvor (Rn. 206ff.) die Regelung des § 113 BetrVG als nicht abschließend bewertet wird.

1041 GK/*Oetker*, § 111, Rn. 284; Völksen, RdA 2010, 354(358).

1042 MüKoZPO/*Drescher*, § 935, Rn. 150; a. A.: C. Schulze, Betriebsänderungen, S. 154ff., 176.

1043 So Fauser/Nacken, NZA 2006, 1136 (1138).

1044 Lipinski/Reinhardt, NZA 2009, 1184 (1188); Raab, ZfA 1997, 183 (246 und 248); Völksen, RdA 2010, 354 (359); LAG Düsseldorf NZA-RR 1997, 297 (298); LAG Rheinland-Pfalz, BeckRS 2005, 42161.

Insgesamt ergebe sich daher bei Annahme eines Unterlassungsanspruchs ein unverhältnismäßiger Eingriff in die Grundrechte des Unternehmers aus den Artt. 12 und 14 GG.[1045] Vereinzelt wird zusätzlich darauf hingewiesen, dass für den Fall von Kündigungen im Zusammenhang mit der Betriebsänderung, eine abschließende und ausreichende Regelung in § 102 BetrVG zur Beteiligung des Betriebsrats bei Kündigungen erfolgt sei und einem Unterlassungsanspruch ebenso entgegenstehe.[1046] Abschließend wird von den Kritikern eines Unterlassungsanspruchs noch vorgetragen, dass bei der Reform des Betriebsverfassungsgesetzes im Jahre 2001, trotz Antrags im Bundestag und entsprechender Kenntnis der Problematik, keine gesetzliche Normierung eines Unterlassungsanspruchs erfolgt sei, was unweigerlich auf das Fehlen eines entsprechenden Willens des Gesetzgebers hindeute.[1047]

(2) Zweite Auffassung: Unterlassungsanspruch als notwendiges Schutz- und Sanktionsmittel aufgrund europarechtlicher Vorgaben

Die Gegenansicht wird von einem Teil der Literatur[1048] und auch einigen Landesarbeitsgerichten[1049] vertreten und bejaht einen Unterlassungsanspruch des Betriebsrats, der zur Sicherung des Unterrichtungs- und Beratungsrechts des § 111 BetrVG auch im einstweiligen Rechtsschutzverfahren geltend gemacht werden können soll.[1050] Wesentliches Argument dieser Ansicht sind die zu beachtenden europarechtlichen Vorgaben. Maßgeblich ist insoweit insbesondere die Richtlinie 2002/14/EG.[1051] Die Richtlinie hat gem. Art. 1 I RL 2002/14/EG das Ziel, Mindeststandards für die Rechte auf Unterrichtung und Anhörung der Arbeitnehmer innerhalb der Europäischen Union festzusetzen.[1052] U. a. haben nach Art. 8 I S. 2 RL 2002/14/EG die Mitgliedsstaaten dafür Sorge zu tragen, dass geeignete

1045 Völksen, RdA 2010, 354 (363f.); W/H/H/S/*Schweibert*, Kap. C, Rn. 368; LAG Rheinland-Pfalz, BeckRS 2005, 42161.

1046 LAG München NZA-RR 2004, 536 (536).

1047 ErfK/*Kania*, § 111 BetrVG, Rn. 27; W/H/H/S/*Schweibert*, Kap. C, Rn. 368; LAG Rheinland-Pfalz, BeckRS 2005, 42161.

1048 Fauser/Nacken, NZA 2006, 1136 (1142f.); Forst, ZESAR 2011, 107 (116); Gruber, NZA 2011, 1011 (1016); C. Schulze, Betriebsänderungen, S. 176; Richardi/*Annuß*, § 111, Rn. 168 (zumindest seit Verstreichen der Umsetzungsfrist der RL 2002/14/EG) m. w. N.

1049 Z. B. LAG Hamburg LAGE § 23 BetrVG 1972 Nr. 5; LAG Hamm NZA-RR 2007 469 (470) für weitere Fundstellen der Rechtsprechung von Landesarbeitsgerichten und Arbeitsgerichten siehe die Nachweise bei GK/Oetker, § 111, Rn. 278ff.

1050 Insofern weißt *Oetker* darauf hin, dass die Vertreter eines Unterlassungsanspruchs auch dessen Verfolgung im einstweiligen Rechtsschutz bejahen, GK/*Oetker*, § 111, Rn. 282 m. w. N.

1051 Siehe hierzu: Reichold, NZA 2003, 289ff.

1052 Zum Hintergrund und Entstehungsgeschichte der Richtlinie, siehe Reichold, NZA 2003, 289 (289f.).

Verwaltungs- und Gerichtsverfahren gegeben sind, um die Verpflichtungen aus der Richtlinie durchzusetzen. Zusätzlich müssen die Mitgliedsstaaten nach Art. 8 II RL 2002/14/EG Sanktionen für einen Verstoß gegen die Richtlinie durch den Arbeitgeber vorsehen, die wirksam, angemessenen und abschreckend sind. Laut der Befürworter eines Unterlassungsanspruchs gebieten diese europarechtlichen Vorgaben zwingend die Gewährleistung eines Unterlassungsanspruchs[1053], der im Wege richtlinienkonformer Auslegung zu gewinnen sei.[1054] Auf der einen Seite sei eine Leistungsverfügung zur Durchsetzung des Unterrichtungs- und Beratungsanspruchs nicht ausreichend, um den Anforderungen der Richtlinie aus Art. 8 I S. 2 RL 2002/14/EG zu genügen, da der Unternehmer in diesem Falle vollendete Tatsachen schaffen könne, bevor die Beteiligungsrechte wahrgenommen wurden.[1055] Auf der anderen Seite beständen auch erhebliche Zweifel daran, dass § 113 III BetrVG und § 121 I BetrVG als ansonsten alleinige Sanktionen, ausreichend seien.[1056] Der Nachteilsausgleich gem. § 113 III BetrVG schütze nur die individuellen Rechte der Arbeitnehmer und nicht die kollektiven Rechte des Betriebsrats.[1057] Auch sei der Anknüpfungspunkt von § 113 III BetrVG die Sanktion der schon eingetretenen Verletzung des Verfahrens, nicht die Vermeidung von zukünftigen Missachtungen.[1058] Die Verrechnung des Nachteilsausgleichs mit der Abfindung aus einem Sozialplan vermehrten zusätzlich die Zweifel, dass diese Regelung durch Ausübung von wirtschaftlichem Zwang abschreckende Wirkung habe und zu Einhaltung des Beteiligungsverfahrens anhalte.[1059] Die mangelnde Schutzfunktion des § 113 III BetrVG wird im Übrigen auch unabhängig von den europarechtlichen

1053 Fauser/Nacken, NZA 2006, 1136 (1142); Forst, ZESAR 2011, 107 (111ff.); Gruber, NZA 2011, 1011 (1014f.); Richardi/*Annuß*, § 111, Rn. 168; Schwegler, Interessenausgleich, S. 193f. A. A.: Lipinski/Reinhardt, NZA 2009, 1184 (1187f.) m. w. N.; Völksen, RdA 2010, 354 (362ff.), die insbesondere in den §§ 113 und 121 BetrVG angemessene und ausreichende Sanktionsmittel sehen.

1054 Insofern zutreffend von einer richtlinienkonformen Auslegung ausgehend: Forst, ZESAR 2011, 107 (111f.).

1055 Forst, ZESAR 2011, 107 (115) mit Hinweisen zu entsprechender Rechtsprechung von EuGH und BAG. *Forst* weißt zudem auf die fehlende Effektivität der Leistungsverfügung hinsichtlich der Zwangsmittel hin.

1056 Forst, ZESAR 2011, 107 (115) der zudem explizit darauf hinweist, dass auch das Interessenausgleichsverfahren nicht dem Präventionsgedanken des Unionsrechts gerecht wird; Gruber, NZA 2011, 1011 (1014); Richardi/*Annuß*, § 111, Rn. 168 (bzgl. § 113 III BetrVG).

1057 Forst, ZESAR 2011, 107 (115); Fauser/Nacken, NZA 2006, 1136 (1136): „Umweg" des Individualrechts; Gruber, NZA 2011, 1011 (1013) der auch daraufhin weist, dass die Interessen von Belegschaft und Betriebsrat divergieren könnten; LAG Hamburg BeckRS 1997, 30459276; LAG Hamm NZA-RR 2004, 80 (81).

1058 Fauser/Nacken, NZA 2006, 1136 (1141).

1059 Gruber, NZA 2011, 1011 (1014f.); Richardi/*Annuß*, § 111, Rn. 168 (bzgl. § 113 III BetrVG).

Vorgaben bemängelt.[1060] Des Weiteren sei der geringe Bußgeldrahmen von § 121 I BetrVG (Höchstgrenze: 10.000 €) nicht geeignet, eine abschreckende Wirkung zu entfalten.[1061] Gleichzeitig handele es sich hierbei um eine starre Höchstgrenze, die z. B. nicht die Koppelung mit einer Gewinnabschöpfung ermögliche.[1062] Auch bedinge die Berücksichtigung des „effet utile" die Möglichkeit, Unionsrecht im Verfahren des einstweiligen Rechtsschutzes durchzusetzen.[1063] Neben der Richtlinie RL 2002/14/EG wird aber auch die Richtlinie zur Massenentlassung (RL 1998/59/EG) von den Befürwortern als Argument für einen Unterlassungsanspruch angeführt. Diese entfalte für den Fall, dass die Betriebsänderung gleichzeitig auch eine Massenentlassung darstelle, unmittelbare Wirkung, weil sich dann die Notwendigkeit eines Unterlassungsanspruchs schon aus den Durchsetzungsanforderungen in Art. 6 RL 1998/59/EG ergebe, denen die §§ 17, 18 KSchG im deutschen Recht nicht genüge täten.[1064] Zudem ergebe sich eine mittelbare Aussagekraft aus der Übertragung der Rechtsprechung des Europäischen Gerichtshof zu Art. 2 RL 98/59/EG, wonach das Konsultationsverfahren abgeschlossen sein müsse, bevor eine Massenentlassung bzw. Betriebsänderung umgesetzt wird.[1065]

Unabhängig von den europarechtlichen Vorgaben werden jedoch auch noch weitere Anhaltspunkte für einen Unterlassungsanspruch des Betriebsrats gesehen.[1066] So gäbe es einen allgemeinen Grundsatz, dass die Rechtsordnung gesetzeswidriges, in diesem Fall mitbestimmungswidriges, Verhalten verhindern wolle und mithin auch vorliegend verhindern können müsse.[1067] Damit drohe auch keine „Überbefriedigung", weil es sich bei einem solchen Unterlassungsanspruch nicht um die Erwirkung eines absoluten Handlungsverbotes handele, sondern die Betriebsänderung wirksam bleibe, die Missachtung aber mit einem Ordnungsgeld belegt werden könne.[1068] Daneben werden auch die Verletzung der unternehmerischen Freiheiten des Unternehmers sowie der abschließende Charakter des § 113 BetrVG bestritten. Zuletzt wird auch § 122 InsO angeführt, aus dem sich ergebe,

---

1060 Schwegler, Interessenausgleich, S. 126f.; LAG Hamm, NZA-RR 2007, 469 (470).
1061 Gruber, NZA 2011, 1011 (1014); Forst, ZESAR 2011, 107 (115)
1062 Forst, ZESAR 2011, 107 (115) der darin die Gefahr sieht, Rechtsverstöße könnten sich für den Unternehmer lohnen.
1063 Forst, ZESAR 2011, 107 (113).
1064 Fauser/Nacken, NZA 2006, 1136 (1141f.); Schwegler, Interessenausgleich, S. 183ff.
1065 Forst, ZESAR 2011, 107 (115).
1066 Umfangreiche Darstellungen der Argumente bei Fauser/Nacken, NZA 2006, 1136 (1137ff.) und Schwegler, Interessenausgleich, S. 125ff.
1067 Schwegler, Interessenausgleich, S. 181; Ähnlich: LAG Hamm, NZA-RR 2007, 469 (470).
1068 Fauser/Nacken, NZA 2006, 1136 (1140f).

dass der Gesetzgeber selbst im Falle der Insolvenz die Rechte des Betriebsrats schützen wolle.[1069]

(3) Stellungnahme

Den Gegnern eines Unterlassungsanspruchs muss entgegengehalten werden, dass aus der Struktur und Qualität der §§ 111ff. BetrVG als nicht erzwingbare Mitbestimmung keine endgültige Aussage zu der vorliegenden Frage gewonnen werden kann. Insbesondere ergibt sich nicht der zwingende Schluss, dass die Sanktion des § 113 III BetrVG im Hinblick auf die Rechtsfolgen der Nichteinhaltung des Interessenausgleichs abschließender Natur sein muss.[1070] Hierdurch droht auch kein Missbrauch des Unterlassungsanspruchs im Sinne einer „Blockadepolitik" durch den Betriebsrat.[1071] Die unternehmerische Entscheidungsfreiheit wird insofern schon durch das Bestehen eines Beteiligungsrechts des Betriebsrats beeinträchtigt und nicht erst durch einen etwaigen Unterlassungsanspruch, der diesem Beteiligungsrecht zur Durchsetzung verhilft.[1072] Das Beteiligungsrecht ist aber gesetzlich vorgesehen und Verzögerungen sind insofern der Beteiligung in betrieblichen Fragen immanent. Versucht man die Ablehnung des Unterlassungsanspruchs trotzdem auf diese Weise zu begründen, handelt es sich letztlich um einen Zirkelschluss. Zu beachten ist dabei auch, dass der Unterlassungsanspruch keine Sanktion für einen Rechtsverstoß im eigentlichen Sinne darstellt, sondern vielmehr ein Mittel zur Durchsetzung der eigenen Rechte ist. Selbst wenn der abschließende Charakter von § 113 III BetrVG als Sanktionsinstrument bei einem Verstoß gegen die §§ 111f. BetrVG also bejaht würde, stünde dieses einem Unterlassungsanspruch wohl nicht entgegen.[1073] Und auch der spezielle betriebsverfassungsrechtliche Unterlassungsanspruch des § 23 III BetrVG hat keine abschließende Natur. Aus dem Unterlassen des Gesetzgebers bei der Reform des Betriebsverfassungsgesetzes, trotz Kenntnis der Problematik und eines entsprechenden Antrags zur Schaffung eines Unterlassungsanspruchs, kann nicht die These gewonnen werden, ein Unterlassungsanspruch entspräche nicht dem Willen des Gesetzgebers.[1074] Letztlich handelt es

---

1069 Fauser/Nacken, NZA 2006, 1136 (1140); Schwegler, Interessenausgleich, S. 136f. der andererseits die Verallgemeinerungsfähigkeit bezweifelt. A. A. Völksen, RdA 2010, 354 (359).

1070 Siehe hierzu jeweils schon oben S. 65ff. und S. 56.

1071 Dazu schon oben S. 130.

1072 Ebenso: Lobinger, ZfA 2004, 101 (138f.).

1073 So auch Fauser/Nacken, NZA 2006, 1136 (1139).

1074 Ebenso Richardi/*Annuß*, § 111, Rn. 168. Eindeutig und überzeugend auch Lobinger, ZfA 2004, 101 (142): „Es erscheint bereits grundsätzlich wenig sinnvoll, darüber zu orakeln, welchen Willen der Gesetzgeber in Anbetracht eines Rechtszustands möglicherweise gefasst haben könnte, den er längst hätte klären können und dessen Klärung er gleichwohl der Rechtsfortbildung durch Wissenschaft und Praxis überlassen hat."

sich hierbei um eine Mutmaßung, die insbesondere im kollektiven Arbeitsrecht, welches durch eine gewisse positivrechtliche Zurückhaltung des Gesetzgebers gekennzeichnet ist, erst recht zweifelhaft erscheint. Dabei ist jedoch zuzugestehen, dass die Rechtsprechung des Bundesarbeitsgerichts zu einem allgemeinen betriebsverfassungsrechtlichen Unterlassungsanspruch im Rahmen von § 87 I BetrVG nicht ohne weiteres übertragbar ist.[1075] Zwar gibt das Bundesarbeitsgericht ganz allgemein vor, dass grundsätzlich jeder Mitbestimmungstatbestand daraufhin untersucht werden müsse, ob er bei einem Verstoß gegen das Mitbestimmungsrecht einen Unterlassungsanspruch als selbstständigen Nebenleistungsanspruch gewährt oder nicht.[1076] Jedoch ist die vom Bundesarbeitsgericht in der Folge vorgenommene Begründung speziell auf den erzwingbaren Mitbestimmungstatbestand des § 87 I BetrVG zugeschnitten, weil eine Maßnahme des Arbeitgebers ohne Beteiligung des Betriebsrats hier zu einem betriebsverfassungswidrigen Zustand führen würde.[1077] Diese Begründung ist hier nicht direkt übertragbar.[1078] Der Unternehmer kann vorliegend die Betriebsänderung auch ohne Beteiligung des Betriebsrats durchführen. Dieses gebietet schon die unternehmerische Entscheidungsfreiheit. Unabhängig davon, inwieweit hier die dogmatische Begründung des Bundesarbeitsgerichts für den allgemeinen Unterlassungsanspruch herangezogen werden kann, bleibt die Frage bestehen, inwiefern allein aus dem Umstand, dass der Mitbestimmungstatbestand des § 111 BetrVG nicht erzwingbar sein soll, der Schluss gezogen werden kann, dass die Rechte des Betriebsrats hier durch die Rechtsordnung nicht hinreichend geschützt werden sollten.

Ab dem Zeitpunkt des Ablaufs der Umsetzungsfrist, besteht die Pflicht zur richtlinienkonformen Auslegung des mitgliedsstaatlichen Rechts.[1079] Alle Träger öffentlicher Gewalt in den Mitgliedsstaaten müssen sämtliche geeigneten Maßnahmen treffen, um die in der Richtlinie genannten Ziele zu erreichen.[1080] Die in den §§ 23 III, 113 III und 121 I BetrVG vorgesehen Sanktionen sind keine ausreichenden, die Vorgaben aus Art. 8 II RL 2002/14/EG erfüllende, wirksame, angemessene oder abschreckende Sanktionen. Dieser Eindruck bestätigt sich bei einem Blick auf die Rechtsprechung des Europäischen Gerichtshofs[1081], bei denen die Sanktion nicht als ausreichend bewertet wurde, solange nicht eine gewisse Abschöpfung des wirtschaftlichen Vorteils gewährleistet war.[1082] Auch an der ausreichenden Effektivität

---

1075 Siehe W/H/H/S/*Schweibert*, Kap. C, Rn. 368. So aber Gruber, NZA 2011, 1011 (1013); wohl auch Fauser/Nacken, NZA 2006, 1136 (1140), die im vorliegenden Fall auch ein höheres Schutzbedürfnis sehen.

1076 BAG 3.5.1994 AP BetrVG 1972 § 23 Nr. 23.

1077 BAG 3.5.1994 AP BetrVG 1972 § 23 Nr. 23.

1078 Ebenso LAG Rheinland-Pfalz, BeckRS 2005, 42161.

1079 Callies/Ruffert/*Ruffert*, Art. 288 AEUV, Rn. 80.

1080 Ausführlicher zum Grundsatz der richtlinienkonformen Auslegung: Callies/Ruffert/*Ruffert*, Art. 288 AEUV, Rn. 77ff.

1081 EuGH Rs. C-348/04, Rn. 59ff.

1082 Forst, ZESAR 2011, 107 (114).

der Durchsetzung des Beteiligungsrechts nach Art. 8 I S. 2 RL 2002/14/EG bestehen berechtigte Zweifel, so dass § 111 BetrVG dahingehend richtlinienkonform durch die Gerichte auszulegen ist, dass ein Unterlassungsanspruch des Betriebsrats gegen die Durchführung der Betriebsänderung besteht, bis sein Unterrichtungs- und Beratungsrecht berücksichtigt wurde.[1083] Selbst wenn man dem Gesetzgeber den Willen unterstellen will, dass die Sanktionen in den §§ 23 III, 113 III und 121 I BetrVG ausreichend und abschließend seien, können die europarechtlichen Vorgaben diesbezüglich nicht einfach übergangen werden.[1084] Der Unterlassungsanspruch des Betriebsrats bei Missachtung seiner Rechte aus § 111 BetrVG durch den Unternehmer ist folglich grundsätzlich zu bejahen.

(4) Dogmatische Herleitung des Unterlassungsanspruchs

Fraglich bleibt noch die dogmatische Grundlage dieses Unterlassungsanspruchs. Dabei werden im Wesentlichen zwei verschiedene dogmatische Grundlagen für den Unterlassungsanspruch diskutiert.[1085] *Gruber* geht in Anlehnung an die Rechtsprechung des Bundesarbeitsgerichts[1086] zum allgemeinen Unterlassungsanspruch im Rahmen von § 87 BetrVG davon aus, dass auch hier ein allgemeiner betriebsverfassungsrechtlicher Unterlassungsanspruch in Kombination aus § 2 I BetrVG und dem Betriebsverhältnis bestehe.[1087] Dieser Begründungsversuch bleibt recht allgemein und ausfüllungsbedürftig und wird deshalb von *Lobinger* zu Recht als wenig ergiebig im dogmatischen Sinne kritisiert.[1088] *Lobinger* und wohl auch *Schwegler* sehen den Unterlassungsanspruch dagegen auf einem allgemeinen Rechtsprinzip aufbauend, wonach die Gewährung oder Zuweisung eines Rechts auch immer mit einem entsprechenden, negatorischen Schutz dieses Rechts einhergehe.[1089] Als Beispiel werden das Recht des Eigentümers aus § 985 BGB und der entsprechende Unterlassungsanspruch aus § 1004 BGB genannt.[1090] Zutreffend erkennt *Lobinger*,

---

1083 Sofern dagegen trotzdem die Grundrechte des Unternehmers aus den Artt. 12 und 14 GG in Position gebracht werden ist *Forst* zuzustimmen, dass diese zwar auch unionsrechtlich geschützt sind, aber vorliegend aufgrund des Vorrang des Unionsrecht nicht zu einem anderen Ergebnis führen, siehe Forst, ZESAR 2011, 107 (115). A. A. Völksen, RdA 2010, 354 (364).

1084 So aber Lipinski/Reinhardt, NZA 2009, 1184 (1188), die den Willen des mitgliedstaatlichen Gesetzgebers bei der richtlinienkonformen Auslegung berücksichtigen bzw. wohl eher einen Vorrang geben wollen.

1085 Details und weitere Varianten u. a. bei Lobinger, ZfA 2004, 101ff.; Schwegler, Interessenausgleich, sS. 138ff.

1086 Siehe oben: BAG NZA 1995, 40 (42).

1087 Gruber, NZA 2011, 1011 (1016).

1088 Lobinger, ZfA 2004, 101 (116ff.).

1089 Lobinger, ZfA 2004, 101 (122f.); Schwegler, Interessenausgleich, S. 150f.

1090 Lobinger, ZfA 2004, 101 (122f.). Insofern ist wohl auch *Forst* dieser Ansicht im weitesten Sinne zuzurechnen, der die Grundlage für den Unterlassungsanspruch

dass es gilt, materielles Recht und prozessualen Schutz auseinanderzuhalten. Maßgeblich ist, ob ein materiell-rechtlicher Anspruch besteht, also ein Verfügungsanspruch, der eines verfahrensrechtlichen Schutzes bedarf.[1091] Diese Frage sei letztendlich im Einzelfall zu klären, wobei die verschiedenen Beteiligungsrechte der Betriebsverfassung in eine „Trias“ der Beteiligungstypen eingeordnet werden können und die maßgebliche Weichenstellung darin liege, ob dem Betriebsrat ein funktional eigenes Recht zusteht oder er ob lediglich ein fremdes Recht für die Arbeitnehmer wahr nimmt.[1092] Diesbezüglich fehlt es aber leider an einer konkreten Aussage, zu welchem Beteiligungstyp die Rechte aus § 111 BetrVG gehören. Die Verfolgung von Interessen der Belegschaft oder des Betriebs als Ganzes, möglicherweise sogar im Widerspruch zu einzelnen Interessen von Arbeitnehmern, sprechen insofern aber dafür, dass es sich vorliegend um Beteiligungsrechte handelt, die dem Betriebsrat als eigene Rechte zustehen. Zumal bei genauerer Betrachtung der Untergliederung von *Lobinger* per Ausschlussprinzip festgestellt werden kann, dass die Beteiligung des Betriebsrats durch § 111 BetrVG in keine der anderen Beteiligungstypen eingeordnet werden kann. Der Betriebsrat ist Träger der Beteiligungsrechte aus § 111 BetrVG auf Unterrichtung und Beratung bei Betriebsänderungen, mit denen der Unterlassungsanspruch korrespondiert. Zwar hat der Betriebsrat grundsätzlich keine allgemeine Rechtsfähigkeit und kann mithin auch nicht Träger von Rechten und Pflichten sein.[1093] Das gilt aber nicht, sofern ein Zusammenhang zu den gesetzlich zugewiesenen Aufgaben besteht.[1094] Der prozessuale Schutz entspringt daher dem Prinzip, dass die Gewährung oder Zuweisung eines Rechts auch immer mit einem entsprechenden, negatorischen Schutz dieses Rechts einhergeht. Eine Ausnahme von diesem allgemeinen Prinzip ist hier nicht ersichtlich und, wie die obigen Argumente zeigen, auch nicht geboten.

b) Unterlassungsanspruch aus dem Interessenausgleich

Als nächstes gilt es zu klären, ob auch ein Unterlassungsanspruch aus dem Interessenausgleich bestehen kann. Ging es eben um die Frage, ob sich ein Unterlassungsanspruch bei Missachtung der Beteiligungsrechte aus den §§ 111f. BetrVG ergibt, geht es nun darum, ob der Betriebsrat die Unterlassung einer Betriebsänderung erzwingen kann, soweit diese gegen die Vereinbarungen aus dem Interessenausgleich verstößt. Auch hier ist wieder in der bekannten Reihenfolge vorzugehen: Es gilt zu klären, ob ein subjektives Recht im Sinne eines Verfügungsanspruchs

---

in der richterrechtlichen Rechtsfortbildung des § 1004 BGB sieht: Forst, ZESAR 2011, 107 (116).

1091 Lobinger, ZfA 2004, 101 (114ff.).

1092 Lobinger, ZfA 2004, 101 (148ff..): Die Trias besteht aus funktional eigene Rechte – Betriebsrat als Medium des Individualschutzes – Betriebsrat als Vertreter des öffentlichen Interesses.

1093 Statt vieler: Fitting, § 1, Rn. 194f. m. w. N.

1094 BAG 24.4.1986 AP BetrVG 1972 § 87 Sozialeinrichtung Nr. 7.

besteht, ob der Betriebsrat Träger dieses Rechts ist und ob dem prozessualen Schutz dieses Rechts etwas entgegensteht.

Der Verfügungsanspruch folgt hier grundsätzlich schon aus der Annahme der schuldrechtlichen Bindungswirkung des Interessenausgleichs, da dadurch ein vertraglicher Anspruch besteht.[1095] Dieser Anspruch steht als kollektiver Anspruch dem Betriebsrat selbst zu. Schließlich ist der Betriebsrat beim Interessenausgleich auch Vertragspartner des Unternehmers. Fraglich bleibt nur, ob dieser vertragliche Anspruch des Betriebsrats eines prozessualen Schutzes bedarf oder in wie weit die individuelle Sanktion nach § 113 BetrVG ausreichend ist. Insofern kann weitestgehend auf der bisherigen Argumentation aufgebaut werden, die klar macht, dass die Norm des § 113 BetrVG keine eindeutige, abschließende Wirkung hat und auch die Unternehmerfreiheit durch einen solchen Unterlassungsanspruch nicht über Gebühr belastet wird. Auch das Gegenargument, der Gesetzgeber habe mit dem besonderem Vermittlungsverfahren des Interessenausgleichs den Rechtsweg zu den Arbeitsgerichten ausgeschlossen, überzeugt nicht.[1096] Insoweit weist *Lobinger* richtigerweise schon im Zusammenhang mit dem zwingenden Einigungsverfahren im Rahmen von § 87 I BetrVG darauf hin, dass dieses kein „quasi-gerichtliches" Verfahren zur Durchsetzung der Mitbestimmungsrechte darstellt und folglich die eigenständige Ordnungsfunktion des Unterlassungsanspruchs nicht beeinträchtigt.[1097] Das gilt umso mehr auch für das schwächere, nicht zwingende Einigungsverfahren des Interessenausgleichs in § 112 II und III BetrVG. Mithin besteht grundsätzlich auch die Möglichkeit für den Betriebsrat, einen Unterlassungsanspruch aus dem Interessenausgleich geltend zu machen.[1098] Dieser Anspruch tritt neben einen möglichen Unterlassungsanspruch aus § 23 III BetrVG. Dieser ist trotz des engen Wortlauts („Verpflichtungen aus diesem Gesetz") auch anwendbar, da es sich bei dem Interessenausgleich um eine betriebliche Einigung im Sinne des § 77 I BetrVG handelt.[1099]

c) *Gefährdung des Unterlassungsanspruchs*

Damit liegt durch den materiell-rechtlichen Unterlassungsanspruch jeweils grundsätzlich ein Verfügungsanspruch im Sinne des § 935 ZPO vor. Zum einen ist dieser durch die Missachtung der Beteiligungsrechte der §§ 111f. BetrVG und zum anderen durch die Nichteinhaltung des Interessenausgleichs gegeben. In einem zweiten Schritt gilt es nun zu untersuchen, inwiefern dabei jeweils auch ein Verfügungsgrund gegeben ist. Dieser liegt immer dann vor, wenn die objektiv begründete Gefahr besteht, dass durch die Veränderung des aktuellen Zustands die

---

1095 Ebenso: Schwegler, Interessenausgleich, S. 91 und 93.
1096 So aber MüKoZPO/*Drescher*, § 935, Rn. 150.
1097 Lobinger, ZfA 2004, 101 (133ff.).
1098 Ebenso wohl auch: Roloff, RdA 2015, 252 (254).
1099 So zumindest Schwegler, Interessenausgleich, S. 92.

Rechtsverwirklichung des Antragstellers mittels des Prozesses in der Hauptsache vereitelt oder erschwert werden könnte.[1100] Das ist insbesondere der Fall bei konkreten Anhaltspunkten für eine drohende Zuwiderhandlung gegen ein Unterlassungsgebot.[1101] Aufgrund der Relevanz der drohenden Gefahr und des Bedürfnisses nach konkreten Anhaltspunkten, handelt es sich bei der Beurteilung der Frage, ob ein Verfügungsgrund gegeben ist, letztlich um eine Frage des Einzelfalls. Das allgemeine Problem im Rahmen des einstweiligen Rechtsschutzes ist dabei, dass mitunter durch die Verfügung eine Rechtsposition geschützt wird, die materiell rechtlich (so) nicht besteht, was dann aber erst nach dem Erlass der Verfügung, im Hauptsacheverfahren, endgültig festgestellt wird.[1102] Auch deshalb gilt es im Einzelfall, eine Interessenabwägung vorzunehmen, bei der die objektive Gefahr der Rechtsvereitelung mit der Beeinträchtigung der unternehmerischen Entscheidungsfreiheit abzuwägen ist.[1103] Hierbei handelt es sich auch um einen Punkt, der geeignet erscheint, verbleibende Zweifel hinsichtlich einer unangemessenen Einschränkung der unternehmerischen Freiheiten durch die grundsätzliche Gewährleistung des Unterlassungsanspruchs zu zerstreuen.[1104] Der Unterlassungsanspruch soll insbesondere vor der Schaffung vollendeter Tatsachen durch den Unternehmer und damit vor einem unwiederbringlichen Rechtsverlust des Betriebsrats schützen. Insofern ist regelmäßig von der Annahme eines Verfügungsgrundes auszugehen.[1105]

d) Zwischenergebnis

Der Betriebsrat kann aus seinen Beteiligungsrechten nach den §§ 111f. BetrVG und auch aus dem Interessenausgleich als verbindlicher Vereinbarung selbst die Unterlassung der Betriebsänderung verlangen, soweit seine diesbezüglichen Rechte nicht berücksichtigt werden. Dieser Unterlassungsanspruch kann auch im Wege einer einstweiligen Verfügung durchgesetzt werden. Es gilt der Grundsatz, dass die primäre Folge der Verletzung von Beteiligungs- und vertraglichen Rechten des Betriebsrats der Unterlassungsanspruch ist. Weitere individuelle Rechtsfolgen für den Arbeitnehmer können trotzdem bestehen und treten daneben.[1106] Beispiele hierfür sind die Theorie der Wirksamkeitsvoraussetzung im Rahmen des § 87 I BetrVG oder vorliegend der Nachteilsausgleich gem. § 113 BetrVG.

1100 BeckOK-ZPO/*Mayer*, § 935, Rn. 11; MüKoZPO/*Drescher*, § 935, Rn. 15.
1101 BeckOK-ZPO/*Mayer*, § 935, Rn. 14; MüKoZPO/*Drescher*, § 935, Rn. 17.
1102 MüKoZPO/*Drescher*, Vorbm. zu § 916, Rn. 1ff.
1103 Lobinger, ZfA 2004, 101 (140).
1104 So auch Schwegler, Interessenausgleich, S. 180.
1105 Ebenso für das Vorliegen eines Verfügungsgrundes: Fauser/Nacken, NZA 2006, 1136 (1140); Gruber, NZA 2011, 1011 (1017).
1106 Ähnlich: Lobinger, ZfA 2004, 101 (160).

4. Loslösung

Eine einvernehmliche Beendigung des Interessenausgleichs ist nach den allgemeinen Grundsätzen der Regelungsabrede einerseits durch einen Aufhebungsvertrag und andererseits durch die Ersetzung mittels einer anderen Abrede möglich.[1107] Dabei ist auch die Aufhebung oder Abänderung zuungunsten der Arbeitnehmer denkbar, solange dabei die Schriftform des Interessenausgleichs gewahrt bleibt.[1108] Die Frage, ob und wie sich die Betriebsparteien einseitig vom Interessenausgleich lösen können, wurde vom Gesetzgeber im Betriebsverfassungsgesetz nicht beantwortet und ist daher weniger klar.[1109] Dabei gilt es zum einen, die allgemeinen Regelungen des Vertragsrechts zu berücksichtigen[1110] und zum anderen, die Besonderheiten des Interessenausgleichsverfahrens nicht außer Betracht zu lassen.

a) Kündigung

Es ist umstritten, ob für die Regelungsabrede allgemein eine Kündigungsmöglichkeit besteht. Ausgenommen von der Diskussion ist nur der Fall, dass es sich um ein Dauerschuldverhältnis handelt. Für diesen Fall muss zwingend eine Option zur außerordentlichen Kündigung gegeben sein.[1111] Ansonsten wird die ordentliche Kündigung zum Teil abgelehnt, sofern nicht auch eine Regelung durch Betriebsvereinbarung denkbar gewesen wäre, weil dann eine entsprechende Anwendung von § 77 V BetrVG möglich sei.[1112] Das Bundesarbeitsgericht und ein Teil der Literatur bejahen die Möglichkeit eine Regelungsabrede ordentlich kündigen zu können jedoch.[1113] Für den Interessenausgleich stellt sich diese Frage allerdings weniger. Die konkrete Funktion der Vereinbarung, unterschiedliche Interessen auszugleichen und eine dauerhafte Lösung für den Interessenkonflikt zwischen Arbeitgeber und Belegschaft zu finden, widerspricht grundsätzlich einer ordentlichen Kündigungsmöglichkeit.[1114] Problematisch erscheint das nur im Hinblick auf ein außerordentliches Kündigungsrecht. Bei Dauerschuldverhältnissen ist ein außerordentliches Kündigungsrecht in besonderen Fällen zwingend vorausgesetzt, um das Selbstbestimmungsrecht der Vertragspartner zu wahren.[1115] Dieses gilt beim Interessenausgleich im Hinblick auf die Unternehmerfreiheit erst recht. Deswegen

---

1107 GK/*Kreutz*, § 77, Rn. 21.

1108 Meyer, BB 2001, 882 (886); Siemes, ZfA 1998, 183 (206).

1109 GK/*Oetker*, §§ 112, 112a, Rn. 129.

1110 Meyer, BB 2001, 882 (886).

1111 GK/*Kreutz*, § 77, Rn. 21.

1112 Fitting, § 77, Rn. 225; GK/*Kreutz*, § 77, Rn. 21.

1113 BAG 10.3.1992, AP BetrVG 1972 § 77 Regelungsabrede Nr. 1; Kielkowski, Betriebliche Einigung, S. 136f.; Richardi/*Richardi*, § 77, Rn. 248; Schaub, § 231, Rn. 66.

1114 D/K/K/W/*Däubler*, §§ 112, 112a, Rn. 26; GK/*Oetker*, §§ 112, 112a, Rn. 130; Siemes, ZfA 1998, 183 (206f.).

1115 Oetker, Dauerschuldverhältnis, S. 250ff.

wird in der Literatur zum Teil eine fristlose Kündigungsmöglichkeit aus wichtigem Grund anerkannt, sofern eine Dauerregelung vorliegt.[1116] Teilweise wird dieses aber auch konsequent verneint, weil schon kein Dauerschuldverhältnis beim Interessenausgleich vorliege könne.[1117] Bei Ablehnung eines Dauerschuldcharakters ist das zwar folgerichtig, jedoch kann die kategorische Ablehnung von Dauerregelungen im Interessenausgleich nicht überzeugen. Es gilt hier die Besonderheiten des gesamten Interessenausgleichsverfahrens nach den §§ 111ff. BetrVG zu berücksichtigen. Es fragt sich, inwiefern die Abweichungsmöglichkeit nach § 113 BetrVG bei einem zwingenden Grund eine ausreichende Loslösungsmöglichkeit vom Interessenausgleich darstellt. Die Anforderungen des § 113 BetrVG an den zwingenden Grund und die Anforderungen des außerordentlichen Kündigungsrechts an die Unzumutbarkeit des Festhaltens am Vertrag werden sich vielfach decken.[1118] Das legen schon die ähnlichen Formulierungen von „wichtigem" und „zwingendem" Grund nahe. Liegt also ein die Abweichung rechtfertigender, zwingender Grund vor, wird auch regelmäßig eine, die außerordentliche Kündigung ermöglichende, Unzumutbarkeit zu bejahen sein.[1119] Liegt damit ein vergleichbarer Tatbestand vor, ist das Augenmerk auf die jeweiligen Rechtsfolgen, die an diesen Tatbestand geknüpft werden können, zu richten. Nach *Oetker* fällt bei Vorliegen eines zwingenden Grundes gem. § 113 BetrVG nur die Sanktion des Nachteilsausgleichs weg, nicht aber eine etwaige Bindung durch die Einigung der Betriebsparteien.[1120] Das wird z. B. relevant, wenn der Interessenausgleich Regelungen enthält, die den Unternehmer zur Einhaltung bestimmter Modalitäten der Betriebsänderung verpflichten und dem Betriebsrat ein einklagbarer Anspruch diesbezüglich zugesprochen wurde.[1121] Nach dieser Auffassung würde dann auch beim Vorliegen eines zwingenden Grundes nach § 113 BetrVG der Anspruch des Betriebsrats nicht entfallen. Damit gewährt die Regelung des § 113 BetrVG nur die Möglichkeit einer Abweichung im Einzelnen und nicht eine komplette Lösung der vertraglichen Bindung für die Zukunft, wie es im Falle einer außerordentlichen Kündigung der Fall wäre. Dagegen wird allerdings überwiegend vertreten, dass die Bindung des Interessenausgleichs insgesamt entfällt, sofern ein zwingender Grund im Sinne des § 113 vorliegt.[1122] In der Folge sei eine Kündigung des Interessenausgleichs ausgeschlossen, weil erst ein Abweichen ohne zwingenden Grund vertragswidrig sei.[1123] Dagegen spricht aber schon der Wortlaut des § 113 BetrVG, der nur von der

---

1116 GK/*Oetker*, §§ 112, 112a, Rn. 130.

1117 Siemes, ZfA 1998, 183 (206f.).

1118 GK/*Oetker*, §§ 112, 112a, Rn. 129f.

1119 A. A. wohl W/P/K/*Preis/Bender*, § 113, Rn. 9.

1120 GK/*Oetker*, §§ 112, 112a, Rn. 129; § 113, Rn. 30; Ähnlich: H/W/K/*Hohenstatt/Willemsen*, § 113 BetrVG, Rn. 7.

1121 GK/*Oetker*, § 113, Rn. 30.

1122 D/K/K/W/*Däubler*, §§ 112, 112a, Rn. 26; Meyer, BB 2001, 882 (887); Siemes, ZfA 1998, 183 (205f.); Wohl auch Richardi/*Annuß*, § 113, Rn. 12.

1123 Siemes, ZfA 1998, 183 (206).

Möglichkeit einer Abweichung oder vom Hinwegsetzen über die Regelung spricht und daran eine Sanktion knüpft. Die Frage der weiteren Bindung wird ausdrücklich nicht behandelt. Wollte der Gesetzgeber eine so weitreichende Rechtsfolge, wie den kompletten Wegfall der Bindung schaffen, wäre aber mit einer ausdrücklicheren Anordnung dieser Rechtsfolge zu rechnen gewesen. Zudem spricht auch die systematische Betrachtung für die Ansicht von *Oetker*: Nach hier vertretener Auffassung stellt der Nachteilsausgleichs nach § 113 BetrVG nämlich nicht die abschließende Rechtsfolgenregelung für eine Abweichung vom Interessenausgleich dar.[1124] Der Nachteilsausgleich sanktioniert den Bruch des Interessenausgleichs nur auf individualer Ebene[1125] und trifft keine abschließende Aussage zu dem Schicksal der kollektiven Ansprüche der Vertragsparteien. Folglich löst das Vorliegen eines zwingenden Grundes im Sinne des § 113 BetrVG nicht die Bindung an den Interessenausgleich insgesamt auf. Wenn aber ein Eintritt der Voraussetzungen des § 113 nicht zu einem Wegfall der Bindung führt, dann muss es daneben, zumindest sofern Dauerregelungen bestehen, noch ein außerordentliches Kündigungsrecht aus wichtigem Grund geben. Im Ergebnis ist somit ein Recht zur außerordentlichen Kündigung aus wichtigem Grund zu bejahen, sofern der Interessenausgleich entsprechende Dauerregelungen enthält. In der Regel sind dann auch die Voraussetzungen für eine sanktionslose Abweichung vom Interessenausgleich nach § 113 BetrVG gegeben, welche für sich genommen aber keine Loslösung von der vertraglichen Bindung zur Folge haben.

b) Störung der Geschäftsgrundlage

Auch die vertragsrechtlichen Regelungen zur Störung der Geschäftsgrundlage (§ 313 BGB) sind grundsätzlich auf den Interessenausgleich anwendbar.[1126] Das wird z. B. relevant, wenn die Durchführung der Betriebsänderung einen längeren Zeitraum in Anspruch nimmt und sich währenddessen zugrunde liegende Daten bzw. Rahmenbedingungen grundlegend ändern[1127], wie z. B. der Entzug einer Arzneimittelzulassung bei einem Pharmaproduzenten.[1128] In solchen Fällen bedarf es zur Wahrung der Unternehmerinitiative die Option, die Vertragssituation an die geänderten Umstände anzupassen.[1129] Wären die Unternehmer auch bei

---

1124 Siehe dazu oben S. 56.

1125 Siehe auch Fitting, § 113, Rn. 1 „individualrechtliche Folgen“.

1126 GK/*Oetker*, §§ 112, 112a, Rn. 131; Säcker, Unternehmenskonzentration, S. 136; Schaub, § 244, Rn. 37; W/H/S/S/*Schweibert*, Kap. C, Rn. 212.

1127 GK/*Oetker*, §§ 112, 112a, Rn. 131.

1128 W/H/S/S/*Schweibert*, Kap. C, Rn. 211.

1129 Meyer, BB 2001, 882 (887); Willemsen/Hohenstatt, NZA 1997, 345 (350f.), die meinen die sanktionslose Abweichungsmöglichkeit des § 113 BetrVG reiche hierzu nicht aus, weil die Arbeitsgerichte mit der Beurteilung entsprechender Sachverhalte, gerade auch im Eilverfahren, überfordert wären. Dagegen: Zwanziger, BB 1998, 477 (479).

veränderten Umständen pauschal an ihre Erklärungen, wie z. B. Standortgarantien usw., gebunden, verstieße dieses gegen die markwirtschaftliche Ordnung und Vernunft.[1130] Die objektive Störung der Geschäftsgrundlage setzt voraus, dass eine schwerwiegende Veränderung der Verhältnisse nach Vertragsschluss zum Nachteil einer Vertragspartei eintritt, so dass dieser das Festhalten am unveränderten Vertrag unzumutbar ist.[1131] Die Unzumutbarkeit des Festhaltens an der Einigung ist auch wiederum ausschlaggebend für die Frage, ob ein zwingender Grund im Sinne des § 113 BetrVG vorliegt.[1132] Jeder Unternehmer dürfte deswegen unter den gegebenen Umständen vernünftigerweise nicht anders gehandelt haben.[1133] Es dürften zur konkreten Maßnahme keine Handlungsalternativen bestehen.[1134] Die Ähnlichkeit des zwingenden Grundes des § 113 BetrVG und des nachträglichen Wegfalls der Geschäftsgrundlage sind dabei wiederum offensichtlich.[1135] Teilweise erfolgt aufgrund dieser vergleichbaren „Unzumutbarkeitsschwelle“ eine Gleichstellung der beiden Institute.[1136] Liegt ein zwingender Grund im Sinne des § 113 BetrVG vor, solle auch die Geschäftsgrundlage gestört sein und ein Anspruch auf Aufhebung oder Abänderung des Interessenausgleichs entstehen.[1137] Aufgrund der Ähnlichkeit der Voraussetzungen mag sich eine Differenzierung zwischen § 113 BetrVG und der Störung der Geschäftsgrundlage tatbestandlich möglicherweise kaum auswirken. In dogmatischer Hinsicht kommen aber Zweifel, ob der § 113 BetrVG wirklich das richtige Instrument zur Vertragsanpassung bei geänderten Umständen ist. Der Zweck des § 113 BetrVG liegt im Ausgleich individueller Nachteile infolge der Abweichung bzw. in der individualrechtlichen Sanktion einer Abweichung vom Interessenausgleich und die Regelung sollte dementsprechend nicht mit weiteren Aufgaben in der Vertragsanpassung „überladen“ werden. Letzteres kann, insbesondere auch zur notwendigen Sicherung der unternehmerischen Freiheiten, die allgemeine vertragsrechtliche Lösung über die Störung der Geschäftsgrundlage besser leisten.

1130 So Ehmann, FS Kissel, S. 189.

1131 Siehe: Jauernig/*Stadler*, § 313, Rn. 15ff.; MüKoBGB/*Finkenauer*, § 313, Rn. 54ff.

1132 Richardi/*Annuß*, § 113, Rn. 13.

1133 ErfK/*Kania*, § 113, Rn. 4; Fitting, § 113, Rn. 8 mit Beispielen wie der Entziehung eines maßgeblichen Bankkredits, Verlust von Großaufträgen oder wesentlicher Rohstoffmangel; Richardi/*Annuß*, § 113, Rn. 13.

1134 GK/*Oetker*, § 113, Rn. 32.

1135 GK/*Oetker*, § 113, Rn. 31; H/W/K/ *Willemsen/Hohenstatt*, § 113 BetrVG, Rn. 8.

1136 Säcker, Unternehmenskonzentration, S. 136; Siemes, ZfA 1998, 183 (194f.). A. A . Meyer, BB 2001, 882 (887), der in § 113 BetrVG eine Spezialregelung sieht. Von einem „besonderen Fall“ sprechen auch H/W/K/*Hohenstatt/Willemsen*, § 113 BetrVG, Rn. 8.

1137 Siemes, ZfA 1998, 183 (207).

5. Nachwirkung

Die Frage einer etwaigen Nachwirkung des Interessenausgleichs sollte in der Regel keine wesentliche Rolle spielen, da sich dieser grundsätzlich durch Vollzug der Regelung oder eine einvernehmliche Aufhebung erledigt. Eine einseitige Loslösung ist, wie gesehen, nur begrenzt möglich. Zudem stellt sich das Problem der Nachwirkung nur bei Normenverträgen infolge von erzwingbaren Mitbestimmungsrechten und der dort gegebenen unmittelbaren Außenwirkung der Vereinbarungen.[1138] Zwar ist es für Regelungsabreden allgemein umstritten, ob analog § 77 VI BetrVG zumindest bei Mitbestimmungsangelegenheiten eine Nachwirkung gegeben ist.[1139] Allerdings kann diese Analogie allgemein nicht überzeugen, weil eine Nachwirkung im Betriebsverfassungsrecht nach ihrem Sinn und Zweck nicht das Verhältnis von Arbeitgeber und Betriebsrat regeln will, sondern den Wegfall der unmittelbaren Geltungswirkung für die Arbeitsverhältnisse im Fall der erzwingbaren Mitbestimmung kompensieren möchte.[1140] Die Aufgabe der Regelungsabrede, Maßnahmen betriebsverfassungsrechtlich zu legitimieren, wird z. B. von einer auf die Zukunft gerichteten Kündigung nicht mehr tangiert und bedarf deswegen auch keiner zwingenden Nachwirkung.[1141] Eine Sicherung der Stellung des Betriebsrats ist durch die Nachwirkung grundsätzlich nicht bezweckt.[1142]

1138 Kielkowski, Betriebliche Einigung, S. 139.

1139 Siehe zur Diskussion: GK/*Kreutz*, § 77, Rn. 22 m. w. N. Ausführliche Stellungnahme auch bei Kielkowski, Betriebliche Einigung, S. 139ff.

1140 GK/*Kreutz*, § 77, Rn. 22.

1141 Kielkowski, Betriebliche Einigung, S. 142.

1142 Roloff, RdA 2015, 252 (253f.).

Kapitel 6 – Zusammenfassende Thesen

A. Auslegung von § 112 I 1 BetrVG

1. Betriebsänderungen und Interessenausgleichsverfahren sind „Alltag“ in der Unternehmenswelt. Zusätzliche Bedeutung gewinnt das Verfahren vor allem in der wirtschaftlichen Krise eines Unternehmens. Die Fallbeispiele zeigen aber, dass, auch im Hinblick auf die unternehmerischen Herausforderungen im Zusammenhang mit der Digitalisierung der Industrie, das Interessenausgleichsverfahren relevant werden kann
2. Der Umkehrschluss zum Wortlaut des § 112 I 3 BetrVG zeigt, dass der Interessenausgleich keine normative Wirkung hat und dementsprechend auch keine normative wirkende Betriebsvereinbarung im Sinne des § 77 BetrVG ist.
3. Der Interessenausgleich ist jedoch ein Vertrag im Sinne der §§ 145ff. BGB. Im Hinblick auf den Wortlaut des § 112 I 1 BetrVG und die Systematik der betrieblichen Einigungen scheidet damit die Rechtsnatur einer lediglich tatsächlichen Beschreibung für den Interessenausgleich aus.
4. Der Nachteilsausgleich gem. § 113 BetrVG regelt eine individualrechtliche Folge des Verstoßes oder des Unterlassens durch den Unternehmer gegen den Interessenausgleich. Darüber hinaus kann in der Norm aber keine abschließende Regelung der Rechtsfolgen bei einer Abweichung vom Interessenausgleich gesehen werden, weil es an eindeutigen Anhaltspunkten diesbezüglich fehlt.
5. Damit lässt sich auch eine, vom Gesetzgeber intendierte, unvollkommene Verbindlichkeit bzgl. der Vereinbarung des Interessenausgleichs nicht begründen. Diese ist auch deshalb abzulehnen, weil kein vergleichbarer Zweck und auch keine vergleichbare gesetzliche Anordnung zu den anerkannten Fällen der unvollkommenen Verbindlichkeiten bestehen.
6. Trotzdem gilt es, die verfassungsrechtlich verankerte unternehmerische Entscheidungsfreiheit ausreichend zu beachten. Die Ausgestaltung der betrieblichen Mitbestimmung bei wirtschaftlichen Angelegenheiten ist nur vor dem Hintergrund der Berücksichtigung der unternehmerischen Freiheiten verständlich. Aber auch ein Interessenausgleich mit Bindungswirkung beschneidet diese Freiheiten nicht unangemessen, weil aufgrund der Freiwilligkeit der Einigung, das Letztentscheidungsrecht des Unternehmers unangetastet bleibt. Ziel des Interessenausgleichs muss auch der Ausgleich der jeweils grundrechtlich geschützten Positionen von Unternehmer und Arbeitnehmern sein.
7. Die Folgenbetrachtung zeigt, dass der Gerechtigkeitsgedanke, der beim Interessenausgleich eine wesentliche Rolle spielt, für eine vertragliche Bindung spricht. Die Gefahr ungewollter Anreize besteht daneben nicht.

B. Einordnung des Interessenausgleichs

1. Das Betriebsverfassungsgesetz stellt als Sonderprivatrecht einen Teil der Privatrechtsordnung dar. Ausreichende und damit abschließende Regelungen bzgl. des Zustandekommens und der Wirkung von Verträgen bzw. betrieblichen Einigungen beinhaltet das Betriebsverfassungsgesetz jedoch nicht.
2. Die Betriebsparteien handeln nicht privatautonom. Auch ein Rückgriff auf die Betriebsautonomie im Sinne einer Art kollektiver Privatautonomie geht fehl, weil es sich bei der Betriebsverfassung um eine Zwangsgemeinschaft ohne freiwilligen Beitrittsakt handelt und zudem die Legitimation und die Grenzen von Betriebs- und Privatautonomie nicht vergleichbar sind.
3. Trotz fehlender Privatautonomie und der mangelnden Vergleichbarkeit zur Betriebsautonomie ist das allgemeine Vertragsrecht auf den Interessenausgleich anwendbar, weil das Machtgleichgewicht zwischen den Betriebsparteien eine gewisse Richtigkeitsgewähr garantiert. Der damit einhergehende Ausgleichsgedanke ist maßgeblich für den Sinn und Zweck des Interessenausgleichs.
4. Wenn der Interessenausgleich ein Vertrag im Sinne der §§ 145ff. BGB ist und das allgemeine Vertragsrecht grundsätzlich anwendbar ist, so kann es für die Frage der Bindungswirkung des Interessenausgleichs nur auf den Rechtsbindungswillen der Parteien im Einzelfall ankommen.
5. In der Regel wird dieser Rechtsbindungswille hinsichtlich einer schuldvertraglichen Bindung bestehen, wie die Betrachtung der rechtlichen und wirtschaftlichen Interessenlage gezeigt hat.
6. Aufgrund dieser Bewertung wird der Interessenausgleich in der Regel auch einen Schuldvertrag darstellen und kann damit unter die Regelungsabrede nach § 77 I BetrVG subsumiert werden. Die Rechtsnatur des Interessenausgleichs ist mithin regelmäßig die einer Regelungsabrede im Sinne des § 77 I BetrVG.
7. Darüber hinaus steht es den Parteien frei, den Interessenausgleich auch in der Form einer Betriebsvereinbarung zu schließen, sofern diese Vereinbarung von ihrer betriebsautonomen Regelungsmacht gedeckt ist. Eine Anwendung des § 88 BetrVG scheidet dagegen jedoch aus.
8. Aus dem Interessenausgleich ergibt sich im Normalfall auch ein kollektiver Erfüllungsanspruch für den Betriebsrat. Liegt ein entsprechender Rechtsbindungswille und damit eine schuldvertragliche Bindung vor, ist diese nach dem Prinzip der Vertragstreue auch einzuhalten. Aufgrund des bestehenden vertraglichen Anspruchs und dessen Gefährdung durch die Möglichkeit des Unternehmers, vollendete Tatsachen zu schaffen, besteht diesbezüglich auch ein Unterlassungsanspruch des Betriebsrats.
9. Auch gegen eine Vornahme der Betriebsänderung ohne Beachtung der Beteiligungsrechte des Betriebsrats aus den §§ 111ff. BetrVG kann dieser ein Unterlassungsbegehren geltend machen. Das gilt insbesondere im Hinblick auf europäische Vorgaben zur effektiven Sicherung der Beteiligungsrechte des Betriebsrats. Dogmatisch kann das mit dem allgemeinen Prinzip begründet

werden, dass die Rechtsordnung nicht auf der einen Seite ein Recht zuspricht, ohne es dann auf der anderen Seite auch zu schützen.

10. Für das Zustandekommen des Interessenausgleichs ist die Anordnung der Schriftform gem. § 112 I 1 BetrVG zu beachten. Diesbezüglich ist § 125 BGB anzuwenden, so dass es sich um eine Wirksamkeitsvoraussetzung für den Interessenausgleich handelt.
11. Der Interessenausgleich ist grundsätzlich nach den §§ 133, 157 BGB auszulegen. Es gilt aber hinsichtlich des Empfängerhorizonts objektive Maßstäbe anzulegen, da aufgrund des § 113 BetrVG eine Vielzahl von Personen vom Inhalt des Interessenausgleichs faktisch betroffen sind.
12. Sofern der Interessenausgleich auch Dauerregelungen beinhaltet, muss aufgrund des Selbstbestimmungsrechts der Parteien eine Loslösung aus wichtigem Grund im Sinne einer außerordentlichen Kündigung gewährleistet sein. Der Nachteilsausgleich gem. § 113 BetrVG löst die vertragliche Bindung nicht.
13. Auch die Regelungen zu der Störung der Geschäftsgrundlage sind auf den Interessenausgleich anwendbar. Dies gebietet die bereits angesprochene Gewährleistung einer ausreichenden Initiative für den Unternehmer.

Literaturverzeichnis

Adomeit, Klaus, Die Regelungsabrede als die neben der Betriebsvereinbarung zulässige Ausübungsform der Mitbestimmung in sozialen Angelegenheiten, Düsseldorf, 1960, zugl. Diss. Universität Heidelberg

Adomeit, Klaus, Rechtsquellenfragen im Arbeitsrecht, München, 1969, zugl. Habil. Universität Köln

Ahrendt, Martina, Der Durchführungsanspruch des Betriebsrats, Neue Zeitschrift für Arbeitsrecht 2011, S. 774–779

Ascheid, Reiner / Preis, Ulrich / Schmidt, Ingrid (Hrsg.), Kündigungsrecht, 5. Auflage, München, 2017 (zitiert: A/P/S/*Bearbeiter*)

Auffarth, Fritz, Zur Bedeutung der Beteiligungsrechte des Betriebsrats nach dem Betriebsverfassungsgesetz 1972 für eine paritätische Mitbestimmung der Arbeitnehmer auf Unternehmungsebene, Recht der Arbeit 1976, S. 2–5

Badura, Peter, Paritätische Mitbestimmung und Verfassung, München, 1985

Bamberger, Heinz Georg / Roth, Herbert / Hau, Wolfgang / Poseck, Roman (Hrsg.), Beck'scher Onlinekommentar Bürgerliches Gesetzbuch, 47. Edition, München, 2018 (Zitiert: BeckOK-BGB/*Bearbeiter*)

Bamberger, Heinz Georg / Roth, Herbert (Hrsg.), Kommentar zum Bürgerlichen Gesetzbuch, Band 1 §§ 1–610, 3. Auflage, München, 2012 (zitiert: Bamberger/Roth/*Bearbeiter*)

Bauer, Jobst-Hubertus, Aktuelle Probleme des Personalabbaus im Rahmen von Betriebsänderungen (Teil I), Der Betrieb 1994, S. 217–227

Bettermann, Karl August, Die verfassungskonforme Auslegung: Grenzen und Gefahren, Heidelberg, 1986

Beuthien, Volker, Die Unternehmensautonomie im Zugriff des Arbeitsrechts, Zeitschrift für Arbeitsrecht 19 (1988), S. 1–30

Bieder, Marcus, Die betriebliche Übung – individueller Gestaltungsfaktor oder kollektive Rechtsquelle des Arbeitsrechts?, Zeitschrift für Arbeitsrecht 2016, S. 1–23

Bieder, Marcus, Kompensatorische Vertragsgestaltung im Arbeits- und Wirtschaftsrecht, Baden-Baden, 2015, zugl. Habil. Universität Heidelberg 2014

Bieder, Marcus, Das ungeschriebene Verhältnismäßigkeitsprinzip als Schranke privater Rechtsausübung, München, 2007, zugl. Diss. Universität Osnabrück 2006

Birk, Rolf, Innerbetriebliche Absprachen – Typen und Rechtswirkungen, Zeitschrift für Arbeitsrecht 1986, S. 73–108

Buchner, Herbert, Paritätische Mitbestimmung: Der Weg zu einer neuen Unternehmens- und Arbeitsordnung. – Unternehmens-, Wirtschafts- und arbeitsverfassungsrechtliche Aspekte der Mitbestimmungsforderung, Zeitschrift für Arbeitsrecht 1974, S. 147–185

Bulla, Werner, Sind anzeigepflichtige Entlassungen Betriebseinschränkungen im Sinne des Betriebsverfassungsgesetzes?, Recht der Arbeit 1976, S. 233–247

Busche, Jan, Privatautonomie und Kontrahierungszwang, Tübingen, 1999, zugl. Habil. Freie Universität Berlin 1998

Calliess, Christian / Ruffert, Matthias, EUV/EGV: Das Verfassungsrecht der Europäischen Union – Kommentar, 5. Auflage, München, 2016 (zitiert als: Callies/Ruffert/*Bearbeiter*)

Canaris, Claus-Wilhelm, Die Vertrauenshaftung im deutschen Privatrecht, München 1971, zugl. Habil. Universität München 1967 u. d. T.: Die Rechtsscheinhaftung im deutschen Privatrecht

Creifelds, Carl / Weber, Klaus, Rechtswörterbuch, 19. Auflage, München 2007

Däubler, Wolfgang, Folgenabschätzung im Arbeitsrecht – zwischen Schutzprinzip und Effizienzdenken, in: Rieble, Volker / Junker, Abbo (Hrsg.), Folgenabschätzung im Arbeitsrecht, ZAAR Schriftenreihe Band 8, München, 2007, S. 37–52 (zitiert: Däubler, Folgenabschätzung im Arbeitsrecht)

Däubler, Wolfgang / Kittner, Michael / Klebe, Thomas (Hrsg.), Betriebsverfassungsgesetz, 16. Auflage, Frankfurt a. M., 2018 (zitiert: D/K/K/W/*Bearbeiter*)

Däubler, Wolfgang, Grundstrukturen der Betriebsverfassung – Eine kurze rechtsdogmatische Betrachtung, Arbeit und Recht 1982, S. 6–12

Deckert, Marina Renate, Folgenorientierung in der Rechtsanwendung, München, 1995, zugl. Diss. Universität München 1994

Dieterich, Thomas, Unternehmerfreiheit und Arbeitsrecht im Sozialstaat, Arbeit und Recht 2007 S. 65–70

Dietz, Rolf, Betriebsverfassungsgesetz, 3. Auflage, München, 1960

Dietz, Rolf, Betriebsverfassungsgesetz, 4. Auflage, München, 1967

Dreier, Horst (Hrsg.), Grundgesetz Kommentar, Band 1 Art. 1–19 GG, 14. Auflage, Tübingen, 2013 (zitiert: Dreier/*Bearbeiter*)

Dütz, Wilhelm / Schulin, Bertram, Das Betriebsverfassungsrecht in seiner dogmatischen und systematischen Fortentwicklung, Zeitschrift für Arbeitsrecht 1975, S. 103–141

Düwell, Franz Josef (Hrsg.), Betriebsverfassungsgesetz Handkommentar, 5. Auflage, Baden-Baden, 2018 (zitiert: Düwell/*Bearbeiter*)

Ehmann, Horst, Zur Rechtsverbindlichkeit von Betriebsvereinbarungen über den Fortbestand eines Betriebes, Festschrift für Otto Rudolf Kissel, München, 1994, S. 175–191

Epping, Volker / Hillgruber, Christian (Hrsg.), Beck'scher Onlinekommentar Grundgesetz, 38. Edition, München, 2018 (Zitiert: BeckOK-GG/*Bearbeiter*)

Erdmann, Gerhard, Das Betriebsverfassungsgesetz, 2. Auflage, Neuwied am Rhein, 1954

Erdmann, Ernst-Gerhard, Die Bedeutung der Mitbestimmung des Betriebsrats für die unternehmerische Entscheidung: Der Weg zur Überparität, Recht der Arbeit 1976, S. 87–90

Erhard, Ludwig / Müller-Armack, Alfred (Hrsg.), Soziale Marktwirtschaft, Ordnung der Zukunft: Manifest '72, Frankfurt am Main, 1972

Erman, Walter / Westermann, Harm-Peter, Bürgerliches Gesetzbuch Handkommentar, Band 1, 15. Auflage, Köln, 2017 (zitiert: Erman/*Bearbeiter*)

Fauser, Florian / Nacken, Michael, Die Sicherung des Unterrichtungs- und Beratungsanspruchs des Betriebsrats aus §§§ 111, 112 BetrVG unter besonderer Berücksichtigung gemeinschaftsrechtlicher Vorgaben, Neue Zeitschrift für Arbeitsrecht 2006, S. 1136–1143

Fitting, Karl / Auffarth, Fritz, (Hrsg.) Betriebsverfassungsgesetz, 9. Auflage, Berlin, 1968 (zitiert: Fitting/Auffahrt)

Fitting, Karl, (Begr.) Betriebsverfassungsgesetz, 29. Auflage, München, 2018

Flume, Werner, Allgemeiner Teil des Bürgerlichen Rechts, Zweiter Band: Das Rechtsgeschäft, 3. Auflage, Berlin Heidelberg, 1979

Foldenauer, Christian, Die Norm- und Bindungswirkung des Interessenausgleichs, Frankfurt a. M. 2015, zugl. Dissertation Uni Nürnberg-Erlangen 2014

Forst, Gerrit, Unterlassungsanspruch des Betriebsrats bei Betriebsänderungen kraft Unionsrecht?, Zeitschrift für europäisches Sozial- und Arbeitsrecht 2011, S. 107–116

Franzen, Martin, Betriebsvereinbarung: Alternative zu Tarifvertrag und Arbeitsvertrag?, Neue Zeitschrift für Arbeitsrecht, Beilage 3/2006, S. 107–115

Fuchs, Maximilian, Naturalobligationen und unvollkommene Verbindlichkeiten im BGB, Festschrift für Dieter Medicus zum 70. Geburtstag, Köln, 1999, S. 123–144

Galperin, Hans / Siebert, Wolfgang, Betriebsverfassungsgesetz, 4. Auflage, Heidelberg, 1963 (zitiert: Galperin/Siebert)

Gamillscheg, Franz, Kollektives Arbeitsrecht, Band II: Betriebsverfassung, München, 2008, (zitiert: Gamillscheg)

Goebel, Anne Babette, Der betriebsverfassungsrechtliche Durchführungsanspruch gem. § 77 I 1 BetrVG, Berlin, 2006, zugl. Diss. Universität Köln 2004

Goette, Wulf / Habersack, Mathias / Kalss, Susanne (Hrsg.), Münchener Kommentar zum Aktiengesetz, Band 2, 4. Auflage, München, 2014, (Zitiert: MüKoAktG/*Bearbeiter*)

Goldschmidt, Nils / Wohlgemuth, Michael (Hrsg.), Die Zukunft der sozialen Marktwirtschaft, Tübingen, 2004

Gruber, Wolfgang, Der abgeleitete Unterlassungsanspruch – Ein Instrument der Sicherung des Unterrichtungs- und Beratungsanspruch des Betriebsrats, Neue Zeitschrift für Arbeitsrecht 2011, S. 1011–1018

Grünewald, Holger, Interessenausgleich und Sozialplan, Hamburg, 2012, zugl. Dissertation Universität Würzburg 2011

Günther, Jens / Böglmüller, Matthias, Arbeitsrecht 4.0 – Arbeitsrechtliche Herausforderungen in der vierten industriellen Revolution, Neue Zeitschrift für Arbeitsrecht 2015, S. 1025–1031

Hanau, Peter, Methoden der Auslegung des Betriebsverfassungsgesetzes, Festschrift für Albrecht Zeuner S. 53–66, Tübingen, 1994

Hartmann, Christian, Die privatautonome Zuordnung von Arbeitsverhältnissen nach Umwandlungsrecht, Zeitschrift für Arbeitsrecht 1997, S. 21–42

Häublein, Martin / Hoffmann-Theinert, Roland (Hrsg.), Beck'scher Onlinekommentar Handelsgesetzbuch, 21. Edition, München, 2018 (Zitiert: BeckOK-HGB/*Bearbeiter*)

Heinze, Meinhard, Inhalt und Grenzen betriebsverfassungsrechtlicher Rechte, Zeitschrift für Arbeitsrecht 1988, S. 53–91

Heinze, Meinhard, Regelungsabrede, Betriebsvereinbarung und Spruch der Einigungsstelle – Zustandekommen und Rechtswirkungen betrieblicher Regelungen, Neue Zeitschrift für Arbeitsrecht 1994, S. 580–586

Henssler, Martin / Strohn, Lutz, Gesellschaftsrecht (Hrsg.), 3. Auflage, München, 2016 (zitiert: Henssler/Strohn/*Bearbeiter*)

Henssler, Martin / Willemsen, Heinz Josef / Kalb, Heinz-Jürgen (Hrsg.), Arbeitsrecht, 6. Auflage, Köln, 2014 (zitiert: H/W/K/*Bearbeiter*)

Hess, Harald / Schlochauer, Ursula / Worzalla, Michael / Glock, Dirk / Nicolai, Andrea (Hrsg.), Betriebsverfassungsgesetz, 9. Auflage, Köln, 2014 (zitiert: H/S/W/G/N/*Bearbeiter*)

Hohenstatt, Klaus-Stefan / Willemsen, Josef, Zur umstrittenen Bindungs- und Normwirkung des Interessenausgleichs, Neue Zeitschrift für Arbeitsrecht 1997, S. 345–352

Hoyningen-Huene, Gerrick von, Betriebsverfassungsrecht, 6. Auflage, München, 2007

Hueck, Alfred / Nipperdey, Hans Carl: Lehrbuch des Arbeitsrechts, Zweiter Band, Kollektives Arbeitsrecht, Zweiter Halbband, 7. Auflage, Berlin 1970

Hueck, Alfred, Die Betriebsvereinbarung nach dem BetrVG 1952, Recht der Arbeit 1952, 366–372

Jarass, Hans D. / Pieroth, Bodo (Hrsg.), Grundgesetz für die Bundesrepublik Deutschland, Kommentar, 15. Auflage, München, 2018

Jauernig, Othmar / Stürner, Rolf (Hrsg.), Bürgerliches Gesetzbuch: Kommentar, 17. Auflage, München, 2018 (Zitiert: Jauernig/*Bearbeiter*)

Kaba, Aziz, Probleme des Interessenausgleichs, Lohmar, 2001, zugl. Dissertation Universität Köln 2001

Käppler, Renate, Die Betriebsvereinbarung als Regelungsinstrument in sozialen Angelegenheiten, Festschrift für Otto Rudolf Kissel zum 65. Geburtstag, München, 1994, S. 474–496

Karpen, Ulrich, Folgenabschätzung für Gesetze und Richterrecht – methodische Aspekte -, in: Rieble, Volker / Junker, Abbo (Hrsg.), Folgenabschätzung im Arbeitsrecht, ZAAR Schriftenreihe Band 8, München, 2007, S. 14–35 (zitiert: Karpen, Folgenabschätzung)

Kiel, Heinrich / Lunk, Stefan / Oetker, Hartmut (Hrsg.), Münchener Handbuch zum Arbeitsrecht, Band 2: Kollektivarbeitsrecht, 4. Auflage, München, 2018 (Zitiert als: MüHdbArbR/*Bearbeiter*)

Kielkowski, Jacek, Die betriebliche Einigung: Betriebsvereinbarung und Regelungsabrede als Ausübungsformen der betrieblichen Mitbestimmung, Baden-Baden 2016, zugl. Diss. Universität Trier 2015

Klebe, Thomas, BAG 4.0: Kann das Gericht Digitalisierung?, Neue Zeitschrift für Arbeitsrecht 2017, S. 226–227

Klebe, Thomas, Betriebsrat 4.0 – Digital und global?, Neue Zeitschrift für Arbeitsrecht Beilage 3/2017, S. 77–84

Konzen, Horst, Privatrechtssystem und Betriebsverfassung, Zeitschrift für Arbeitsrecht 1985, S. 469–496

Kramer, Ernst A., Anmerkungen zum Konsenserfordernis bei zweiseitig verpflichtenden Verträgen, Festschrift für Claus-Wilhelm Canaris Band I, S. 665–678, München, 2007

Kramer, Ernst A., Juristische Methodenlehre, 3. Auflage, Bern, München, Wien, 2010

Krause, Rüdiger, Herausforderung Digitalisierung der Arbeitswelt und Arbeiten 4.0, Neue Zeitschrift für Arbeitsrecht Beilage 2/2017, S. 53–59

Kreutz, Peter, Grenzen der Betriebsautonomie, München, 1979, zugl. Habil. Universität Mainz 1978

Krol, Alexander, Die Bindungswirkung des Interessenausgleichs und seine Fortgeltung nach einem Betriebsübergang, Hamburg 2010, zugl. Dissertation Universität Kassel 2009

Larenz, Karl / Canaris, Claus-Wilhelm, Methodenlehre der Rechtswissenschaft, 3. Auflage, Berlin, 1995

Lipinski, Wolfgang / Reinhardt, Sarah, Kein Unterlassungsanspruch des Betriebsrats bei Betriebsänderungen – auch nicht bei Berücksichtigung der Richtlinie 2002/14/EG!, Neue Zeitschrift für Arbeitsrecht, S. 1184–1189

Lobinger, Thomas, Zur Dogmatik des allgemeinen betriebsverfassungsrechtlichen Unterlassungsanspruchs – Ein Beitrag zum Zusammenhang von Rechtsschutz und Rechtszuweisung im deutschen und europäischen Arbeitsrecht, Zeitschrift für Arbeitsrecht 2004, S. 101–181

Lobinger, Thomas, Systemdenken im Betriebsverfassungsrecht, Recht der Arbeit 2011, S. 76–92

Lorenz, Stephan, Der Schutz vor dem unerwünschten Vertrag, München, 1997, zugl. Habil. Ludwigs-Maximilian Universität München 1996

Loritz, Karl-Georg, Rechtsprobleme der tarifvertraglichen Regelung des „freien Wochenendes", Zeitschrift für Arbeitsrecht 1990, S. 133–201

Löwisch, Manfred, Beschäftigungssicherung als Gegenstand betrieblicher und tariflicher Regelungen und von Arbeitskämpfen, Der Betrieb 2005, S. 554–559

Löwisch, Manfred, Probleme des Interessenausgleichs, Recht der Arbeit 1989, S. 216–220

Löwisch, Manfred / Kaiser, Dagmar, Betriebsverfassungsgesetz, 6. Auflage, Frankfurt a. M., 2010

Martini, Mario / Botta, Jonas, Iron Man am Arbeitsplatz? – Exoskelette zwischen Effizienzstreben, Daten- und Gesundheitsschutz, Neue Zeitschrift für Arbeitsrecht 2018, S. 625–636

Maschmann, Frank, Mitbestimmung 4.0, Neue Zeitschrift für Arbeitsrecht Beilage 3/2017, S. 73–75

Maschmann, Frank / Sieg, Rainer, Unternehmensumstrukturierung aus arbeitsrechtlicher Sicht, 2. Auflage, München, 2010

Matthes, Hans Christoph, Rechtsfragen zum Interessenausgleich, Festschrift für Otfried Wlotzke, S. 393–406, München, 1996

Maunz, Theodor / Dürig, Günter, Grundgesetz Kommentar, Band 1 Art. 1–5 und Band 2 Art. 6–15, Loseblattsammlung, Stand: 2018, München (zitiert: Maunz/*Bearbeiter*)

Meyer, Cord, Bindungswirkung eines Interessenausgleichs, Betriebs-Berater 2001, S. 882–888

Molkenbur, Josef / Schulte, Wienhold, Rechtscharakter und -wirkungen des Interessenausgleichs, Der Betrieb 1995, S. 269–271

Müller, Christoph, Die Berufsfreiheit des Arbeitgebers: Einwirkungen des Art. 12 Abs. 1 GG auf das Individual- und Kollektivarbeitsrecht, Köln 1996, zugl. Dissertation Universität Köln 1996

Müller-Glöge, Rudi / Preis, Ulrich / Schmidt, Ingrid (Hrsg.), Erfurter Kommentar zum Arbeitsrecht, 16. Auflage, München, 2016 (zitiert: ErfK/*Bearbeiter*, 16. Auflage)

Müller-Glöge, Rudi / Preis, Ulrich / Schmidt, Ingrid (Hrsg.), Erfurter Kommentar zum Arbeitsrecht, 18. Auflage, München, 2018 (zitiert: ErfK/*Bearbeiter*)

Nebel, Andreas, Die Normen des Betriebsverbandes am Beispiel der ablösenden Betriebsvereinbarung, Heidelberg, 1989, zugl. Dissertation Universität Kiel 1988

Nerlich, Jörg / Römermann, Volker (Hrsg.), Insolvenzordnung, Loseblattsammlung, 36. EL., Stand 2018, München (zitiert: Nerlich/Römermann)

Neumann-Duesberg, Horst, Betriebsverfassungsrecht, Berlin, 1960

Nikisch, Arthur, Arbeitsrecht, I. Band, Allgemeine Lehren und Arbeitsvertragsrecht, 3. Auflage, Tübingen, 1961

Nikisch, Arthur, Arbeitsrecht, III. Band: Betriebsverfassungsrecht, 2. Auflage, Tübingen 1966 (zitiert: Nikisch)

Nipperdey, Hans Carl, Die soziale Marktwirtschaft in der Verfassung der Bundesrepublik: Vortrag gehalten vor der Juristischen Studiengesellschaft in Karlsruhe am 5. März 1954, Karlsruhe, 1954

Oetker, Hartmut, Das Dauerschuldverhältnis und seine Beendigung: Bestandsaufnahme und kritische Würdigung einer tradierten Figur der Schuldrechtsdogmatik, Tübingen, 1994, zugl. Habil. Universität Kiel 1994

Ohl, Heinrich, Der Sozialplan, Karlsruhe, 1977, zugl. Dissertation Universität Göttingen 1976

Palandt, Otto, Kommentar Bürgerliches Gesetzbuch, 77. Auflage, München, 2018

Papier, Hans-Jürgen, Einführung neuer Techniken – Verfassungsfragen zur Erweiterung der betrieblichen Mitbestimmung, Neue Juristische Wochenschrift 1987, S. 988–994

Picker, Eduard, Tarifautonomie – Betriebsautonomie – Privatautonomie, Neue Zeitschrift für Arbeitsrecht 2002, S. 761–770

Raab, Thomas, Der Unterlassungsanspruch des Betriebsrats, Zeitschrift für Arbeitsrecht 1997, S. 183–250

Raisch, Peter, Juristische Methoden, Heidelberg, 1995

Raiser, Thomas, Mitbestimmung im Betrieb und im Unternehmen, in: Pawlowski, Hans-Martin / Wiese, Günther (Hrsg.), Festschrift für Konrad Duden zum 70. Geburtstag, München, 1977, S. 423–438

Rauscher, Thomas / Krüger, Wolfgang (Hrsg.), Münchener Kommentar zur Zivilprozessordnung, Band 2, 5. Auflage, München, 2013 (Zitiert: MüKoZPO/*Bearbeiter*)

Reichold, Hermann, Betriebsverfassung als Sozialprivatrecht, München, 1995, zugl. Habil. Universität Erlangen-Nürnberg 1992

Reuss, Karl Friedrich, Die Intensitätsstufen der Abreden und die Gentlemen-Agreements, Archiv für die civilistische Praxis 154 (1955), S. 485–526

Reuter, Dieter, Die Lohnbestimmung im Betrieb, Zeitschrift für Arbeitsrecht 1993, S. 221–254.

Richardi, Reinhard, Kollektivgewalt und Individualwille bei der Gestaltung des Arbeitsverhältnisses, München, 1968, zugl. Habil. München 1967

Richardi, Reinhard / Wißmann, Hellmut / Wlotzke, Otfried / Oetker, Hartmut (Hrsg.), Münchener Handbuch zum Arbeitsrecht, Band 2: Kollektivarbeitsrecht, 3. Auflage, München, 2009 (zitiert: *Bearbeiter* in MüHandbArbR)

Richardi, Reinhard (Hrsg.), Betriebsverfassungsgesetz, 16. Auflage, München, 2018 (zitiert: Richardi/*Bearbeiter*)

Rieble, Volker, Folgenabschätzung im Arbeitsrecht, in: Rieble, Volker / Junker, Abbo (Hrsg.), Folgenabschätzung im Arbeitsrecht, ZAAR Schriftenreihe Band 8, München, 2007, S. 54–75 (zitiert: Rieble, Folgenabschätzung im Arbeitsrecht)

Röder, Gerhard / Baeck, Ulrich, Interessenausgleich und Sozialplan, 4. Auflage, München, 2009

Röder, Gerhard / Gebert, Christian, Technologischer Wandel und Betriebsänderung – Bringen Industrie 4.0 und E-Mobilität den „Qualifizierungssozialplan“?, Neue Zeitschrift für Arbeitsrecht 2017, S. 1289–1296

Rolfs, Christian / Kreikebohm, Ralf / Giesen, Richard / Udsching, Peter (Hrsg.), Beck'scher Onlinekommentar Arbeitsrecht, 49. Edition, München, 2018 (Zitiert: BeckOK-ArbR/*Bearbeiter*)

Roloff, Sebastian, Der betriebsverfassungsrechtliche Erfüllungsanspruch, Recht der Arbeit 2015, S. 252–255

Römer, Gregor, Interessenausgleich und Sozialplan bei Outsourcing und Auftragsneuvergabe, Berlin, 2001, zgl. Dissertation Universität Bonn 2000

Sachs, Michael (Hrsg.), Grundgesetz Kommentar, 5. Auflage, München, 2009

Säcker, Franz-Jürgen, Gruppenautonomie und Übermachtkontrolle im Arbeitsrecht, Berlin, 1972, zugl. Habil. Universität Bochum 1971

Säcker, Franz-Jürgen, Arbeitsrechtliche Probleme der Unternehmenskonzentration, Landesbericht Deutschland, in: Birk, Rolf / Davies, Paul L. / Igl, Gerhard (Hrsg.), Arbeitsrechtliche Probleme der Unternehmenskonzentration: Berichte der Fachgruppen für vergleichendes Arbeits- und Sozialrecht auf der Tagung der Gesellschaft für Rechtsvergleichung in Bonn am 23. September 1983, Frankfurt am Main, 1986, S. 127–148

Säcker, Franz Jürgen / Rixecker, Roland / Oetker, Hartmut / Limperg, Bettina (Hrsg.), Münchener Kommentar zum Bürgerlichen Gesetzbuch, Band 1, 8. Auflage, München, 2018 (zitiert: MükoBGB/*Bearbeiter*)

Säcker, Franz Jürgen / Rixecker, Roland / Oetker, Hartmut / Limperg, Bettina (Hrsg.), Münchener Kommentar zum Bürgerlichen Gesetzbuch, Band 2, 7. Auflage, München, 2016 (zitiert: MükoBGB/*Bearbeiter*)

Säcker, Franz Jürgen / Rixecker, Roland / Oetker, Hartmut / Limperg, Bettina (Hrsg.), Münchener Kommentar zum Bürgerlichen Gesetzbuch, Band 4, 7. Auflage, München, 2016 (zitiert: MükoBGB/*Bearbeiter*)

Säcker, Franz Jürgen / Rixecker, Roland / Oetker, Hartmut / Limperg, Bettina (Hrsg.), Münchener Kommentar zum Bürgerlichen Gesetzbuch, Band 5–2, 7. Auflage, München, 2017 (zitiert: MükoBGB/*Bearbeiter*)

Säcker, Franz Jürgen / Rixecker, Roland / Oetker, Hartmut / Limperg, Bettina (Hrsg.), Münchener Kommentar zum Bürgerlichen Gesetzbuch, Band 6, 7. Auflage, München, 2017 (zitiert: MükoBGB/*Bearbeiter*)

Säcker, Franz Jürgen / Rixecker, Roland / Oetker, Hartmut / Limperg, Bettina (Hrsg.), Münchener Kommentar zum Bürgerlichen Gesetzbuch, Band 7, 7. Auflage, München, 2017 (zitiert: MükoBGB/*Bearbeiter*)

Schaub, Günther (Begr.), Arbeitsrechts-Handbuch, 17. Auflage, München, 2017

Schaub, Günther, Der Interessenausgleich, Festschrift für Wolfgang Däubler, S. 347–354, Frankfurt a. M., 1999

Schmidt, Karsten (Hrsg.), Münchener Kommentar zum Handelsgesetzbuch, Band 1, 4. Auflage, München, 2016 (Zitiert: MüKoHGB/*Bearbeiter*)

Schmitt-Rolfes, Günter, Interessenausgleich und Sozialplan in Unternehmen und Konzern Festschrift 50 Jahre BAG, S. 1081–1099, München, 2004

Schmoekel, Mathias / Rückert, Joachim / Zimmermann, Reinhard (Hrsg.), Historisch-kritischer Kommentar zum BGB, Band 3: Schuldrecht besonderer Teil §§ 433–853, Tübingen, 2013

Scholz, Rupert, Verdeckt Verfassungsneues zur Mitbestimmung?, Neue Juristische Wochenschrift 1986, S. 1587–1591

Schulze, Christian, Die Zulässigkeit einstweiliger Verfügungen gegen Betriebsänderungen, Frankfurt a. M., 1998, zugl. Diss. Universität Göttingen 1997

Schulze, Götz, Die Naturalobligation, Tübingen, 2008, zugl. Habilitation Universität Heidelberg 2007

Schulze, Götz, Nicht erzwingbare Leistungsforderungen im Zivilrecht, Juristische Schulung 2011, S. 193–199

Schwegler, Michael, Der Schutz der Vereinbarungen und Verfahrensrechte zum Interessenausgleich, Baden-Baden, 2011, zugl. Dissertation Universität Köln 2010

Semler, Johannes / Stengel, Arndt, Umwandlungsgesetz Kommentar, 4. Auflage, 2017, München

Siemes, Christiane, Die Selbstbindung der Betriebspartner an den Interessenausgleich gemäß § 112 Abs. 1 Satz 1 BetrVG, Zeitschrift für Arbeitsrecht 1998, S. 183–208

Singer, Reinhard, Wann ist widersprüchliches Verhalten verboten? Zu den Rechtsfolgen der der form- und grundlosen Eigenkündigung eines Arbeitnehmers, Neue Zeitschrift für Arbeitsrecht 1998, S. 1309–1315

Soergel, Hans Theodor (Hrsg.), Bürgerliches Gesetzbuch: Allgemeiner Teil 2 §§ 104–240, 13. Auflage, Stuttgart, 1999

von Staudinger, Julius (Hrsg.), Kommentar zum Bürgerlichen Gesetzbuch, Buch 1: Allgemeiner Teil, Einleitung und §§ 1–14, Berlin, 2018

von Staudinger, Julius (Hrsg.), Kommentar zum Bürgerlichen Gesetzbuch, Buch 1: Allgemeiner, §§ 125–129, Berlin, 2017

von Staudinger, Julius (Hrsg.), Kommentar zum Bürgerlichen Gesetzbuch, Buch 1: Allgemeiner Teil 4b, §§ 139–163, Berlin, 2015

von Staudinger, Julius (Hrsg.), Kommentar zum Bürgerlichen Gesetzbuch, Buch 1: Allgemeiner Teil 5, §§ 164–240, Berlin, 2014

von Staudinger, Julius (Hrsg.), Kommentar zum Bürgerlichen Gesetzbuch, Buch 2: Recht der Schuldverhältnisse, Einleitung zum Schuldrecht, §§ 241–243 (Treu und Glauben), Berlin, 2015

von Staudinger, Julius (Hrsg.), Kommentar zum Bürgerlichen Gesetzbuch, Buch 2: Recht der Schuldverhältnisse, §§ 328–345, Berlin, 2015

Stoffels, Markus, Wirkungsfolgen des Kündigungsrechts, in: Rieble / Junker (Hrsg.), Folgenabschätzung im Arbeitsrecht, ZAAR Schriftenreihe Band 8, München, 2007, S. 77–99 (zitiert: Stoffels, Wirkungsfolgen im Kündigungsrecht)

Studt, Norma, Der umwandlungsrechtliche Interessenausgleich nach § 323 Abs. 2 UmwG, Berlin, 2002, zugl. Dissertation Universität Hamburg 2000

Uhlenbruck, Wilhelm / Hirte, Heribert / Vallender, Heinz, Insolvenzordnung, 14. Auflage, München, 2015 (zitiert: Uhlenbruck/*Bearbeiter*)

Veit, Barbara, Die funktionelle Zuständigkeit des Betriebsrats, München, 1998, zugl. Habil. Universität Trier 1994

Völksen, Jens, Unterlassungsanspruch des Betriebsrats bei interessenausgleichspflichtigen Betriebsänderungen – Entscheidungshilfe aus Erfurt?, Recht der Arbeit 2010, S. 354–364

Vorwerk, Volkert / Wolf, Christian (Hrsg.), Beck'scher Onlinekommentar Zivilprozessordnung, 29. Edition, München, 2018 (Zitiert: BeckOK-ZPO/*Bearbeiter*)

Waltermann, Raimund, Rechtsetzung durch Betriebsvereinbarung zwischen Privatautonomie und Tarifautonomie, Tübingen, 1996, zugl. Habil. Universität Münster 1995

Wank, Rolf, Die juristische Begriffsbildung, München, 1985, zugl. Habilitation Universität zu Köln 1983

Weller, Marc-Philippe, Die Vertragstreue, Tübingen, 2009, zugl. Habilitation Universität Köln 2008

Graf von Westphalen, Friedrich / Thüsing, Gregor (Hrsg.), Vertragsrecht und AGB-Klauselwerke, 41. EL., München, 2018 (zitiert: v. Westphalen/*Bearbeiter*)

Wiese, Günther / Kreutz, Peter / Oetker, Hartmut, Betriebsverfassungsgesetz Gemeinschaftskommentar; Band I: §§ 1–73, 11. Auflage, Köln, 2018 (zitiert: GK/*Bearbeiter*)

Wiese, Günther / Kreutz, Peter / Oetker, Hartmut, Betriebsverfassungsgesetz Gemeinschaftskommentar; Band II: §§ 74–132, 11. Auflage, Köln, 2018 (zitiert: GK/*Bearbeiter*)

Wiesner, Ina Maria, Die Schriftform im Betriebsverfassungsgesetz, Frankfurt a. M., 2007, zugl. Dissertation Universität Kiel 2006

Willemsen, Hein Josef / Hohenstatt, Klaus-Stefan, Zur umstrittenen Bindungs- und Normwirkung des Interessenausgleichs, Neue Zeitschrift für Arbeitsrecht 1997, S. 345–352

Willemsen, Heinz Josef / Hohenstatt, Klaus-Stefan / Schweibert, Ulrike / Seibt, Christoph, Umstrukturierung und Übertragung von Unternehmen, 5. Auflage, München, 2016 (zitiert: W/H/H/S/*Bearbeiter*)

Wlotzke, Otfried / Preis, Ulrich / Kreft, Burghard, Betriebsverfassungsgesetz, 4. Auflage, München, 2009 (zitiert W/P/K/*Bearbeiter*)

Zwanziger, Bertram, Das Arbeitsrecht der Insolvenzordnung, 3. Auflage, Frankfurt a. M., 2006

Zwanziger, Bertram, Der Interessenausgleich – betriebliches Regelungsinstrument oder Muster ohne kollektiven Wert?, Betriebs-Berater 1998, S. 477–482

www.ingramcontent.com/pod-product-compliance
Ingram Content Group UK Ltd.
Pitfield, Milton Keynes, MK11 3LW, UK
UKHW021852290926
8980IPUK00005B/787

9 783631 833940